人物叢書

新装版

遠山景晋《とおやまかげみち》

藤田　覚

日本歴史学会編集

吉川弘文館

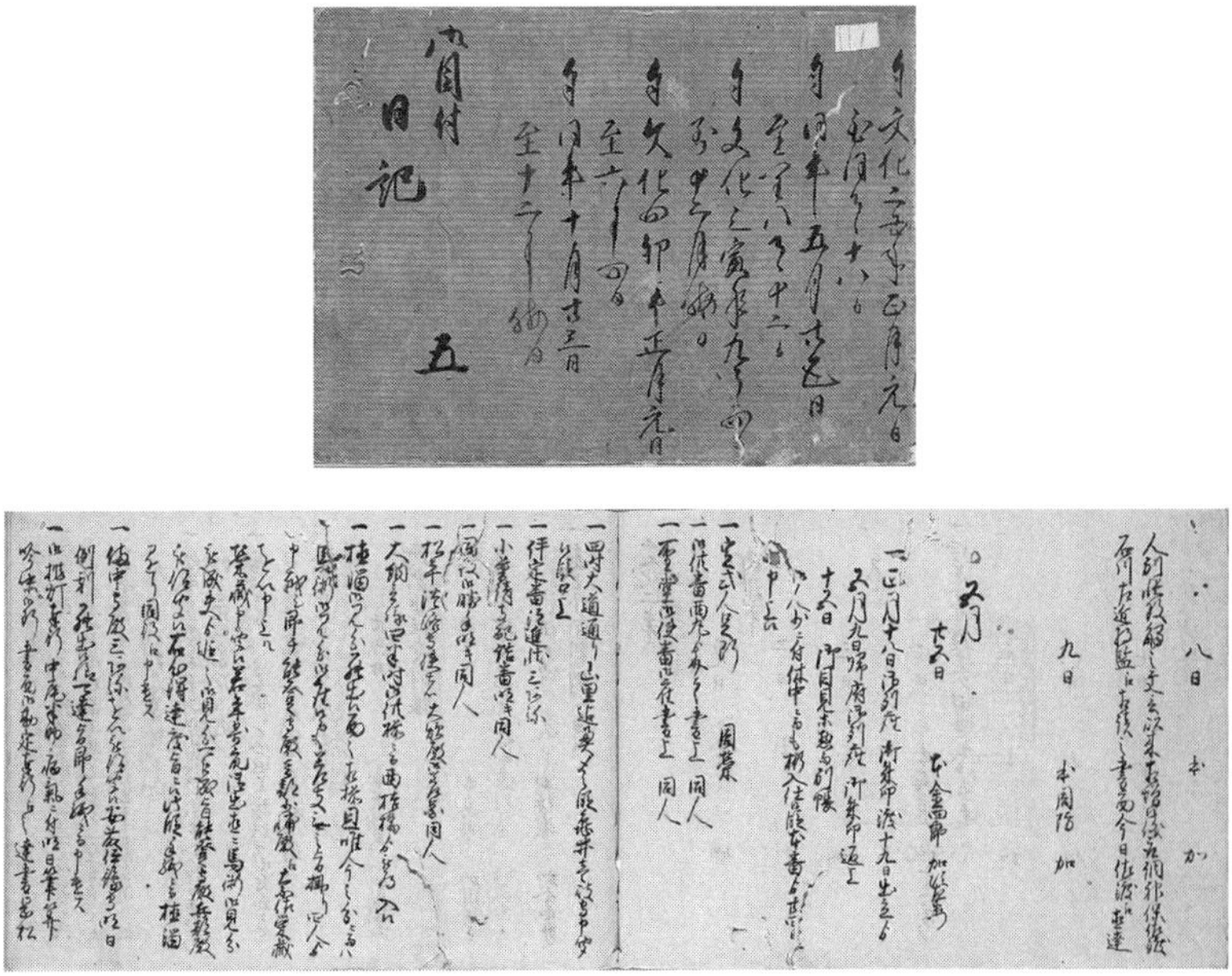

『文化日記』文化2年5月25日条

（自筆日記，東京大学法学部法制史資料室蔵）

目付・長崎奉行・作事奉行時代の自筆日記が，『文化日記』の表題で8冊に綴じられ伝存している。上段は表紙，下段はレザノフ来航一件を処理して長崎から戻り，目付役務を再開した5月25日の記述である。

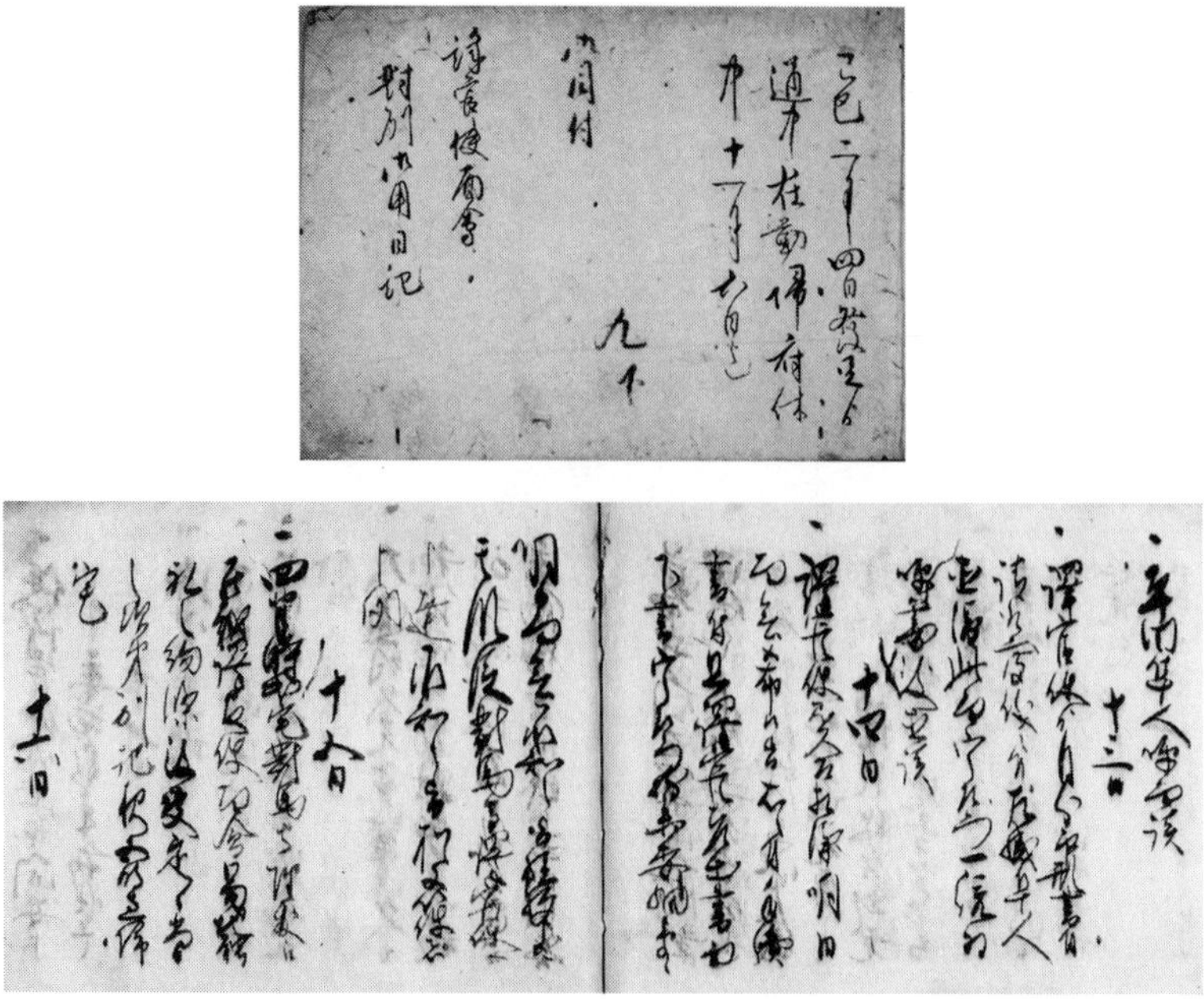

『訳官使面会対州御用日記』文化6年7月13～15日条

（自筆日記，国文学研究資料館蔵）

朝鮮通信使易地聘礼担当の目付として，朝鮮訳官使と交渉のため対馬に派遣された際の御用日記。通し番号「九下」が付されているので，目付日記の1冊である。上段が表紙，下段の15日条に訳官使と会談の記事が見える。

はじめに

遠山景晋《とおやまかげみち》は、宝暦《ほうれき》二年（一七五二）に生まれ、天保《てんぽう》八年（一八三七）に八六歳で亡くなった、江戸時代後期の旗本・幕府役人である。通称金四郎、左衛門《さえもん》、叙爵《じょしゃく》して左衛門尉《さえもんのじょう》、字は孟大、致仕して楽土と号した。その子が、「刺青をした名奉行」と謳われる遠山金四郎景元《かげもと》である。

旗本永井直令《ながいなおよし》の子として江戸で誕生し、明和四年（一七六七）に旗本遠山家の養子に入って景晋と名乗り、天明《てんめい》六年（一七八六）に家を継いだ。同七年に小性組番士《こしょうぐみばんし》を振出しに、寛政《かんせい》八年（一七九六）西丸小性組、同一二年徒頭《かちがしら》、享和《きょうわ》二年（一八〇二）目付《めつけ》、文化《ぶんか》九年（一八一二）長崎奉行、同一三年作事奉行《さくじぶぎょう》と累進し、文政《ぶんせい》二年（一八一九）に勘定奉行に上りつめ、同一二年に老齢を理由に辞職、四三年に渡る幕府役人人生に終止符をうった。

景晋は、寛政六年実施の第二回学問吟味に、首席合格したほどの大秀才だった。在職中、蝦夷地《えぞち》へ三回、長崎へ三回、対馬《つしま》へ二回往復と文字通り東奔西走した。ロシアの蝦夷地接近、イギリスなど欧米諸国の東アジア進出など、一八世紀末から一九世紀前半の変動する国際情勢の荒波が日本周辺にも及んできた新たな国際環境のもと、幕府の大胆な対外政策の転換をその先端で担った。

揺るぎない権威を帯びた将軍への奉公、忠節を第一として職務に邁進する（「精誠奉職」）ことを喜びとする幕臣で、文政年間の「三傑の一人」と讃えられた有能な幕府役人だった。それとともに、職務上の記録や随筆・詩文の草稿が百数十巻あったといい、さらに音楽（琵琶）に堪能で絵画に造詣が深く、江戸時代後期に数多く登場する文人的、あるいは教養豊かな役人の一人だった。大秀才で超のつく有能な役人であるとともに、父母への敬愛と思慕の念、妻との心の絆、子の溺愛など、人間味の溢れた人物でもあった。近世後期の対外関係史と重ねあわせながら、一幕臣の生涯を追ってみよう。

本書では、景晋の紀行文と自筆日記を主な史料として利用する。以下、紀行文の名、旅行年、旅行先、景晋の役職と年齢（数え年）を掲げておく。

『未曽有記《みぞうき》』寛政一一年、東蝦夷地、西丸小性組番士、四八歳。
『続未曽有記』文化二年、長崎、目付、五四歳。
『未曽有後記』文化二年から三年、西蝦夷地、目付、五四〜五五歳。
『続未曽有後記』文化四年、松前・箱館、目付、五六歳。

『津志満日記《つしまにっき》』上　文化六年、対馬、目付、五八歳。

『津志満日記』下　文化八年、対馬、目付、六〇歳。

日記は、文化二年から文化八年までが目付、文化九年から文化一一年までが長崎奉行、文化一三年から文政二年までが作事奉行のときのもので、年齢は、五四歳から六八歳である。


また、景晋の名の読みは、「かげくに」と読む辞典類もあるが、本書では『寛政重修《かんせいちょうしゅう》諸家譜《しょかふ》』の「かげみち」に従う。

目次

口絵

挿図

第一　生い立ちと家族

一　誕生年

二説ある景晋の生年

遠山景晋《とおやまかげみち》は、旗本永井直令《ながいなおよし》の四男として江戸で生まれ、生母は鈴木氏である。景晋が生まれた年には二説ある。一つは幕府編纂の『寛政重修諸家譜《かんせいちょうしゅうしょかふ》』、一つは『事実文編《じじつぶんぺん》』第三所収（二五七〜二五八頁）の墓碑銘《ぼひめい》（徳栄山本妙寺〈東京都豊島区〉にある景晋の墓石には、向かって左側面から裏面にかけて大学《だいがく》頭林述斎《はやしじゅっさい》〈衡《たいら》〉撰文の墓誌が彫られている）である。『寛政重修諸家譜』に、「天明《てんめい》六年閏十月六日遺跡《いせき》を継、時に三十五歳、采地《さいち》五百石」と書かれている。遺跡（父の死後に相続した場合は遺跡、父の生前に相続した場合は家督）を継いだ年が天明六年（一七八六）、その年に三五歳なので宝暦《ほうれき》二年（一七五二）の誕生になる。景晋の子、景元《かげもと》の依頼を受けた林述斎撰文の墓碑銘には、「君生於宝暦十四年正月十四日、歿於天保八年七月二十二日、享壽《きょうじゅ》七十又四」とある。これによると宝暦一四年生まれで、一二年もの違いがある。死没時の年齢も、『寛政重修諸家譜』に従えば八六歳、墓碑銘では七四歳になる。
実子が親の誕生年や死亡時の年齢を間違えるはずはない、と一般論で推しはかれば、宝暦一四年説が妥当と思われる。宝暦二年と同一四年の干支《えと》はともに申《さる》なので、誤った可能性も考えられる。また、武家などには意図的に年齢を操作することがあり、幕府に届け出た年齢（「官年《かんねん》」などと呼ぶ）と実際とは違うことが往々にしてある。子の金四郎景元からして、寛政《かんせい》五年（一七九三）誕生なのに、都合により寛政六年出生と届けられている。

ところが、景晋の兄弟を見るとそうとも言えない。永井直令の三男時久《ときひさ》の生年は延《えん》享《きょう》四年（一七四七）、弟の五男広永《ひろなが》の生年は宝暦九年、なお、四男景晋と五男広永の生母はともに鈴木氏で、景晋と広永の間にさらに生母の異なる一男二女が生まれている。景晋が弟より年下ということはあり得ない。

景晋は『未曽有記《みぞうき》』の中で、父直令が宝暦六年八月に大坂目付《めつけ》として大坂に赴任し（『柳営補任《りゅうえいぶにん》』）、翌年三月に江戸に戻ったとき、景晋は六歳と語ったのを書き留めている。宝暦七年に六歳なので、景晋は宝暦二年生まれになる。目付になった直令が、宝暦一一年一一月に末期養子《まつごようし》の見届けに喜連川《きつれがわ》（栃木県さくら市）に派遣された際のことを景晋に語ったと書き留めている。これも、宝暦一二年生まれとしたらあり得ない。景晋自身が書いたものからも、誕生年は宝暦二年が正しい。『寛政重修諸家譜』編集のため、旗本らは系譜などの提出を命じられた。遠山家の系譜などを差し出したのは景晋自身なので、遺跡を継いだ年齢を間違えるはずはない。子の景元が誤ったのは、父の生年を「宝暦中年」とだけ記憶、記録したため、一二年の差を生むことになったのかもしれない。

二　実家永井家と実父母

実家永井家

永井家は、父直令が兄直丘《なおたけ》から一〇〇〇石を分けられ成立した新しい旗本家である。遠祖永井直勝は下総古河で七万石余、その子尚政は近江淀で一〇万石を領した大名だった。そこから分家して尚申《なおのぶ》・直允《なおちか》は三〇〇〇石の旗本、そしてさらに直令が分家した。知行地は、河内国交野《かたの》郡と茨田《まんだ》郡の内である。屋敷は、宝暦一三年（一七六三）『武鑑』に「筋違《すじかい》橋外」とある。

祖父直允は、使番《つかいばん》・目付・長崎奉行を歴任。父直令は、書院番《しょいんばん》・使番・目付・小普請《こぶしん》奉行《ぶぎょう》・留守居《るすい》・旗奉行を歴任し、天明《てんめい》二年（一七八二）九月六日に七五歳で死去した。兄直《なお》廉《かど》は、書院番・使番・目付と父と同じ職を経て長崎奉行に就任。寛政《かんせい》四年閏二月、在職中に長崎で死去し同地の晧台寺《こうたいじ》（曹洞宗）に葬られた。その後任の長崎奉行平賀貞愛《さだえ》の妻は、直廉の娘（景晋の姪にあたる）である。祖父、兄と姪の夫は、目付を経て長崎奉行に就任した。これは、景晋が歩むことになる道である。

直令には、男子六人、女子五人（うち一人は養女）がいた。当時の通例通り、家を継いだ直廉以外の男子のうち四人は養子に行っている。永井金四郎は、一六歳になった明和《めいわ》四年（一七六七）一二月に旗本遠山家に養子に入った。その間の事情は何も情報がない。なお、以下、実家永井家にいる間は通称の（永井）金四郎、遠山家へ養子に入ってからは実名（諱《いみな》）が景晋なので（金四郎）景晋と表記する。

重い疱瘡に罹る

金四郎は、宝暦七年（一七五七）の六歳の頃、重い疱瘡《ほうそう》に罹った。『未曽有記』に、父直令が話した思い出を、次のように書いている。

　直令は、大坂目付として約八ヵ月の大坂勤務を終え、宝暦七年三月に江戸に帰着した。出迎えた金四郎は、重い疱瘡が癒えて間もない頃で、顔は濃い赤と黒色、かさぶたの痕がでこぼこという状態だったので、直令にはこれが金四郎かと信じられないほどだったという。ひどく重い疱瘡だと聞き、江戸に戻る頃には死んでいるものと思っていたので、生きている姿を見て不思議に思ったそうだ。一方で顔の変わりように悲しみ、他方で生きていたことに感激し、悲喜こもごもの感情で涙が流れたという。

直令は、この思い出話を景晋が壮年になっても繰り返したというから、よほど印象深い情景だったらしい。疱瘡の痕は残るので、景晋はいわゆるあばた面だっただろう。

実父の願いと教え

景晋は第一回目の蝦夷地《えぞち》出張の帰途、寛政一一年九月六日に大田原（栃木県大田原市）に止宿した。この日が父直令の祥月命日（九月六日）にもかかわらず、旅先のため十分に供養できないと嘆きつつ、生きていれば九一歳になると死んだ親の歳を数え、父から受けた愛情と教えの数々を思い出していた。従者たちの、明日の昼休みは喜連川、という声を聞き、喜連川と関わる父の思い出を『未曽有記』に書きつけた。

目付の直令は、喜連川家が宝暦一一年一一月二七日に願い出た末期養子を確認するため喜連川に派遣され、その頃一〇歳の金四郎に、その際に実感した将軍の御威光の有り難さを語って聞かせた。そのうえで、金四郎が将軍に仕え、その御威光の有り難さを感じるような仕事ができるとよいのだが、生きているうちに金四郎がそのような働きをするのを見ることができるかどうか不安だ、と語ったという。父直令は、将軍への感謝、奉公・忠節を金四郎に説いている。

父が将軍の命を受け蝦夷地調査の任務を果たしている景晋の姿を見たならば、さぞ喜んでくれただろうと残念がる。父は景晋が三〇歳のときに亡くなった。それから一八年、景晋は四八歳になって初めて、父が願った働きをしている。死んだ父親の歳を数えたくなったのは、そのような事情からだろう。将軍の命を受けた蝦夷地出張は、幕臣景晋にとって初めての晴れ姿であり、父に見せたかったという思いを募らせたのである。

喜連川と父のことは、思い出深い記憶だったらしく、二度目の蝦夷地出張で、文化二年（一八〇五）閏八月一七日に喜連川に泊まった際も、再び思い出して『未曽有後記』に書いている。今では目付に昇進して、長崎に赴いてロシア使節レザノフの難題を処理し、さらに将軍の思召に叶いふたたび蝦夷地調査を命じられた。将軍の御威光を背にした幕府要職（「御威光の有難き顕官顕職《けんかんけんしょく》」）の目付として役務を遂行する姿を、亡父直令はさぞかし喜んでいるだろうと想像する。二四年も前に父を喪い、今の姿を見せることが叶わない悲しみ（「悲しみの泪」）と、亡父の期待と教えに応えることができた喜び（「悦びの眉」）が入り交じった複雑な感慨に浸っている。

ここには、将軍の御威光の有り難さを身にしみて感謝し、将軍への御奉公・忠節に励むことが幕臣の本分という父の教えがある。単なる立身出世とは異なる幼少期の父の教えこそ、幕臣景晋の原点であり信念になったと言えるだろう。

生母の追慕

生母は、『寛政重修諸家譜』に鈴木氏とあるだけで、詳しいことはわからない。生母から受けた影響を『未曽有記』に書いている。

第一回蝦夷地出張のさなかの寛政一一年四月二日は、生母の祥月命日だった。この日、奥州平泉《ひらいずみ》周辺で義経《よしつね》・弁慶《べんけい》ゆかりの旧跡を見て、水沢《みずさわ》（岩手県奥州市）に泊まる旅程にあった景晋は、幼少の頃に生母が『御曹子島渡り《おんぞうししまわたり》』などの御伽草子《おとぎぞうし》だろうか、源義経の生

生母の願い

涯や高舘《たかだて》草紙を語って聞かせ、それが自身の好古趣味のきっかけだと記している。景晋が古典に親しむようになったのは、幼少時の母の読み聞かせにあった。大人になったあとには、景晋が書物を読み、義経についてこの本はこうで、あの本ではああでと語り聞かせて母の退屈をまぎらわせてさしあげると、そう思うと納得された母の顔が眼前に見える心地がし、涙が溢れて行く道が見えないほどだったという。同行の人々が見咎めて女子どものようだと思われるのもばつが悪いので、頑張って涙をぬぐい、無理して大声を出して一行についていったとも書いている。

命日に義経の旧跡を見たのが重なって亡き生母への追慕の念が募り、四八歳の景晋にして泪が堰を切って流れ出たのだろう。この心中を誰にうち明けたらよいのかとも書く。

母は、景晋が将軍の特命を受けて働くことを死の間際まで神仏に祈っていたという。存命ならどれほど喜んだろうかと、蝦夷地に向かう景晋の姿を見せられないことを残念がる。母は、遠く離れた地に赴いた景晋のことを一日中思い、今日はどこの山を越えたろうか、荒海をいつ渡るのだろうか、長い旅路に疲れ体調をこわしていないだろうかと、大風や暑さ寒さにつけ心配し心を痛めたことだろう。存命ならばかなりの老齢なので、とても心細い思いをさせたと思うと、存命の方がよかったのか、亡くなられていた方がよかったのかと迷いもする。二度と戻ることのない昔を思うことに耐きれず、歩く気力を失い駕籠に戻ったという。

景晋に愛情を注ぎ、いにしえへの関心を導き、幕臣として活躍する姿をひたすら願い祈った母への深い思慕の念と、将軍の命で蝦夷地に向かう姿を見せられない無念の思いが綯《な》い交《ま》ぜになり、四八歳の景晋が母を追慕して大泣きしている。母と男の子との関係は、昔も今も変わらないと思わせる一文である。幕臣として将軍の命を受けて役務を果たす、という父母の期待と願いに、四八歳になってやっと応えることができたのだが、その父母はすでにいない。景晋の父母への敬慕の情の強さが伝わってくるとともに、幼少期の父母の教えと願いが景晋の生涯にとって重要な意味を持ったことがわかる。

三　養家遠山家と養父母

知行地と家相続

養家の遠山家は、家祖景吉《かげよし》が五〇〇石を知行《ちぎょう》し、その後、景義《かげよし》・景信《かげのぶ》・景好《かげよし》と続いた。知行地は、上総《かずさ》国夷隅《いすみ》郡岩熊《いわくま》村（千葉県いすみ市）に三〇〇石、下総《しもうさ》国豊田《とよだ》郡今泉村（茨城県下妻市）などで二〇〇石である。遠山家は永井家に比べ知行高は半分、しかも目付や長崎奉行など幕府の要職についた者は誰一人いない。景晋は、永井家と比べるとかなり格の劣る旗本遠山家へ養子に入ったのである。

複雑な家族関係の遠山家

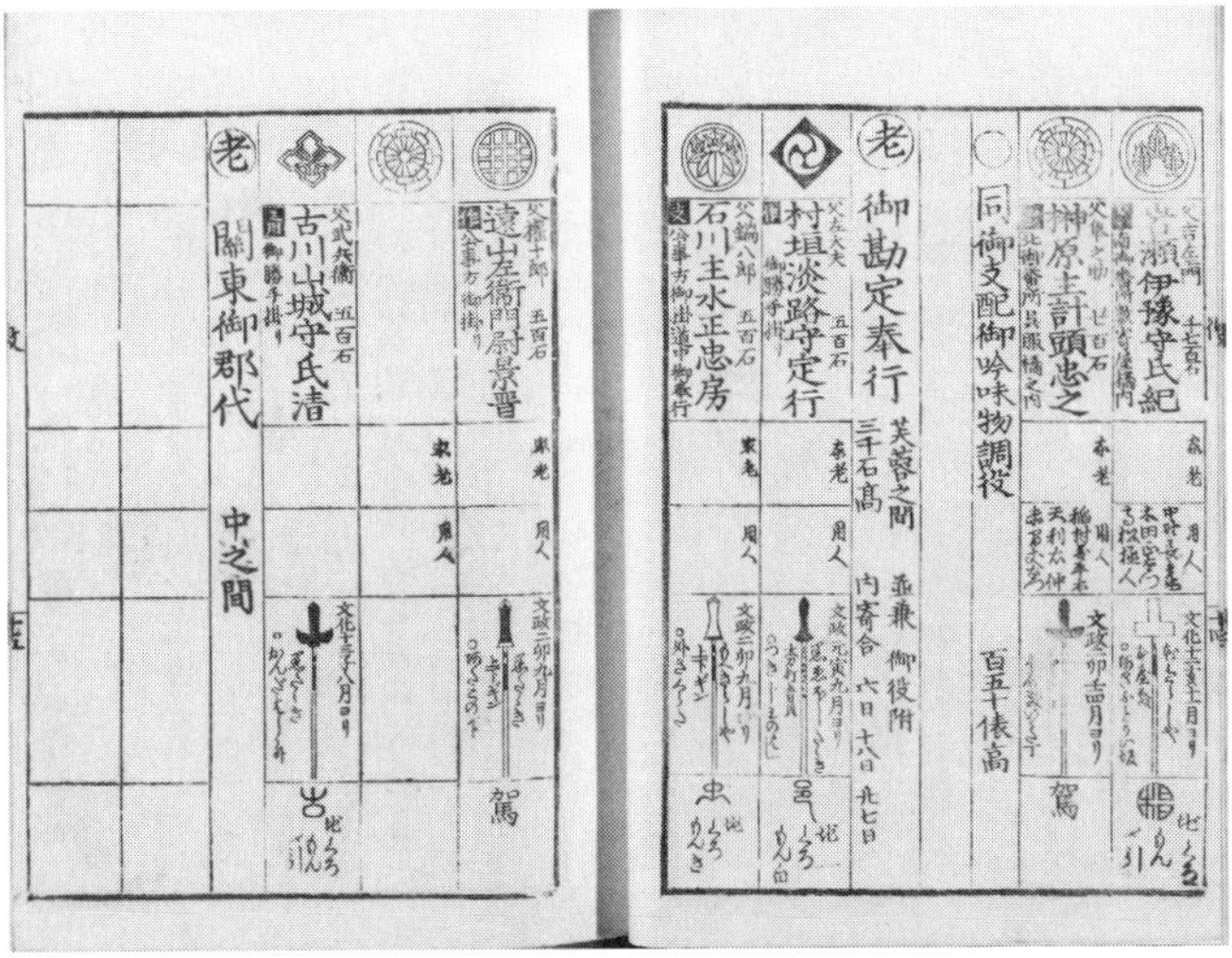

遠山景晋の役職・家紋
（『文政武鑑』巻4より，国立国会図書館蔵）

養父遠山景好が天明六年（一七八六）八月に亡くなり、景晋は、同年閏一〇月六日に三五歳で遺跡を相続した。その翌年天明七年一月に、小性組《こしょうぐみ》九番組の番士《ばんし》に登用された。

養父景好は、長く実子に恵まれなかったため、明和四年（一七六七）に永井金四郎を養子にし、跡継ぎにしたが、三年後の明和七年、男子景善《かげよし》が生まれた。男の実子ができたが、養子景晋が遠山家を継ぐことになった。養父景好に景善が生まれたとき、景晋の居心地は穏やかではなかっただろうが、遠山家では同じようなことが繰り返された。

景晋四二歳の寛政五年（一七九三）八月、

妻との間に待望の男子が生まれる。幼名は通之進《みちのしん》、のちに父と同じ通称の金四郎で、名奉行と謳われた景元である。しかし景晋は、その出生をすぐに幕府に届け出なかった。それは、義弟景善を養子にする手続きを先行させたからである。景晋は翌寛政六年七月、景善を養子にする願書を幕府に出し許可を受けて後継者に定め、それが済んで二ヵ月後の九月に、実子で幼名通之進の出生を届け出たのである。実子が生まれたにもかかわらず義弟を後継ぎにしたのは、景晋の養家への遠慮だろうか。

ところが景善は景善で、男の子が生まれたものの享和《きょうわ》三年（一八〇三）に景元を養子にした。これは、景善の景晋への遠慮だったのだろうか。その結果、遠山家の家督継承は、景晋→景善→景元の順になった。遠山家は、このような遠慮と苦慮が綯交ぜになった複雑な家族関係・親子関係のもとにあった。

四　妻子と養子

景晋の妻は、榊原《さかきばら》弥平兵衛忠寛《ただひろ》（寛政四年〈一七九二〉七月一四日没、六四歳。書院番士。俸禄三〇〇俵）の二女である。榊原忠寛は卮兮《しけい》と号した徂徠《そらい》学派の学者であり、景晋の儒学の師だった。つまり、景晋は先生の娘と結婚したのである。天明八年（一七八八）一二月二九

妻と景晋

日に同居を始め、翌寛政元年三月一九日に縁組願書を提出し、五月六日に許可されて正式な婚姻関係になった。景晋三七歳、当時としては晩婚である。妻も、結婚した年に父が六一歳だからそれほど若くなく、ともに晩婚だった可能性が高い。

第一回蝦夷地行の寛政一一年四月二九日、津軽半島三厩《みんまや》（青森県外が浜町）から松前（北海道松前町）まで津軽海峡を渡る際、激しい潮流と強風によるひどい船酔いが予想された。その対策として、江戸を発つ際に妻が渡してくれた、手縫いの木綿の腹帯をきつく締めた景晋の姿に、妻との絆を感じさせる。

第二回蝦夷地行の文化二年（一八〇五）九月二日、御堂村《みどうむら》（岩手県岩手町）の観世音（御堂観音と通称）に詣って、妻に頼まれた物を奉納した。妻は観音信仰の深い人だったらしい（「往年結縁せしよりこのかた、宿の妻なるものの年ごろ念珠《ねんじゅ》おこたらず」）。景晋は、第一回蝦夷地行の寛政一一年四月六日に団長松平忠明《まつだいらただあきら》に付いて詣った観音堂に、はからずもまた参拝したことに仏縁を感じる。景晋は、妻から託された手縫いの布を手箱から取り出し、本尊千手観音に捧げた。妻に頼まれ、わざわざこの観音堂に詣ったのではないか。

幕末の能吏、川路聖謨《かわじとしあきら》が、天保《てんぽう》一二年（一八四一）頃から書いた自戒一五ヵ条の『自誡《じかい》録《ろく》』に、四〇歳にもなったら色欲をとくに慎むことと記している。これは、四〇歳で女《じょ》色《しょく》を絶ったという景晋への敬慕が理由の一つとされる（川田貞夫『川路聖謨』一一三～一一五頁）。

『寛政重修諸家譜』によると、景晋夫妻には子供が二人生まれた。娘は寛政二年一二月二九日に生まれたものの、寛政四年七月六日に夭折した。法名は観月院。男子は、のちの景元である。景元は、景晋四二歳のときの子供なので、四〇歳で云々《うんぬん》は正確とは言えないもののその後に子供はいないし、また、妻以外の女性はいなかったようなので、景晋の身を慎む自制心の強さをうかがうことができる。

実子景元を溺愛

のちに名町奉行と謳われる遠山景元（金四郎）は、寛政五年八月に生まれたが、景晋二男として翌年九月一七日出生とされた。言うまでもなく、景晋長男は義弟にあたる景善で、寛政六年七月に景晋の養子になった。辻褄あわせのため、景晋は寛政六年九月一七日に景元の産穢《さんえ》届け、同月二七日に産穢明け届けを幕府に出している。四二歳で初めて男子を得た景晋の大変な喜びようが、目に浮かぶ。かなりの歳になってから生まれたせいか、『未曽有記』に景元を溺愛する様子がしばしば見える。

寛政一一年の第一回蝦夷地出張は、景元と長期に渡って離れて暮らした最初だろう。三月二四日に白河（福島県白河市）に宿泊した際、町の中を親馬に子馬がついて歩くように親熊と子熊が歩くという、江戸では見ることのできない珍しい光景を見て、景元にひと目見せたかったと書く。七歳の景元が大喜びする姿を想像したのである。

翌三月二五日は阿武隈川《あぶくまがわ》を詠んだ古歌四首を記したその中で、高階経重朝臣の歌として「行末にあふ隈川のなかりせばいかにかせましけふの別れを」を引き、年末までに帰宅し子と再会することがないならば、このような遠征の旅をするものか、と書く。帰宅すれば景元の顔を見ることができるのを励みに、景晋は旅を続けたか。

また、松前へ渡海するため本州西側の最北三厩に滞在していた同年四月二五日に、江戸で流行《はや》っていた「シングイル候」という童謡を、同地の女性や子供が朝暮れ歌うのを聞き、いち早く津軽半島先端のこの地まで伝わったのかと驚くとともに、景元が口ずさむ姿を思い浮かべている。

九月一四日に江戸に帰着した景晋を、景元らが出迎えた。宝暦七年（一七五七）に大坂から戻った父直令が、出迎えた疱瘡が癒えた直後の六歳の金四郎を見た際の感慨を語ったのを回想する。親はただただ子供の病気を心配するもので、子にとってやむを得ない親不孝だが、家族といっしょに迎えに来た景元が病むことなく、蝦夷地行の一七二日の間にかくも大きくなり、心も大人びてきた様子を見て大喜びしている。そして、かつて父が景晋を案じたことを思い出して涙を流し、幼い者が年とった時に私の心の奥がわかるだろうと書く（『未曽有記』）。景晋自身と子の景元、父直令と自身とを重ね合わせ、子への親の思いを書き連ねている。

ロシア使節レザノフ一件の処理を終え長崎から江戸に戻る景晋は、文化二年四月三日に小倉から下関への船旅をした。小倉藩や長府藩《ちようふはん》の多数の船が警固する中、飾り立てた乗船を、船頭の指揮のもと、鼓と船唄に合わせて水夫たちが懸命に漕ぎ行く様を、景晋は勇ましくも面白いと感動した。景元がこれを見たら、喜びの余り思わず躍り上がっただろうにと想像し、見せてやりたかったと残念がる。そして、勇ましい光景を見ても、面白いことを見ても、景元のことばかりいつも心に浮かぶのは、親馬鹿と言われるだろうが、昔の人もこうだったのではなかろうか（「親おさなしとやらん、古へ人もかくや有けん」）と自らの子煩悩ぶりを肯定する。景晋が、いかに景元を溺愛していたのかをうかがわせるに十分である。

景元の印文に込めた願い

第二回蝦夷地行の文化二年一一月二〇日、松前の宿舎に留守宅から江戸の香りを感じさせる手紙と衣服・食べ物が届いた。その中に、一三歳の景元から印章の文字、つまり印文を撰んで欲しいとの願いがあった。景晋五四歳、景元一三歳である。

景晋が撰んだ印文は、「好文《こうぶん》」だった。「好文」とは好文木《こうぶんぼく》、すなわち梅の異称である。その理由は、梅はほかの花にさきがけて一番早く咲くからだという。景晋が景元の早咲きを願うのは、自身の幕府役人としての出世が遅咲きだからである（「桑楡《そうゆ》に及て官途《かんと》に栄《さか》ゆ」）。景晋が要職である目付になったのは五一歳、当時としては「晩年」「老年」と言われる年齢に近い。景晋は、景元が早く学問を修め、優れた幕府役人になれることを祈念し、この印文を撰んだのである。そこには、子の行く末を思う親心が満ちている。早く学問を修め、と願うのはいかにも景晋らしく、早く優れた幕臣になることを切に祈るのは、景晋の実父、生母と同じである。

養子景善

景善は、明和七年〔一七七〇〕生まれで景晋の義弟にあたる。通称九十郎。寛政六年七月に景晋の養子になり跡継ぎになった。景晋は、寛政七年に景善の御目見《おめみえ》と御番入《ごばんいり》願書を上司の小性組番頭《ばんがしら》に提出し、若年寄に上申されたが実現しなかった。

年次不詳だが、景善は旗本滝川清右衛門一昌《かずまさ》〔知行九〇〇石〕の娘と結婚した。妻は、安永《あんえい》七年〔一七七八〕生まれで、天保一四年一二月七日に死去。法名は真貞院。景善には景寿という男子がいたが、知行五〇〇石の旗本堀田彦三郎一長《かずなが》家に養子に出している。

五　遠山家の屋敷

景晋が暮らした屋敷

景晋が暮らした遠山家の屋敷は、『御府内往還其外沿革図書』八〔国立国会図書館所蔵〕の絵図によると、堀に架かる新橋《あたらしばし》から南に延びる愛宕《あたご》下通りに面し、西から延びる三《さん》斎《さい》小路〔江戸時代初めに、細川忠興《ただおき》〈三斎〉が住んでいたことから、この名がついたらしい〕が交わる角地にあった。面積は六〇〇坪。一本南の小路が、斎藤月岑《さいとうげっしん》『江戸名所図会』に描かれた摩尼珠山真福寺のある「鎧小路《よろい》」である。新橋から南東へ愛宕山の麓を流れ、増上寺《ぞうじようじ》南側をぐるりと廻って将監橋《しようげん》で堀（現、古川）に落る桜川に面し、屋敷門前には石橋が架かっていた（『文化日記《ぶんかにつき》』文化五年〈一八〇八〉四月一九日条）。桜川周辺の風景は江戸の名所で、渓斎英泉《けいさいえいせん》『愛宕下藪小路』などの錦絵にも描かれている。藪《やぶ》小路は景晋の屋敷の一本北側の小路である。

景晋は、駿河青島（静岡県藤枝市）で質の良い硯を購入した際にその理由を、硯が屋敷前を流れる川の名と同じ桜川産（茨城県稲敷市。桜川が霞ヶ浦に注ぎ真壁石が有名）だったので、それを愛《め》でたから、と書いている。この屋敷地を気に入っていたのだろう。

文化五年一一月六日に自火により屋敷が焼けた。この際に、記録類のいくつかを失っている。幕府は、何ども遠国御用を務めたうえ居宅を焼失し、また対馬《つしま》に派遣されるので難儀という特別の理由から、一一月一九日に屋敷再建のため二〇〇両の拝領を許した（『通航一覧《つうこういちらん》』第二、六頁）。その二年後の文化七年一二月一九日に、屋敷焼失の際の拝借金返納延期を願い出て認められているので（『文化日記』）、返済義務のない拝領ではなく、無利息年賦返済という恩典の拝借金だったのだろう。

景晋が勘定奉行を辞職し隠居した文政一二年（一八二九）の九月七日、屋敷地の相対替えが幕府から認められた。旧宅からほど近い、愛宕の下大名小路と露月町《ろうげつ》（港区東新橋二丁

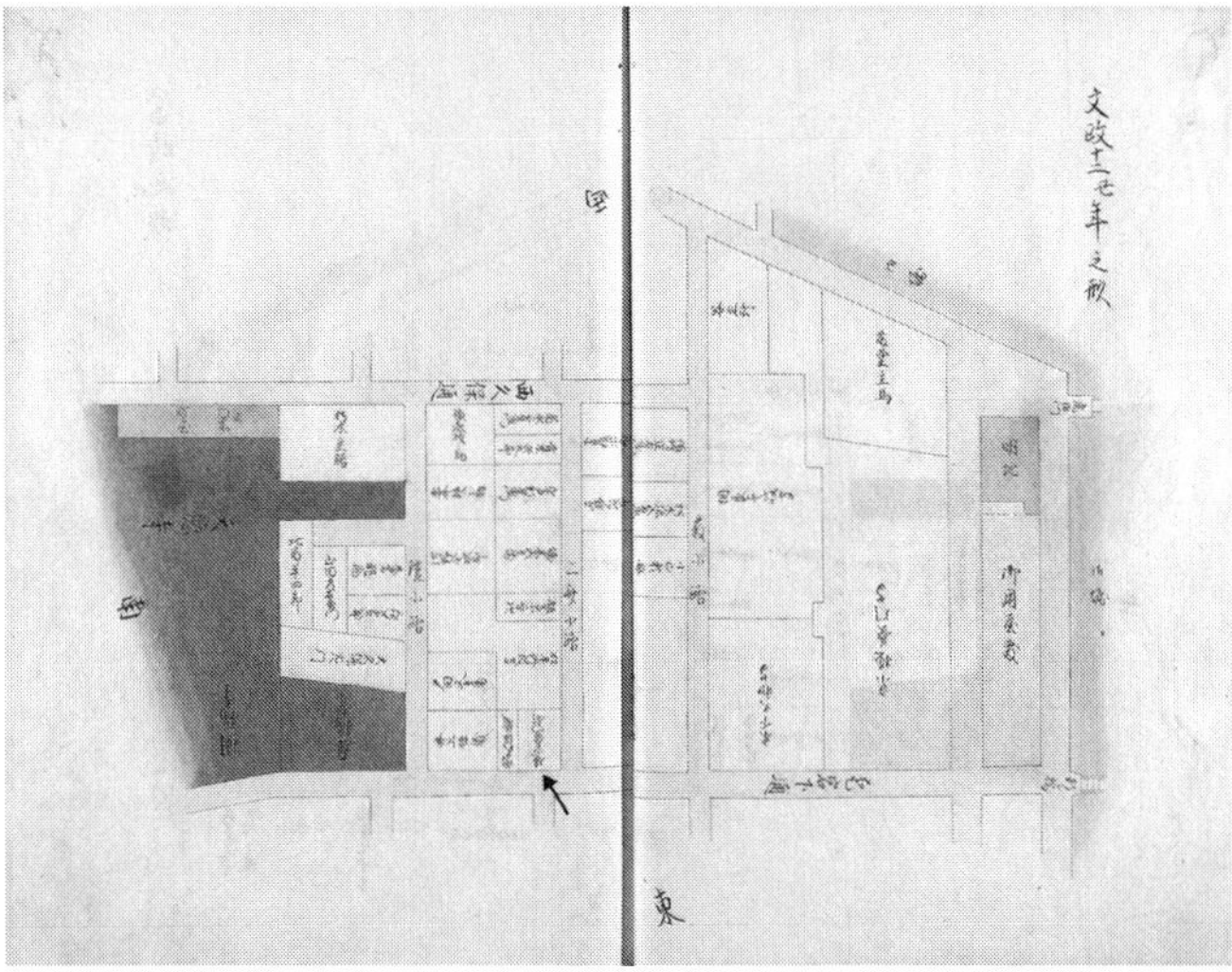

遠山景晋の屋敷

（『御府内往還其外沿革図書』8より，国立国会図書館蔵．矢印に「遠山左衛門尉」とある）

目から新橋四・五丁目）に挟まれた、松平弥九郎拝領屋敷七三五坪に引っ越すことになった。旧拝領屋敷には、留守居曲淵《まがりぶち》景露《かげみち》が隣家間宮織部《まみやおりべ》の屋敷地を合わせて移っている（『東京市史稿』市街篇第三十七、六九頁）。新屋敷地は、旧屋敷地に比べ一三五坪広くなった。この相対替えは、『御府内沿革図書』第二篇下（国立国会図書館所蔵）の「虎御門外西久保之内」に、文政一二年と天保元年（文政一三年一二月に改元）の図があり、旧屋敷地は文政一二年が「遠山左衛門尉」、天保元年は「曲淵甲斐守」、また、新屋敷地は、天保元年の「芝口之内」の図に「遠山金四郎」となっていて、異動が確認できる。

景晋は、明和四年（一七六七）に遠山家に養子に入って以来、約六三年間も慣れ親しみ、かつ気に入っていた土地を離れることになった。七八歳という高齢の景晋の心中は、いかばかりだっただろうか。

なお、文政一二年九月の屋敷相対替えの際、駒込の湯川安道（幕府奥医師多紀元悳の三男）拝領屋敷三五〇坪も入手している。また大久保余丁町《よちょう》（新宿区余丁町）の拝領屋敷四二五坪の内、二〇〇坪を書院番士山口采女、一二五坪を奥火の番石井庄左衛門、一〇〇坪を林奉行梶川清次郎に渡している。この大久保の拝領屋敷は、文政四年に愛宕下の屋敷だけでは手狭になったという理由で添地を願い出て認められ、拝領した屋敷地である（岡崎寛徳『遠山金四郎』一五六頁）。文政二年に就任した勘定奉行は、町奉行の役宅が町奉行所内にあるのと異なり、屋敷が役宅だったので認められたのだろう。駒込の拝領屋敷地の相対替えによる入手は、手放した大久保の拝領屋敷地の替わりの土地と思われる。

なお、『新編武蔵風土記稿』一（四六五頁）の豊島郷三ノ輪村（台東区内）に「遠山左衛門尉抱《かかえ》屋敷千百七十坪」という記事があり、この地に購入した土地があったようだが、その経緯などはよくわからない。

第二　学問吟味に首席合格

一　景晋の「芸術」

天明七年の「芸術書上げ」

幕府は天明七年（一七八七）六月から、老中《ろうじゅう》に就任した松平定信《まつだいらさだのぶ》を中心に寛政《かんせい》の改革を断行し、人材の発掘と登用を試みた。天明七年七月、例えば小性組番《こしょうぐみばん》の頭《かしら》、つまり番頭《ばんがしら》のような上司たちに、配下の者の「芸術書上《かきあ》げ」を命じた。学問（軍学・天文学を含む）を指南《しなん》または講釈している者、武芸（弓・馬・剣・鑓《やり》・柔・火術）に熱心で免許（目録）を取得し、指南している者が対象で、師匠名、流儀、本人の年齢を書き出させた（『御触書天明集成《おふれがきてんめいしゅうせい》』一九八〇号）。芸術とは学問と武芸を指し、師範となるほどの資格・技量を持つ者が調査対象だった。

この年正月に小性組の番士に登用されていた遠山景晋《とおやまかげみち》は、天明七年八月に「芸術書付」（「遠山家記録残闕」）を、所属していた小性組九番組の番頭土井豊前守利国《としくに》に提出した。武芸は、①弓術は日置《へき》流、師匠は宅間伊織、②馬術は大坪《おおつぼ》流八條流、師匠は大塚藤兵衛、

③槍術は種田《たねだ》流、師匠は平田定右衛門、④剣術は初実剣理方流、師匠は今枝佐仲、⑤捕手は竹内流、師匠は曽根隼之介、⑥軍用古伝は小幡流、師匠は捕手と同じ、と書き上げた。墓碑銘《ぼひめい》に「剣技を善《よ》くす」とあるように剣術に優れ、明和《めいわ》四年（一七六七）一六歳のとき目録を伝授された。弓術・馬術・槍術は、当時盛んだった流派を学んでいる。

学問は儒学で、師匠は榊原忠寛《さかきばらただひろ》、号は卮兮《しけい》。荻生徂徠《おぎゅうそらい》の門人で詩文をよくした服部《はっとり》南郭《なんかく》の子多門《たもん》の門人である。師が南郭の学統なので、景晋は徂徠学を学んだことになる。景晋が詩文と画をよくしたのは、南郭の学統につながるゆえか。また、景晋が、文雅・風雅の人と見られた由縁だろう。

師卮兮の二女が景晋の妻であることは、すでに紹介した。卮兮は寛政四年（一七九二）七月一四日に死去、法名は慈光院。景晋は、師であり岳父の二三回忌供養のため、文化《ぶんか》一一年（一八一四）三月一四日に増上寺子院《ぞうじょうじ》天光院に参詣、同年四月八日にも、天光院の案内で増上寺本坊へ行き書院で内仏を拝み、「榊原先生位牌」に焼香している（『文化日記』）。

寛政三年一二月、所属する小性組番頭諏訪頼寿《すわよりなが》から組頭佐野茂幸《さのもちゆき》を通して漢詩の題を与えられ、「除夜」「春暁」を送っている。景晋の詩作は、番頭の知るところだった。また同年、組頭佐野宅で『書経《しょきょう》』『詩経《しきょう》』『大学《だいがく》』の講釈をしている。景晋は、小性組の中で武芸と学問の優れた文武両道の番士と知られていたらしい。

景晋は、墓碑銘に「音律を喜ぶ」とあるように、音楽を好んだ。中でも愛好したのは琵琶であった（後述）。

二　第一回学問吟味

寛政の改革では、大田南畝《おおたなんぽ》から「世の中に蚊ほどうるさきものはなし　ぶんぶというて寝てもいられず」と茶化されたほど、文武奨励が叫ばれた。文、すなわち学問奨励のため、後に「寛政三博士」と称された柴野栗山《しばのりつざん》・岡田寒泉《おかだかんせん》・尾藤二洲《びとうじしゅう》らを幕府儒者に登用し、ついで大学頭《だいがくのかみ》林家の塾にある湯島聖堂《せいどう》で「学問試《し》」、つまり学問吟味を実施した。この試験制度を構想した柴野栗山によると、官吏登用試験だった中国の科挙《かきょ》とは異なり、目的は「立身（昇進や任官）の種《たね》」とし、あくまでも幕臣の学問奨励が主眼だった。

第一回学問吟味の内容

寛政三年（一七九二）に、「講釈」や「作文」のできる学力ある幕臣を所属の長（頭）から推薦させ、聖堂で目付《めつけ》立合のもと幕府儒者が試験をするという構想が出され、同年一〇月に、学問吟味の実施が発表され受験者の募集が始まった。受験資格は、布衣《ほい》以下は当人と惣領《そうりょう》・厄介《やっかい》（当主の傍系親族で扶養している者。ここでは次三男を含む）、布衣以上は惣領と厄介で、いずれも一五歳以上だった。受験者は、身分と学問、そして試験科目「経書《けいしょ》」「歴史」「経済の書」「講釈」「作文」のうち、受験科目を申告するため、とくに学んでいる「経書」や「歴史」と師匠名などを届けることを求められた。受験願書は受験者ではなく、所属長が提出する仕組みだった（『御触書天保《てんぽう》集成』下、五四九二号）。

第一回学問吟味は、寛政四年九月一三日に始まり一〇月一一日まで続き、受験者は二八五人という。ところが、及第《きゅうだい》（合格）基準が不明確だったため成績判定で混乱し、目付と儒者の意見が対立して合格者を確定できなかった（橋本昭彦『江戸幕府試験制度史の研究』二二五～二二七頁）。

景晋の受験願書も、所属長の小性組番頭から出された。小性組組頭からどうしても受験するよう指示されて受験した理由は、あまり気が進まなかったのか、その頃、病気だったのかであろう。九月一三日に弁当持参で試験会場の湯島聖堂に行き、『貞観政要《じょうがんせいよう》』の翻訳（作文）と、『古文考経《こぶんこうきょう》』の講釈をしたという。景晋著『対策則《たいさくそく》』（国立国会図書館所蔵）によると、『貞観政要』巻七文史篇第四章から出題され、景晋の訳文（解答）が留められている。第一回は、二回目以降に実施されなくなった受験者による講釈が課された。学問吟味が終わったあと、目付森山孝盛《もりやまたかもり》の指示を受けた小性組組頭から、一〇月一三日に答案の清書を出すよう命じられた。目付の指示には、将軍徳川家斉《とくがわいえなり》が清書答案を「上覧《じょうらん》」するかもしれない、と書き添えられていた。景晋の答案は、よほどよくできた模範解答だったらしい。合格者の発表も上覧もなく、景晋にとって「骨折り損の草臥《くたび》れもうけ」に終わった。

三　第二回学問吟味

幕府儒者たちが、試験方式と科目・合否基準など、第一回学問吟味の問題点を検討したうえで、第二回学問吟味が実施されることになり、寛政五年（一七九三）一〇月に発表された（『御触書天保集成』下、五四六七号）。ついで一一月二〇日に頭たちへ、学問吟味は学問奨励が目的なので、受験希望者だけでなく学術優秀な者を漏れなく書き出すよう求め、若年寄が成績優秀者に対面することもあると、昇進・就職など出世の可能性を臭わせた（同前、五四六八・五四六九号。『森山孝盛日記』中）。

第二回学問吟味の概要

試験は、講釈を止めて筆記のみになり、一次試験の初場《しょじょう》と、初場合格者を対象にした二次試験の本科、それに付御吟味・雑科に再編成された（以下、橋本前掲書第Ⅰ編第一・二章による）。試験科目と問題数が議論になり、初場は『小学本注《しょうがくほんちゅう》』と『論語《ろんご》』から各三題、本科は経義・歴史・文章からなり、経義は『論語』以外の四書《ししょ》、『大学章句《だいがくしょうく》』『中庸章《ちゅうようしょう》句《く》』『孟子集注《もうししゅうちゅう》』『易経本義《えききょうほんぎ》』『書経蔡伝《しょきょうさいでん》』『詩経朱伝《しきょうしゅでん》』『春秋胡伝《しゅんじゅうこでん》』『礼記陳注《らいきちんちゅう》』『周《しゅ》礼鄭注《らいてんちゅう》』『儀礼鄭注《ぎれいてんちゅう》』の七科から各六題、歴史は『左伝《さでん》』『史記《しき》』『漢書《かんじょ》』『後漢書《ごかんじょ》』『通《つ》鑑綱目《がんこうもく》』の三科から各四題、文章は「記事」（和文漢訳）二首、「論」（論述）一首、「復文」（書下し文を漢文に復元）二首となった。

なお、学問吟味の本番になって各科の必要解答数は半減になり、受験者の負担が軽減された。また、受験者はすべての出題に解答するのではなく、経義八科のうち経一科六条（さらに半減され三）、歴史三科のうち一科四条（さらに半減され二）を解答する。

試験官である幕府儒者は、受験者に試験要領の周知を図った。第一に、試験はすべて筆記問題とし、解答文の文体統一を指示した。それによると、文体は「俗文俗筆」、つまり「御座候」とか「奉存候」のように記せという。俗文の方が、「雅文《がぶん》」と違いごまかしがきかないので、文章力や理解力、さらに筆跡の善し悪しもよくわかるという理由だった。第二に、林述斎《はやしじゅっさい》と三人の儒者が受験者と個別に面談し、各試験科目の答案の見本（「手本」）を見せて説明した。この試験官と受験者の面談は、聖堂で寛政五年一一月二三日から行なわれ、景晋は、初日の一一月二三日に林述斎と面談し、選択する書目を伝えている。

第二回学問吟味を受験

第二回学問吟味は寛政六年二月三日、目付と徒《かち》目付が立ち合い、大学頭林述斎が出席して聖堂において初場が始まった。受験者は全体で二三七名、初場に出たのは一八〇余名という。本科は二月二〇日から始まり、二二日・二四日・二七日・二八日・三月八日に行なわれ、同月九日に終わった（『森山孝盛日記』中）。

景晋が第二回学問吟味で選択した科目と書目、および解答は、『対策則』により知ることができる。初場は、『小学』から「敬身」が出題され、その「章意」（文章の意味）、「字訓」（漢字の訓読み）、「解義」（文章の意義を説明）、「余論」の順で解答している。文体は、試験要領通り「御座候」「奉存候」などの俗文である。『論語』からは「雍也」と「子路」が出題され、「章意」「字訓」「解義」「余論」の順で解答している。なお、受験者が『小学』『論語』を持参し、貸与された紙と硯筆墨を用いて解答した。

初場受験者のうち三三名が、二月二二日に本科の経義科の試験に臨んだ。書目は、『詩経』一四人、『書経』一七人、『易経』二人という内訳だった（大田南畝『科場窓稿《かじょうそうこう》』）。景晋は『詩経』で、「斉風　鶏鳴篇」「大雅生民之什　洞酌篇」「周頌閔印小子之什　般篇」から各三題が出題され、初場と同様に、「章意」「字訓」「解義」の順に解答した。二月二四日は歴史科で、御目見《おめみえ》以上一六名、同部屋住み五名、御目見以下一九名、同部屋住み五名の計四五名のうち四名欠席で四一名が試験に臨んだ。景晋は、『左伝』から「僖公二年」と、『史記』から「管晏伝賛」の二題を選択した。解答の終わった二〇名ほどが別室に呼ばれ、『左伝』『史記』『前後漢書』『通鑑綱目』から一条が出題され、解答するかどうかは自由だったので六、七名が応じ、大田南畝は『左伝』『史記』からの出題に答えた（『科場窓稿』）。景晋は、この試験を「対問式」とし、三問のうち一問の回答例を『対策則』に留めている。

二月二七日に御目見以上一一名、御目見以下一三名、合計二四名（『科場窓稿』）が文章の試験に臨み、記事二首と復文一首が出題された。記事は、「謙信家の士いかるか平次といふもの浪人して諸国をめくる」（『科場窓稿』によると活字で真片仮名）から始まる記事を漢文にする試験である。復文は、「古人イフ事アリ」から始まる文章で、これを漢文にするのである。二八日には、文章の「論」では「賈誼論《かぎ》」を書き、前漢の文人で洛陽の人、文帝に仕え三三歳で死去した詩文に優れた賈誼の一生を論じた。書下しの文をもとの漢文にする「復文」も出題されたが、『対策則』は解答を省略している。大田南畝は、「太宗ハマコトニ民ヲヤシナフニ」で始まる書下し文を漢文にした（『科場窓稿』）。

第二回学問吟味に首席合格

学問吟味の成績は、合格と不合格（「落」）で、合格には甲・乙・丙の三等級あった。第二回学問吟味では、旗本の甲合格は景晋のほか小普請の奈佐《なさ》久右衛門勝皐《かつしか》、小普請方の山上博杲《ひろきら》の惣領藤一郎定保《さだやす》、長崎奉行平賀貞愛《さだえ》の叔父新五郎安栄《やすよし》の四人、御家人では御徒の大田南畝である。乙合格は一四人（旗本五人・御家人九人）、丙は二八人（旗本一四人・御家人一四人）だった（『昌平学科名録』）。大田南畝『科場窓稿』によると、御目見以上の旗本は、甲に当たるのが「抜萃《ばっすい》」、乙が「合格」、丙に当たる等級はなく褒美の詞のみである。御家人は合格の等級がなく（大田南畝にも抜萃の等級なし）、褒美の金額の差、詞のみという違いだった。

景晋は甲合格の「状元《じょうげん》」（中国の科挙で首席合格者）、すなわち成績最優秀者だった。合格者のうち旗本は、寛政六年三月晦日に合格の等級と身分に応じた褒美の品とお褒めの詞を賜わった。景晋は、奈佐とともに最上級の褒美である時服《じふく》二を拝領している。合格の御家人は、四月二二日に甲相当の大田南畝の銀一〇枚を筆頭に、銀七枚の九人（乙）、詞のみの一四人（丙）がそれぞれ賞された（『科場窓稿』）。

甲合格の旗本のうち、奈佐勝皐は寛政六年七月五日に小納戸《こなんど》、山上定保は五月二二日に将軍外出時の先導と警備を務める小十人組《こじゅうにんぐみ》に採用された（寛政七年五月八日に儒者見習に転任）。大田南畝は二年後になるが、御徒から勘定所の支配勘定に昇任した。乙合格の旗本五人のうち、書院番士高林弥十郎の惣領利寛《としひろ》は五月二二日に書院番士、小性組番士宮崎次郎太夫の惣領成美《しげよし》も一〇月一四日に書院番士に採用された。奈佐・山上・高林・宮崎・大田は、褒美の拝領だけではなく、番入り（大番・書院番・小性組番などに採用されること）やそのほかの役職に昇任している。学問奨励が学問吟味の主眼だが、何故か景晋の名がないものの、学問に励む動機づけの一つとして立身も組み込まれていたことになる。

首席合格の景晋は小性組番士から、寛政八年一二月一〇日に西丸小性組番士に転じただけで六年が過ぎた寛政一二年正月二五日、やっと御徒一三番組徒頭《かちがしら》に昇任した。首席合格は出世に直結しなかったが、のちに徒頭・目付・長崎奉行・作事奉行《さくじぶぎよう》・勘定奉行と、ほかの合格者と異なる目覚ましい昇進を果たした。それは首席合格と直接の関係はなく、幕府役人としての実力・能力、そして職務上の功績の結果だった。

四　『対策則』の執筆

学問吟味受験の案内書

寛政九年（一七九七）二月に第三回学問吟味があることを知った景晋は、それに合格する方法を、受験を目指す子孫と世話をしている二、三人に教えようと、寛政八年秋に、いわば学問吟味受験のための傾向と対策として執筆した。それが『対策則』である。『国書総目録』収載の範囲では、国立国会図書館ほか四ヵ所に写本があり、ここでは国立国会図書館所蔵本を使う。国会本は大谷木《おおやぎ》醇堂《じゅんどう》旧蔵書と言うべきもので、安政《あんせい》三年（一八五六）八月の学問吟味を受験した旗本大谷木忠醇《ただあつ》（醇堂）が、尊敬して止まない景晋の著書を偶然にも入手できた悦びを、安政三年一二月二四日に表紙裏に記している。なお、大谷木は景晋とともに第二回学問吟味で甲合格した大田南畝が、学問吟味受験の顚

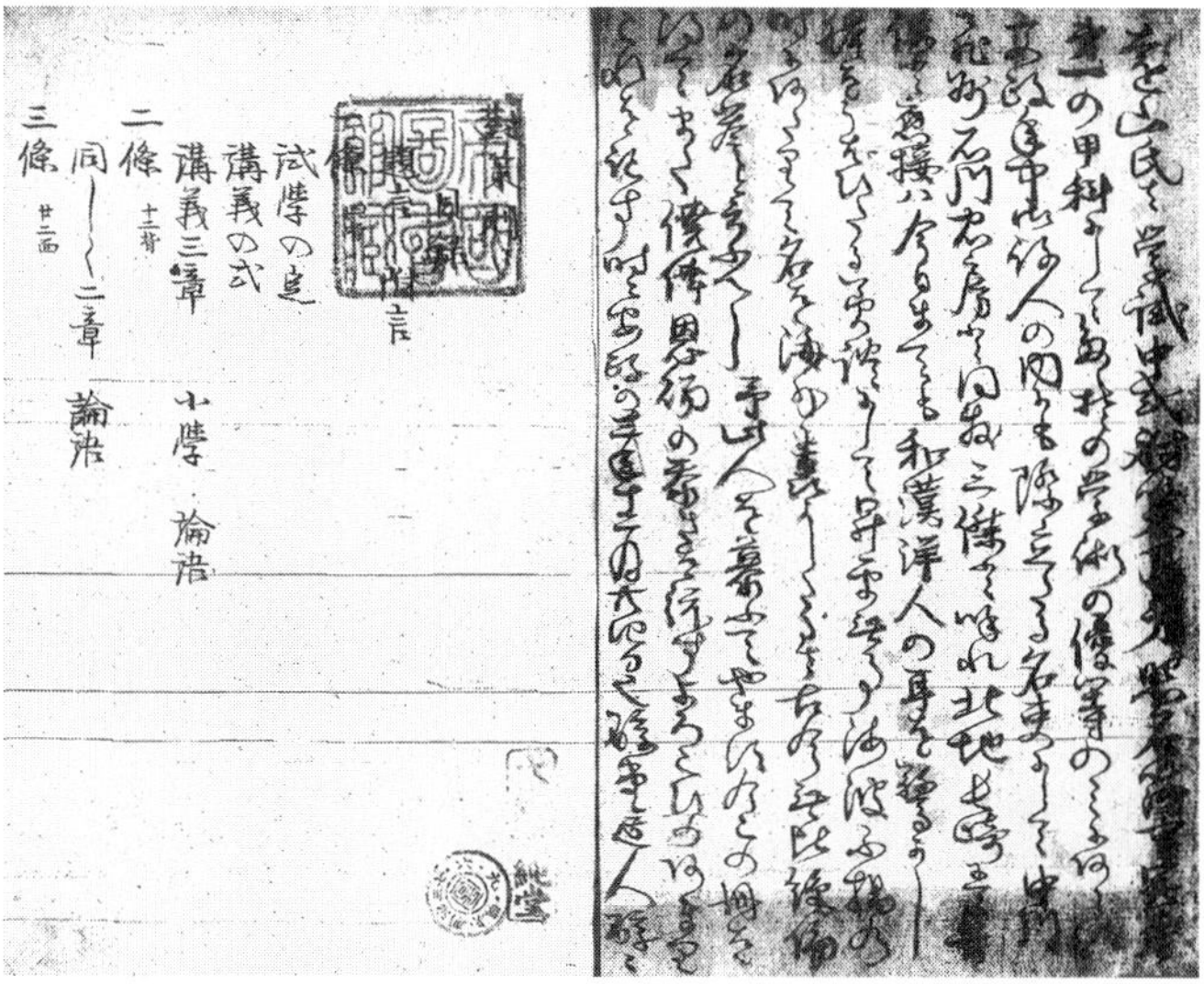

『対 策 則』
(大谷木醇堂旧蔵，国立国会図書館蔵．右丁に景普の著書を入手できた悦びが記されている)

末を書いた『科場窓稿』の自筆本を受験前日に骨董屋で入手したと、安政三年九月に同書の奥に書いている（『大田南畝全集』第一七巻、六九一頁）。大谷木は、学問吟味受験にあたり体験談や参考書を求め、偶然にも第二回学問吟味に甲合格した景晋と南畝の二人の本を入手したらしい。なお、大八木は乙で合格している。

この書は学問吟味の概要を紹介し、第二回学問吟味の出題と景晋の解答を中心に具体的に解説している。試験は、初場と経義・歴史・文章からなること、初場・経義・歴史で出題される書目と出題数および解答すべき数、文章は記事・論・復文の出題数をあげる。受験者が、学問吟味とはどのような試験なのかを知ることができる案内書である。

　合格するには、本人の努力と才識によるしかないので、常に学問を怠らないことが重要と説き、『対策則』の解答例はあくまでも手本にすぎないと戒める。そして、学問吟味の本質に関わる事柄として、学問吟味の学問とは朱子学《しゅしがく》であることを理解すべきだと説き、朱子以外の説を試験場で主張すべきではないと力説する。荻生徂徠の古文辞学《こぶんじがく》（蘐園《けんえん》学派・徂徠学派）、伊藤仁斎《いとうじんさい》の古学《こがく》（堀川学派）などを交えて論じ、その才力で試験官を驚かせたとしても合格できないという。ただ、「徂学風俗を破るといふに弁論ある事」、つまり、徂徠学は反道徳（道徳に頓着しない）という説には意見を持つ必要があるともいう。景晋が徂徠学の系統だからなのかどうか、不詳である。

　もう一つは、四書五経などを和語で解説・解釈するうえで、漢文の文体・表現を失わないようにすることを「書籍の運用」と表現する。これは、景晋の師、榊原巵兮から学び会得したことというが、深意を理解しにくい。学問吟味の試験官は、解答を「俗文俗筆」で書くよう指示していたことと関わるのだろうが、和語・俗文でも漢文の表現を失わないのが大事ということらしい。学問吟味を受験する子孫のために執筆したが、子の景元《かげもと》が受験することはなかった。

第三　第一回蝦夷地出張

一　幕府の蝦夷地政策

ロシアの進出と蝦夷地政策

近世日本の対外関係の動揺は、北方から始まった。ロシアは一七世紀末にカムチャッカ半島に到達し、さらにアリューシャン列島からアラスカへ進出、一七六〇年代には千島列島を南下し、エトロフ島の隣のウルップ島まで植民した。北太平洋北米海岸の毛皮をめぐるイギリス・アメリカとの競争が始まり、毛皮獲得の拠点である北米植民地や千島列島を維持するのに必要な物資を確保するため、対日通商関係の樹立を試みるようになった。

工藤平助《くどうへいすけ》『赤蝦夷風説考《あかえぞふうせつこう》』（正確には『加模西葛杜加国風説考《かむさすかこくふうせつこう》』）は、世界の大国ロシアが隣国になっていたことを「発見」し、放置すれば蝦夷地《えぞち》全域を失うことになると警告して、蝦夷地の金銀でロシアと貿易し富国を図るべきだと論じた（岩崎奈緒子『近世後期の世界認識と鎖国』）。これに影響を受けた田沼意次《たぬまおきつぐ》は、天明《てんめい》五年（一七八五）に第一次、翌天明六年に第二次蝦夷地調査団を派遣した。第一次調査の結果、蝦夷地に豊富な金銀のないことがわかってロシア貿易構想は頓挫し、代わりに大規模な新田開発構想が立てられたが、田沼の失脚により第二次の調査自体が中止になった。

田沼に代わって政権を握った老中《ろうじゅう》松平定信《まつだいらさだのぶ》は、田沼時代の蝦夷地政策を否定したが、寛政《かんせい》元年（一七八九）五月にクナシリ・メナシアイヌが、交易の不正や労働環境への不満から蜂起事件を起こすと、アイヌが離反しロシアに帰服することにより蝦夷地を失うのではないかとの懸念が強まり、新たな蝦夷地政策を模索せざるを得なくなった。ロシアは、日本との通商関係の樹立を試みるため、寛政四年に日本人漂流民の送還を兼ねてラクスマンを根室に派遣し、これによりロシアの脅威は現実のものとなった。

蝦夷地政策をめぐり、直轄開発し防備強化により進出をくい止めようとする勘定所を中心とする考え方と、松前藩に従来通り任せて蝦夷地を未開のままにし、強力な防備は無用とする定信らの考え方が対抗した。定信は、公正な取引によるアイヌの撫育《ぶいく》と情勢探索を兼ねた、「お救い交易」という名称の交易船を蝦夷地に派遣するとともに、青森か三厩《みんまや》に北国郡代《ほっこくぐんだい》（奉行）を新設し、盛岡藩と弘前藩に警備を担当させる北方防備構想の具体化を図った。しかし、寛政五年七月に定信が退陣すると、蝦夷地直轄・開発政策が再び頭をもたげた。

プロビデンス号渡来と蝦夷地調査

エトロフ島の隣のウルップ島にロシア人の居住が伝えられ、さらに寛政八年八月、イギリス海軍巡洋艦プロビデンス号（艦長ロバート・ブロートン海軍大佐）が、調査測量のためエトモ（室蘭）に渡来して松前藩役人と会見、翌年にかけて沿岸を測量する事件が起こった。幕府はこの一件を機に、密貿易疑惑を名目にして調査団を派遣し、蝦夷地直轄政策へつき進んでいく。幕府は寛政八年九月、「松前御用掛」を置き、同年一〇月に勘定と徒目付《かちめつけ》、および小人《こびと》目付二名を現地見分に派遣した（本間修平「寛政八年派遣松前見分御用」）。寛政九年九月、松前藩主松前慶広《まつまえよしひろ》の参府を留めて前藩主松前道広《みちひろ》を出府させ、さらに盛岡藩と弘前藩に隔年交代で松前に詰めるよう命じた。

寛政一〇年三月、目付渡辺胤《つづく》・使番《つかいばん》大河内政壽《まさこと》・勘定吟味役三橋成方《なりみち》・勘定組頭松山直義《なおよし》が松前出張を命じられ、渡来するかもしれない異国船を見届け、さらに蝦夷地を巡見して来年まで留まるよう指示された。彼らが松前御用掛の老中戸田氏教《とだうじのり》から命じられたのは、軍勢の駐屯場所、アイヌ交易の収納高、新田開発の適地など、幕府の蝦夷地直轄につながる調査内容であり、そのための準備作業だった。

支配勘定の近藤重蔵《こんどうじゅうぞう》、普請役の最上徳内《もがみとくない》らも、寛政一〇年五月、蝦夷地に派遣され、エトロフ島まで渡海して「大日本恵登呂府《えとろふ》」の標柱を建てた。東蝦夷地見分を終えた近藤重蔵は、八月に異国境の取締りについて上申書（『大日本近世史料　近藤重蔵蝦夷地関係史料』

一、四三〜六四頁）を、最上徳内は一一月に江戸に戻り見分の状況を報告した（島谷良吉『最上徳内』一三二頁）。

近藤は、ロシア勢力のウルップ島進出を確認し、エトロフ・クナシリ・蝦夷地本島への進出を阻止するため、緊急の蝦夷地政策を献策した。①上策は全蝦夷地の幕領化、中策はお救い交易、下策は幕府役人の蝦夷地在勤、②アイヌに農業を教え、言語・住居・衣服などを日本風俗に変える、という点が骨子である。この政策案は、寛政一一年正月から始まる蝦夷地直轄政策の初期の基本政策とほぼ一致しているので、この献策が大きな意味を持ったらしい。なお、近藤は寛政一一年三月一五日、御目見《おめみえ》以下の支配勘定から御目見以上の勘定に昇進し、同月一七日、再び蝦夷地出張を命じられた。

東蝦夷地の直轄政策の開始

幕府は寛政一〇年一二月、渡辺胤らの報告や近藤重蔵の上申書などから、ロシアの進出を阻止するため、蝦夷地に確固とした制度をたてることを決定した。そこで一二月二七日には、書院番頭《ばんがしら》の松平信濃守忠明《ただあきら》が「才力度量」があり大学頭《だいがくのかみ》林述斎《はやしじゅっさい》の推薦もあることから、「蝦夷地御用」の担当者に任命された。

幕府は寛政一一年正月一六日、松前藩から東蝦夷地の支配権を取り上げて七ヵ年の仮《かり》上知《あげち》を断行し、第一次蝦夷地直轄（第二次は安政《あんせい》元年〈一八五四〉からの幕領化）政策を始めた。同日、属僚とし勘定奉行の石川忠房《いしかわただふさ》、目付の羽太正養《はぶとまさやす》、使番の大河内政壽、勘定吟味役の三橋成方が「蝦夷地御取締御用」に任命された。老中戸田氏教から、「開国」を主眼にアイヌを服従させることを第一とし、教育によりアイヌの風俗を変え、交易のやり方も考えること、と申し渡された。「開国」とは、陸奥国・出羽国と同じ「蝦夷国」のような国郡制の「国」を創出することである。

このような任務には、通常は勘定方と目付が任命されるので、松平忠明のような番方は異例だった。忠明は、婿養子として五〇〇〇石の旗本、松平家を継ぎ、小性組番頭から寛政一〇年九月に書院番頭に転じた。目付の羽太正養は、松平忠明は「蝦夷地の事に思ひ含たる品」があり、以前に老中らからその意見を問われて献策していたので今回の人事になったと推測する（『休明光記《きゆうめいこうき》』〈『続々群書類従』第四、史伝部三〉五〇一頁）。

二　第一回蝦夷地出張

景晋と蝦夷地・ロシア

遠山景晋《とおやまかげみち》は生涯を通して三回蝦夷地に赴いた。第一回目の蝦夷地行きは寛政一一年。ロシアの蝦夷地接近により北方情勢が緊迫化したため、幕府は蝦夷地直轄という新たな北方政策を模索し始めた。ロシアという新たな外国の登場と世界情勢の変動は、近世日本の対外関係を動揺させたが、この動きこそ景晋を幕府政治の表舞台に登場させることになった。

文化元年（一八〇四）にロシア使節レザノフが長崎に来航し、国交と通商を要求した。景晋は翌文化二年、レザノフへ幕府の回答を伝達し、この重大事件を処理するため長崎に赴いた。長崎から江戸に戻るとすぐ、文化二年から三年にかけて第二回目になる蝦夷地出張を命じられた。それは、幕府がおし進めようとした全蝦夷地の直轄に向けた西蝦夷地の調査が目的だった。さらに文化四年、ロシア軍艦の北辺攻撃に対処するため、若年《わかどし》寄《より》を筆頭とする調査団の一員として三度目の蝦夷地に赴いた。景晋は、ロシアに関わる案件で、約八年の間に蝦夷地三往復、長崎一往復したのである。

蝦夷地調査団の派遣

蝦夷地取締御用掛の松平忠明、使番の大河内政壽、勘定吟味役の三橋成方は、寛政一一年正月二六日に蝦夷地出張を命じられ、勘定奉行の石川忠房と目付の羽太正養は江戸にいて事務取扱、若年寄の立花種周《たねちか》が二月八日にこの事業の統括責任者に任命された。さらに二月一〇日、寄合《よりあい》の村上常福《むらかみつねとみ》、西丸小性組《こしょうぐみ》の遠山景晋、西丸書院番《しょいんばん》の長坂高景《ながさかたかかげ》が随行を命じられた。村上は元勘定吟味役で勘定系、遠山と長坂は、西丸の小性組と書院番の番士《ばんし》で番方系である。

なぜ景晋が調査団の一員に選ばれたのか。景晋は学問吟味甲合格の縁で林述斎から推薦されたのかもしれない。目付の羽太正養は、景晋を含め前記の三名を随員に推薦したという（『休明光記』五〇七頁）。このほか、支配勘定格《かく》普請役元締の富山元十郎が二月二八日、勘定の近藤重蔵が三月一七日に、蝦夷地出張を命じられた。なお、普請役最上徳内は「道造り」、近藤重蔵は「エトロフ島懸」という任務を与えられた（同前）。

老中から示された調査団の使命は、アイヌを日本風俗に変えて日本に服従させることが第一であり、そのため、①当面は公正な交易、②将来は農業を教え食生活を米穀に変えること、③日本語・日本文字を教え、将来は日本人化すること、④髪型・服装・家屋などを日本風にしたい者には許可し、将来は日本風俗に変えること、であった。

景晋蝦夷地へ出発

景晋は二月二八日、蝦夷地出張の御暇《いとま》を賜り、金三枚・時服《じふく》二を拝領、三月一九日に道中朱印状（人足二人・馬三疋）を受け取った。なお、合力米四五〇俵月割り、扶持方分限に応じ二倍、宿代月に銀三枚、物書料金二〇両、ほかに一日に金二分、筆・墨・紙・蝋燭は現物支給で、勘定組頭並《なみ》の待遇だった。

翌二〇日、九月一四日に帰着するまで一七二日間の未曽有の大旅行に出立した。景晋の随行は、用人一人・侍二人・中間《ちゆうげん》五人の計八人（藤助・源蔵・文右衛門・因太夫・三郎他）で、持参道具は、具足《ぐそく》一領・鑓《やり》一筋・両掛《りようがけ》一荷・合羽籠《かっぱかご》一荷・長持《ながもち》一棹《さお》・山駕籠一挺・竹馬一荷・薦包《こもづつみ》一七荷だった。旅行中の移動は基本的に駕籠、ときに歩行もある。

屋敷を出発し、奥州道中を蝦夷地に向けて進んだ。夜は連日、忠明のご機嫌伺いをし、用務について会話している。三月二四日に白河に止宿し、江戸の息子への思いを綴り（一二頁参照）、四月六日には、坂上田村麻呂の祈願所という御堂村《みどうむら》観音堂（岩手県岩手町。正覚院）に松平忠明のお供をして参詣。陸奥の豪族安倍氏を滅ぼした源義家《みなもとよしいえ》が、弓弭《ゆはず》を岩に突き刺したところ水が湧き出し、観音堂の杉の根本を流れて北上川の源流になったと伝える。四月一〇日から二〇日は青森で蝦夷地渡海の準備を整え、二八日まで三厩（青森県外が浜町）に泊まり渡海の風待ちをした。

義経伝説への強い関心

道中では、源義経《よしつね》に関わる既知の旧跡、先導者や駕籠夫から聞いた名所旧跡と故事由来、自身が見た景色や風俗、歌枕《うたまくら》の地の和歌などを『未曽有記《みぞうき》』に書き留めた。

生母の影響もあり、義経への関心は強い（六〜七頁参照）。三月二八日に桑折《こおり》（福島県桑折町）から大河原（宮城県大河原町）に向かう途中、石母田村《いしもだむら》（福島県国見町）で義経腰掛松を見に行かせ、義経母衣《ほろ》掛松と弁慶硯石《すずりいし》があるという情報を得た。四月二日に仙台藩主伊達《だて》綱村《つなむら》が建てた高舘《たかだて》の義経堂で義経像、中尊寺入口で弁慶松、弁慶堂で弁慶像、衣川《ころもがわ》で弁慶立ち往生の場などを見た。

四月二三日には三厩の竜馬山観音堂（義経寺《ぎけいじ》）に詣り、寺僧から「竜馬山観音菩薩略縁起」を見せられ書き留めた。縁起は、およそ次のような内容である。平泉を脱出した義経は蝦夷地へ渡ろうとして三厩まで落ち延びたが、津軽海峡が荒れて渡海できないため、丘に登り観世音に三日三夜祈ると観音菩薩が白髪の老人に変身して現れ、渡海するため竜馬《りゅうめ》三疋を与えたという（三厩の地名の由来）。義経は、波が静かになったので、太刀の目《め》貫《ぬき》に正観世音を刻して安置し、船に乗り軍勢を率いて渡海し蝦夷を切り従え、さらに韃《だっ》靼《たん》へ攻め入り、子孫は明《みん》国を倒して清《しん》（国名は清和源氏《せいわげんじ》の子孫が建国したからという）を建国した。寛文《かんぶん》年間（一六六一〜七三）にこの地を訪れた、粗削りの木彫仏像で有名な円空《えんくう》（一六三二〜九五）が彫刻した観音像に、義経の正観世音を納めて村人と観音堂を建てたところ、霊験あらたかで津軽海峡を渡る船を護るなど数々の御利益があった。

松平忠明の随行員となった秦檍丸《はたあおきまろ》（普請役当分御雇いの村上島之丞のこと）が、この縁起は多くの伝説が抜け落ちているし、文章も描く板行されたものがないので書き直して板行したい、といって草稿を見せたが、景晋は忙しさに紛れ捨ててしまったという。一八世紀後半にはこのような縁起が成立していたらしい。また、刷り物の「竜馬山観世音縁起」は、「竜馬山観世音略縁起」をもとに、秦檍丸が書いた縁起の影響も受けて改作された物という（菊池勇夫『義経伝説の近世的展開』第三章）。

なお、秦檍丸は、伊勢の神官の出身と言われ、遠山家の菩提寺本光寺からすぐの望湖山玉林寺（東京都台東区谷中）に墓がある。寛政一一年の蝦夷地調査にもとづいて、地理・風俗・産物を描いた『蝦夷島奇観《えぞとうきかん》』などが有名である。

松浦静山《まつらせいざん》は、義経が韃靼に渡ってその地の内戦に関わり、その子孫は繁栄して清和源氏の後裔ということから国号を清国とした、という説を書き留めている（『甲子夜話《かっしやわ》』六、一一九〜一二〇頁）。これは、享保二年（一七一七）成立の加藤謙斎《けんさい》『鎌倉実記』が、偽書「金史《きんし》別本《べつほん》」により義経が金（中国東北部。女真《じょしん》族の王朝）に渡ったとする説を展開させ（菊池前掲書）、さらに、天明三年（一七八三）成立の森長見《ながみ》『忘れ貝』が、『図書輯勘（録）』なる中国書の序に清朝皇帝みずから清和源氏の子孫と語らせた捏造による（『翁草《おきなぐさ》』六、一五六・二九三頁。『日本随筆大成』第三期）。清朝皇帝は清和源氏の子孫、とする説は一八世紀末から一九世紀初めに広まったようである。

なお、景晋は帰途の八月一四日にも観音堂に詣り、寺僧に船中で作った漢詩を贈り、毎夜海からの光り物が梢に留まることから、竜燈松と呼ばれた観音堂の大木の松の葉を貰っている。

五月二〇日にモロラン（室蘭）からホロベツ（幌別）の途中で、小さな鳥居の形をした野草を見つけて質問すると、「判官《ほうがん》を拝する」というので義経のことと推測した。景晋は、この地域で広く義経を尊信するものの、それに関わる故事や古跡を聞かないのは、義経が東蝦夷地からではなく、「ソウヤ（宗谷）よりカラフト（樺太）に渡りて、山丹、満州をなびけられしなるべし」（『未曽有記』）と理解した。近藤重蔵は、寛政一一年一一月にエトロフ（択捉）島から戻る途中、この地に義経社を建て木像を納め、一八四〇年代に松浦武四郎《まつうらたけしろう》は、日高地方のサル（沙流）あたりが義経渡満《とまん》の地、という伝説をアイヌから聞いているように、義経伝説と関わる地だった。

五月二三日にこの地に泊まった景晋は、義経がサルあたりの首長の婿になったという説があると秦檍丸から聞いたが、『北海随筆《ほっかいずいひつ》』にサルの山中に岩窟はあるが、仙人が住んでいた跡と伝えられ、義経社ではないと書かれていることから、秦の説に懐疑的だった。蝦夷地調査に赴く景晋にとって、義経伝説は心の支えであり鼓舞するものだったのだろう。

松前渡海

四月二九日、風向き良しとの津軽藩士らのかけ声とともに、春日丸（一六反帆、水主八人、二八〇石積み）に村上三右衛門と乗船し三厩を出港、激しい風波に流され松前に近い所に漂着した。その船旅はまさに惨憺たるものだった。船上の人々は皆ひどい船酔いに襲われ、竜飛《たつぴ》を過ぎると「竜飛の潮に乗かかってはかの潮起りにて有やらん、舟をゆり上げゆり下し以の外、諸人魂を消し」という激しい波に翻弄された。景晋は、松平忠明が教えた「船中の凌方は、柔能く剛制する時ぞ」を想い出し、さらに江戸出発前に妻が縫ってくれた木綿の腹帯をきつく締め（一一頁参照）、同僚がくれた温薬を臍にあて、梅干しを口に入れるなど、さまざま船酔い対策を試みた。船酔いしたとは書いていない。

『街道の日本史1　アイヌの道』をもとに作成)

東蝦夷地略図（佐々木利和・吉原敏弘・児島恭子編

進路はままならず、「波に乗りては空さまに打上げるように見へ、下る時には舳艫《へとも》も見えず、あわや海底に沈むらんと、遙に見る目も危げなる」という激浪に揉まれながら、何とか乗り切って、迎えの小船に曳かれて海岸に着いている。

松前・箱館から蝦夷地へ

一行は、松前藩士に先導されて松前の町に到着、五月一日に松前を出立し江差《えさし》を見て、四日に箱館着。箱館は、「諸国の商船、湊へ来りて市をなす事、松前に等し、松前、江差、箱館を三湊という、奥羽両国にこれなき船懸りのよき入江也と云」と、その繁栄と良港ぶりを記す。そして一二日に箱館出発。運送人足が足りず長持などは箱館に預け、薬や紙硯などを入れる笈《おい》のような箱を造り、背負わせ運ばせた。

大野村からさわらの途中で初めてアイヌ（「夷人」）に会った。蝦夷地に入った景晋を悩ませたものは鯡《にしん》を干したにおいで、「悪臭鼻を穿つ」「蝦夷に入るほど種々穢臭、誠に言語に絶す」と記す。ワシノキ（鷲の木）からヤマコシナイ（山越内）までは海岸添いを歩いたり、アイヌの丸木船に乗ったりしている（地名のカタカナ表記は『未曽有記』による）。

頭痛眩暈疲労困憊

そこまでが和人地で、その先には旅籠はなく仮小屋に泊まることになった。仮小屋の宿泊は、景晋にとって「艱苦《かんく》たとえるに辞なし」という耐えがたいものだった。オシャマンベ（長万部）からアブタ（虻田）にかけての道は、九十九折りの厳しい峠越えだった。シズカリ（静狩）峠は、灌木が茂り登る道もわからない所で、うっそうとした密林の「行けども行けども」山道を歩き、景晋は頭痛眩暈《めまい》に襲われて疲労困憊、山駕籠に乗ったりして何とか海岸に出て、レブンゲ（礼文華）の仮小屋にたどり着いた。松平忠明らはその先のアブタへ向かったため、翌日、景晋は峻険な山道を歩き一日遅れでアブタで合流した。松平忠明に対面した景晋は、昨日の難所を強行突破した忠明の行動を、鬼神のごとし、我々には及びもつかないと讃える一方、強勇すぎ下僚や従者への配慮に欠けるところがあるのでは、との苦言を伝えている。途中で遅れた者七、八人は大態に遭遇し、何とか難を逃れたほど危険だったという。

この行程は幕府役人が初めて通る道で、道なき道を行くありさまだったが、新たな通路を拓くことができ、景晋は疲労困憊の中、満足感にも浸っている。

このオシャマンべからの山越えの苦闘は、景晋にとって印象深かった。長崎に向かう文化二年一月二二日に箱根の関を越えるとき、従者たちがここから先は上り坂で「険《けん》阻《そ》」だというので、それでは駕籠夫を休ませてやろう、オシャマンべからアブタまでの道を拓いた私の歩く様《さま》を見よ、といって箱根関所まで苦もなく歩いた。箱根の道は聞いていたより嶮しくなく、疲れなかったとも書く。「蝦夷の苦行ぞたぐいなき」と、蝦夷地行の艱難を思い出している（『続未曽有記』）。

また、二度目の蝦夷地行の文化三年六月二〇日に、幕府領になってかなり改良されたオシャマンベの山道を越えた際、川の水を汲み、木の根に腰掛けて弁当を食べながら、今は亡き松平忠明（駿府城代在職中の文化二年二月死去、後述五八〜五九頁参照）とあれこれ語り合ったことを思い出し、泪にくれている。

五月二七日に浦河場所に着き、ムクチという所に六月一一日まで一四日間逗留した。ムクチには小屋を建てて諸役人が在勤し、その役所を会所と呼んでいた。しかし、景晋が泊まった仮小屋はことに見苦しくて狭く、従者八人とうち重なって寝るようなありさまで、この一四日間は言葉に尽くせない苦労をしたらしい。逗留中、日中は薪割り、海釣り、アイヌの漁労点検、さらにはアイヌに酒をふるまったり、踊りを見たりしている。

ホロイズミ到達

六月一二日にムクチを発ち、シャマニ《（様似）》の会所に四日間逗留。その夜、景晋は疲労のためか、混濁した夢を見ている。一六日にシャマニから新道の杭のある道を通って、海岸に出てホロイズミ《（幌泉）》到着。この地点が、景晋にとっては今回の調査の終着地である。ここに七月一日まで滞留し、二日から戻りの行程になる。

なお、調査団長の松平忠明は、さらにネモロ《（根室）》からシベツ《（標津）》まで行き、シントコ《（知床）》崎を遠望したうえで山越えし、クスリ《（釧路）》を経て箱館に帰還。三橋成方は奥地へ行く予定だったが、ウラカワ《（浦河）》で病を得て、結局七月に箱館に戻っている。大河内政壽はシャマニにまで行き、最上徳内とともに、「殆《ほとん》ど人蹟《じんせき》を絶する程の難所」（『休明光記』五一八頁）と言われ、寛政一〇年に使番大河内政壽らが立ち往生して引き返した東蝦夷地第一の難所、シャマニ・ホロイズミ間に新道（様似新道）を開削する事業にあたった。徳内はこの道路新開の必要性を訴え、いち早く現地に着いて寛政一一年五月一八日から工事を始めた。

しかし、六月八日にここに到達した松平忠明は、徳内を叱責して咎め、反論した徳内を解任するなど激しく対立して遺恨を残した。松平忠明が、のちにさまざま人格的な批判を受ける基になったという（島谷良吉『最上徳内』一三七〜一四〇頁）。

村上常福と長坂高景はシャマニに留まり越年（『休明光記』五一八頁）。松平忠明はもとより、同じく随行を命じられた村上・長坂と比較して、ホロイズミまでで帰還した景晋は、相対的に楽な任務だったのではないか。

景晋らは七月二日にホロイズミを出発、新道を使わずわざわざチコルキシという難所を越えてシャマニへ向かい、ここで越年する村上常福らと別れて進み、一二日にアブタ着。ウス《（有珠）》やアブタには、熊の子をたくさん飼っている富裕なアイヌがいること、アブタには畑があり、茄子・紫蘇・胡瓜・眉児豆・菜が多いと書き留めている。レブンゲからオシャマンベは、往きに苦労した峠越えである。松前藩士は船を勧めたが景晋は断り、荷物だけ船に載せ、歩いて山道を越えた。いわく、勢いよく登り降りした往きの歩き方の失敗を教訓に、ゆっくり登り降りする登降の術を会得したので、何なく峠を越えた。

オシャマンベから西は、鯡・昆布・鱒・鮭が多く獲れるため、三、四月から九月頃まで出稼ぎに来る者も多く、畑もあるという。また、これまで数百人のアイヌを見たが、「盲目」「聾」などの者は一人もいないと書く。

七月一八日に箱館着、宿の主人の要望により、前と同じ旅宿になったという。箱館には八月七日まで滞在、ほぼ部屋で読書や執筆に時間を費やした。この間、松平忠明に随って東蝦夷地の果てまで行った秦檍丸が箱館に戻り、シコタン《（積丹）》のモロチ（モロは組む、チは茅のこと）で編んだテンキと十勝川の自然石の硯を土産に贈られた。八日に箱館を出発、一一日に松前に着いた。

八月一三日に三厩に向け出港。波静かな海峡を追い風にのったため、同乗の大河内政壽ら酒を呑める者は盃を酌み交わし、舵取りらも酔って小唄を唄うなど、のどかで和やかな松前・三厩間一三里の船路となった。景晋も、船中で弁当を食べながら談笑した。

人馬が揃うのを待って一六日に三厩を出立。奥州道中を南下し、八月二六日に中尊寺で義経像・弁慶像を観て、九月六日に大田原に止宿して亡父直令を思い出し（五頁参照）、七日に宇都宮から東照宮参拝のため道を日光にとり、九日と一〇日は宿坊に泊まり参拝した。そして、一四日に千住宿に着いて旅装を整え、上野山下で家族の出迎えを受けている。

蝦夷地から戻った景晋が屋敷に入ると、親戚や故友らが集まっていて、「笑言唖々たり」という。こうして景元の蝦夷地行、まさに未曽有の旅は無事に終わった。

三　景晋のアイヌ観

津軽アイヌ

景晋はアイヌをどのように見たのか。松前渡海のため三厩に滞留していた寛政一一年四月二八日、松平忠明らとともに三厩からうてつ岬まで散歩した際、アイヌが住む藤島、うてつなど四ヵ村を巡見。アイヌがこの地に住んで五〇年を経過した現在、日本風俗に替わったアイヌの子孫たちが住むと書く。つまり、アイヌも五〇年も経てば和人化する、という認識を持ったのである。

蝦夷は人種

景晋は、箱館から五月一三日に宿泊するさわらへの途中で、初めて蝦夷地のアイヌを見た。人物・器材・風俗などは、景晋が見ておいた『蝦夷志《えぞし》』『北海随筆』『蝦夷談聞《えぞだんぶん》記《き》』『東遊記《とうゆうき》』『蝦夷拾遺』『三国通覧図説《さんごくつうらんずせつ》』に記されている通りで、中でも林子平《はやししへい》『三国通覧図説』を高く評価する。また、荻生徂徠《おぎゅうそらい》が、事物の名称の語源などを記した『なるべし』の中で、「蝦夷は国の名に非ず、人の種也」という指摘に、感服している。景晋のアイヌ認識はこの程度である。

偏見に満ちたアイヌ観

蝦夷地に入って景晋を悩ませたのは、前にも触れたが、鯡を干したにおいとアイヌの住居だった。五月一三日に初めて蝦夷地アイヌを見たときから、景晋は、干している鯡の放つ「悪臭」に耐えがたく、奥地に行くほどさまざまな「穢臭」がして言語に絶したという。五月一五日から旅籠がなく、仮小屋に泊まることになった。その仮小屋について、江戸で火事により焼け出された貧民が住む、雨露を凌ぐバラックよりも狭く汚いという。食べ物も飢えを凌ぐまでで、「汚穢《キタナシ》さ、臭さ、煩嘔《ムカツク》」で耐えがたく、衣服はともかく、食と住居はないに等しいともいう。江戸生まれ江戸育ちの旗本景晋にとって、堪えがたい艱難辛苦の蝦夷地だったのである（『未曽有記』）。

六月二〇日、モロラン（室蘭）からホロベツ（幌別）の間では飼犬が多く、冬に食料が尽きれば犬肉を食べ、その皮をそのまま着ている者もいるという。麓で休憩したとき、人足のアイヌが草を取ってそのまま食べ、干し魚に食いつく姿を見て、犬と馬の境遇（「犬と馬との境界《きょうがい》」）にありみじめで見苦しい、と書く。人間というより、犬や馬のようだと見る。

五月二八日に、浦河場所で唄い踊るアイヌを見物した（『未曽有記』）。景晋は、アイヌの歌と踊りは鳥や虫と同様（「鳥鳴虫語」）という評価で、アイヌの独特の暮らしや文化に独自の価値を認めるものではなかった。

和人化の可能性

景晋は、「一眼両首にも非ず、言語も音韻を用いずして、頗る邦語に通ずるものもあれば、遂には奥州津軽辺の如く、平民に化すべからずとはいうべからず」とも書く。アイヌは「化け物」ではなく、その言語は音韻を用いず、日本語に通じるところもあるので、しまいには津軽で見た和人化したアイヌのようにならないとは言えないという。三厩周辺のアイヌのように、和人化する可能性を認識している。

アイヌの宴会（『蝦夷島奇観』より，国立国会図書館蔵）

幕府役人のアイヌへの偏見

景晋のアイヌ認識を考えるため、蝦夷地直轄政策を担った幕府役人らのアイヌ・蝦夷地認識とロシア対策を、羽太正養『休明光記』（五〇三～五〇六頁）から紹介しておこう。

アイヌは、人間の姿はしているが人の守るべき道徳を知らない禽獣《きんじゅう》に近い存在、これが当時のアイヌ認識の基本であった。男は、髪をのばして髯《ひげ》を剃らず、木の皮で織った布を臑《すね》までの丈に仕立て、夷狄《いてき》らしく左衽《さじん》（左《ひだり》前《まえ》）に着る。女は乱髪で襟の所で切り、既婚者は口の周囲と両腕に刺青し、衣服は左衽で、男女ともに縄を帯にする。子供は裸か犬の皮を着る。食べ物は、五穀を食べず魚や鳥獣の肉を煮たり焼いたり、あるいは生で食べるが、塩も使わない。住居は、丸木柱を立て屋根と周囲を草やクマザサで囲い、床はなく草筵を敷く。文字はなく、一年も四季も知らず年齢もわからない。医療がないため、疫病が流行するとたくさんの人が死ぬ。親族が死ぬと住居近くに埋葬して住居を焼き捨て、年忌・祭祀は営まない。アイヌの性質は、きわめて愚かでいたって素直という。景晋の認識は、これとほぼ同レベルだろう。

ロシアの阻止には撫育

松前藩が、商人にアイヌ交易を請け負わせて運上《うんじょう》を出させる場所請負制をとり、商人は最大の利潤をあげようと不正を働き、その結果、アイヌは衰え、松前藩を恨むようになった。ロシア人は住民を手なずけることにより領土を拡張してきたので、蝦夷地でも松前藩の苛政に苦しむアイヌを懐柔して進出してくるだろう。これを阻止するには、軍事的に備えるのではなく、アイヌを撫育《ぶいく》してロシアに靡《なび》かないようにするのが重要という。まず公正な交易によりアイヌの生活が成り立つようにし、ついで、日本語を使わせて道徳を教え、日本文字も習わせ、衣服を日本風にしたいと望むなら与え、特別の者には日本式の家屋を建ててやり、農業も教えるならば、一〇〇年後には内地同様になる。それは、日本の地に一国がわき出たようなものである。決して功を急いではならず、アイヌの自発性を引き出し、服従させることが第一である。エトロフ島は、ロシア人が根拠地にしているウルップ島と接しているので警備を厳重にし、アイヌの服従をこの島で実現することが眼目だという。これが、羽太のロシア観、アイヌ撫育策の基本的考え方である。

アイヌは禽獣に近い存在だが、慎重に取り組むならば、蝦夷地は一〇〇年たてば良い国になる、というのが蝦夷地政策を担った幕府役人一般の認識で、景晋もこれに近かった。偏見と差別に満ちたアイヌ観と言うしかない。

第四　レザノフ長崎来航

一　目付就任

徒頭就任

寛政《かんせい》一一年（一七九九）九月に江戸に戻った遠山景晋《とおやまかげみち》は、同一二年正月二五日、西丸小性《こしょう》組番士《ぐみばんし》から御徒《おかち》一三番組の徒頭《かちがしら》に昇進した。おそらく、蝦夷地《えぞち》調査の労苦に対する褒賞の意味もあったろう。徒頭を経て目付《めつけ》になる者も多く、目付就任への足がかりを得た。

御徒組は本丸に一五組、西丸に五組編成され、将軍外出時には行列を先導したり沿道を警備したりし、平常は江戸城玄関や中の口に詰めて警備した。御徒組の隊長である徒頭には、与力《よりき》二人と平徒《ひらかち》三〇人が付属し、役料は一〇〇〇石だった。知行五〇〇石の景晋にとって、役料一〇〇〇石は大きい。この徒頭在職中の動静を伝えるものはない。

目付就任

景晋は、徒頭に約二年間在職。享和《きょうわ》二年（一八〇二）三月一七日、五一歳（目付就任者の平均年齢は四〇歳代前半）で能吏が務める目付に就任し、いよいよ幕府政治の表舞台で活躍する道が開けた。目付は、使番《つかいばん》・徒頭・小十人頭《こじゅうにんがしら》・奥勤《おくづとめ》（納戸《なんど》・小納戸《こなんど》・小姓など）から転役する者が多い。選任方法は、現職の目付が選挙により決定したので、景晋は目付から有能な人物と見られていたのだろう。景晋自身は、『未曽有後記《みぞうこうき》』に、松平忠明《まつだいらただあきら》の推薦の力によると書いている。

目付は、若年寄《わかどしより》の支配に属して役料は一〇〇〇石、幕府諸役人と幕臣の監察にあたった。江戸城内の諸儀礼が先例通り行なわれているか、諸役人・諸役所が法・規定に従って職務を遂行しているか、幕臣に逸脱した行動がないかなどを、将軍の「目」となって監察した。具体的な職務は、「日常は殿中礼法の指揮、将軍の参詣・御成《おなり》の供奉列《ぐぶれつ》の監督、評定所《ひょうじょうしょ》出座、消防の監視、幕府諸施設の巡察、諸普請の出来栄見分《できばえけんぶん》など」を分掌し、このほか、「万石以下急養子の判元《はんもと》見届、法令伝達、諸局から提出される願書・伺書・建議書などの評議」、さらに「勝手《かって》掛・日記掛・町方掛」などを兼務した（『国史大事典』一三「目付」）。

幕末の目付山口直毅《やまぐちなおたけ》（万延《まんえん》元年〈一八六〇〉一二月～文久《ぶんきゅう》三年〈一八六三〉三月在職）が語る「目付の職権の大体は、諸役人すべての取締り」が的確である（『旧事諮問録《きゅうじしもんろく》』上、一二三二頁）。職掌は幅広く、城内の目付部屋で執務、本番・加番《かばん》の二名が非常に備え城内で宿直し、定まった休日なしという繁忙を極める職務だった。

配下には徒目付と小人《こびと》目付が各五〇名前後いて、目付の指示により調査や取締り・見回りなどにあたった。目付が幅広い職務をこなせた理由は、配下の存在だった。徒目付も小人目付も御目見《おめみえ》以下の格式だが、徒目付は御目見以下第一の役儀と言われ、役料は一〇〇俵五人扶持《ぶち》、小人目付の役料は一五俵一人扶持だった。なお、小人目付には変装して諸国へ派遣されて調査にあたる隠密もいた。そのほかの配下に、浜御殿吟味役・徒《かち》押《おさえ》・玄関番・中之口番・火之番・貝役・太鼓役・小人などなどがいた。目付退任後は、長崎・佐渡・山田・日光・堺の奉行、大坂・京都・駿府《すんぷ》の町奉行など遠国奉行《おんごくぶぎょう》に転任する者が多かった。

なお、景晋が目付に昇任した翌年の享和三年六月二七日に、養母が亡くなった。

景晋は、目付就任から三年弱の間のことは、日記が伝存しないためよくわからないが、文化《ぶんか》元年（一八〇四）一二月二七日に、勘定奉行の中川忠英《なかがわただてる》、作事《さくじ》奉行の平賀貞愛《さだえ》とともに、江戸城中の竹《たけ》の間・雁《かり》の間・芙蓉《ふよう》の間を修復した功により褒賞を受けている（『新訂増補国史大系　続徳川実紀』一、五五三頁。以下、『続徳川実紀』と表記）。なお、目付時代の景晋の職務については、朝鮮通信使易地聘礼《えきちへいれい》ののちにまとめて記述する（後述一四九頁以下参照）。

二　レザノフ来日と長崎出張

長崎出張を拝命

目付景晋の最初の大仕事が、就任から二年を経た文化元年（一八〇四）九月に、対日通商樹立を求めてロシア使節レザノフが長崎に来航した重大事件の処理だった。このような外交案件に目付が派遣された理由は先例による。寛政四年（一七九二）にロシアのラクスマンが根室に来航した際、老中松平定信《ろうじゆうまつだいらさだのぶ》は幕府の回答を伝達する「宣諭使《せんゆし》」に、目付石川忠房《いしかわただふさ》と西丸目付村上義礼《よしあや》の二名を派遣した際、寛永二〇年（一六四三）にオランダ船が陸奥山田浦（岩手県山田町）に漂着した事件の処理、享保《きようほう》二年（一七一七）に北九州沖の清国《しんこく》抜荷船を沿海諸大名に打ち払わせる指揮に、いずれも目付を派遣した先例をあげた（『魯西亜《ろしあ》人取扱手留《じんとりあつかいてどめ》』東京大学史料編纂所所蔵）。

景晋は、文化元年一二月三日に長崎出張を命じられた。撰ばれた理由は、その識見に加え、寛政一〇年頃から蝦夷地政策に関わった目付の石川忠房・村上義礼・羽太正養《はぶとまさやす》・渡辺胤がいずれも転役していたこともあるだろう。

景晋の使命は、レザノフに幕府の回答を伝え、穏便に退去させることだった。景晋は、オランダ通詞からレザノフに「将軍から全権委任された大名」「遠山金四郎という大名」（レザーノフ『日本滞在日記』二七七・二八二頁）と紹介され、クルーゼンシュテルンは「江戸より貴官」（『奉使日本紀行』一五六頁）と書いている。レザノフへの回答は老中により決定済みで、景晋はその内容を記した「教諭書」などを持参したのである。さらに、レザノフへの質問事項、応対のやり方、漂流民・皇帝書簡・贈物の受領や下賜品などについても老中から指示され、これを現地の長崎奉行に伝え、相談して実行する役割である。

景晋は文化二年正月一九日、「御教諭御書付」「長崎奉行可申渡書付」「御奉書」三通を携え、長崎に旅立った。同行の配下は、徒目付の増田藤九郎と原田寛蔵、小人目付の上川伝右衛門・菊沢左兵衛・近藤嘉兵衛・末次左吉だった。

第一回蝦夷地行では、毎夜、調査団長の松平忠明の宿舎へご機嫌伺いに参上し、職務の打合せをしたが、今回は、同行する配下が景晋の旅宿にご機嫌伺いに参上し、職務の打合せをした。自身の地位と全権を任された職務の重さを感じ、「任重くして道遠し」と感慨を記す。

翌二〇日に藤沢宿（神奈川県藤沢市）で、源《みなもとの》義経《よしつね》の首を埋めて祀るという、白旗明神に関心を示した。二一日に泊まった小田原では、波の音に蝦夷地を思い出し、二三日には、初めて近くで見る富士山に「絶景言葉に及す」と感嘆。二四日に泊まった駿府《すんぷ》は、蝦夷地調査団長だった松平忠明が駿府城代《じょうだい》を務めていたが、旧知の松平家用人が旅宿を訪れ、忠明は病重く「人事も弁えかねる有りさま」（『柳営補任《りゆうえいぶにん》』五は文化三年二月一四日に死去とするが、文化二年の誤り）と伝えられ、ともに涙を流して悲しみにくれた。

二月一日に熱田神宮に拝礼、二日には、鈴鹿山鬼退治の伝説にまつわる坂上田村麻呂を祀る田村明神に参詣。景晋は、延暦《えんりやく》の昔は弓矢で妖賊を討ち滅ぼしたが、文化となった今は弁舌で外夷を諭して帰らせる、やり方の違いはあるが、国家の大事に精魂込めて取り組めば神のご加護があるだろうと、田村明神に助力を願い三度頭を下げた。重い任務を背負い、神仏にすがりたい心境だろう。四日に京都で、京都町奉行・所司代《しよしだい》・大番頭・禁裏付《きんりづき》・院付《いんづき》らに挨拶。八日まで大坂に滞在し、江戸と同じと大坂の繁栄を実感。一三日から、室《むろ》（兵庫県たつの市）で佐賀藩の用意した船に乗り船旅になる。沿岸領主がたくさんの小舟を出して景晋らの乗船を曳き、夜になると徹夜で警固するその有り様を「盛なる哉《かな》官の眉目《びもく》」と表現し、幕府の御威光を実感している。

二月二一日に下関へ到着して二三日に九州に上陸、小倉・飯塚・田代（佐賀県鳥栖市）に泊り、この辺りの女性が眉毛を剃らないことに気づく。二六日、久留米《くるめ》城下から佐賀城下まで、「かちかち」と鳴く高麗鳥《こまどり》（鵲・かささぎ。佐賀平野を中心に棲息という。カチガラス・チョウセンガラスとも）の鳴き声を聞き、「かちかち」すなわち「勝軍」の声を耳にした景晋は、ロシアとの交渉を前に吉兆と喜んでいる。佐賀城下では、佐賀藩から手厚くもてなされ、二七日は長崎まで二〇里（約七八・五キロ）と近づいて嬉しく、嬉野《うれしの》（佐賀県嬉野市）泊まりと洒落ている。二八日は大村（長崎県大村市）で藩主の表敬訪問を受け、二月晦日長崎到着。立山《たてやま》役所前を通って宿舎の岩原《いわはら》役所に入った。

岩原役所に正服を着てやって来た肥田頼常《ひだよりつね》・成瀬正孝《なるせまさたか》の両長崎奉行に、正服に着がえて面会した。景晋は、随行者全員が無事に長崎に到着したことを、「只是、天の御加護」と感謝して喜び、翌日は旅の疲れを癒すため休養。二日から五日まで、立山役所でレザノフへの対応について「謀議」を続けた。四日には、佐賀藩主が岩原役所に表敬訪問にやってきた。三五万石余の大藩の藩主が、知行五〇〇石の目付景晋に膝を屈して挨拶することに、将軍権威のありがたさ（「天威を戴く辱《かたじけ》なさよ」）を実感する。

三　レザノフの応接

幕府の方針

幕府の回答方針は、文化二年（一八〇五）正月一九日に長崎に届いた老中下知状《げちじょう》により、長崎奉行にも伝えられた。それは、レザノフが求めた、①江戸に行き、将軍に皇帝書翰と献上物を呈上する件、②通信通商の件、すべてを拒否する内容だった。

より具体的に、①レザノフを奉行所に呼び、要望の主旨を直接に尋ねること、②渡来時に船中でした質問への答えと同じならば、後日に再度呼び出して「教諭書」を言い聞かせ、持参した信牌《しんぱい》（ラクスマンに交付したもの）を取り戻すこと、③景晋が持参する「教諭書」「長崎奉行可申渡書付」を、心得のため長崎奉行に前もって送ったこと、④レザノフを役所に呼ぶ際、オランダ商館長より丁寧に扱い服装は平服、「教諭書」申渡しのときは長袴着用、踏絵《ふみえ》は無用、随行者を四、五人に限定すること、⑤日本人漂流民は、レザノフが教諭を納得したら受け取り、納得せず漂流民を渡さないならば受け取る必要はなく、帰国して再度送還したいならオランダ船ですること、⑥国王書翰・献上物は差し戻し、長崎奉行に差し出した書翰写しも返し、薪水《しんすい》などを下賜すること、と長崎奉行に指示している（『通航一覧《つうこういちらん》』第七、一七六〜一七八頁）。

このように、回答の内容から応対の仕方まで、老中から大枠の指示が与えられていて、景晋や長崎奉行の裁量が入る余地は少なかった。景晋の仕事は、これを長崎奉行に伝えて細部を協議し、レザノフへ申し渡す場に目付として立ち合って監察することである。

第一回レザノフとの会見

レザノフとの会見は前後三回行なわれ、その様子は陪席していた大田南畝《おおたなんぽ》の『羅父風説《らふふうせつ》』（『大田南畝全集』第一八巻）に詳しい。

第一回の会見は三月六日。景晋は、老中の指示通り平服で、両長崎奉行とともに立山役所に呼んだレザノフとの会見に臨んだ。まず肥田頼常から渡来目的について質問があり、レザノフは、①ラクスマン来日の際の謝辞、②漂流民四人の送還、③通商開始の要望、を伝えた。ついで成瀬正孝が、ラクスマンに長崎に来るときは書翰などを持参するなと申し渡したにもかかわらず、今回持ってきた理由を質問すると、レザノフは、それは承知しているが国王の命による、と回答した。レザノフは、書翰持参の質問に対して「かなり激烈な調子で」反論し、それを聞いた肥田頼常はここで会見を打ち切り、また明日会見、と言ったという（『日本滞在日記』三〇七頁）。奉行らは、老中の指示通り、来日理由をレザノフから直接に聞けばよかったので、反論を無視し会見を打ち切ったのだろう。

レザノフ画像
（長崎歴史文化博物館蔵）

第二回レザノフとの会見

第二回の会見は翌七日。もっとも重要な「御教諭書」の申渡しが行なわれた。まず、肥田頼常が「御教諭書」、ついで成瀬正孝が「長崎奉行諭書」を読み上げた。「御教諭書」は、中国・朝鮮・琉球・オランダ以外の国と通信・通商の関係を持たないのが祖法《そほう》であり、二度と来るなと宣告。「長崎奉行諭書」は、ラクスマンに書翰などを持って来るなと申し渡したにもかかわらず国王書翰を持参したので、二度と持って来てはならない、そして、帰国のための食料などを給与するので、日本の島に近づくことなくすみやかに帰帆せよ、と諭した。

レザノフは、休憩室に行って通詞から説明を受け、再度奉行らの前に出て「教諭」を承ったと述べた（『羅父風説』）。それを聞いた成瀬正孝は、帰国のため食料として米一〇〇俵と塩二〇〇〇俵（加えて真綿二〇〇〇把）を与えると申し渡した。ついで景晋が、「去秋より此時にいたるまでおそなはりしは、江戸にても再三うちかへし評議ありて、かくは時をうつせし也」（同前）と、回答が遅延した理由は江戸でも幕府が慎重に議論していたため、とレザノフに説明した。もっとも重要な第二回会見で景晋が発した言葉は、これだけである。

レザノフは、すべて拒絶されたのでは下賜品を受け取れないと主張したが、通詞らの説得を受け受領することにした。レザノフは、関係役人や通詞らへの贈物の許可、漂流・漂着ロシア船の「特別保護証」、漂流日本人の送還方法などを通詞を通して交渉している。

第三回レザノフとの会見

第三回会見は九日。レザノフは一昨日の日本側の申渡しを承知し、食料などの下賜に謝意を述べた。肥田頼常は、ロシア船への「特別保護証」は出せないが、交付した文書を見せれば保護されること、今後ロシア船が漂着すれば、他国の船と同様に保護されると申し渡した。三月一〇日に漂流民四名（石巻出身の津太夫ら）を受け取り、今後、漂流日本人はオランダに、漂流ロシア人もオランダに託して相互に送還すると伝えた。

景晋は、九日にレザノフが申渡しを承知したことから、今回の交渉の成功を確信した。「抑、国家の大事、踵《きびす》をめぐらさす処置の功なる事、皇天后土《こうてんこうど》の霊と仁恵威武の致す処、敢て微臣か力にあらす、……礼義あるさとし（論）のこりなくつたへて、君のとく（徳）普く蒙りつ、この上何あるへき、はやはや帰れ」（『続未曽有記』）と、この成功は天神地祇の力と将軍の徳・武威によるもので、景晋の力ではないと書く。ここからは、将軍から与えられた任務を全うした高揚感と安堵感を読み取れる。

一〇日に信牌の原本をレザノフ側から取り返したことから、主な任務を果たしたと判断した両奉行と景晋は、連名で老中に三月一〇日付の御用状を送り、①交渉の経緯とレザノフの了承、②国王書翰写しの返却、③送還漂流日本人の受領、④早々の帰帆を命じたこと、⑤信牌は取り上げたこと（レザノフは文化元年九月七日に写しを長崎奉行の家老に渡した

〈『日本滞在日記』五六頁〉）を報告した。

しかし、寛政五年（一七九三）にラクスマンには信牌を与えて長崎への回航を求めた際、幕府はロシアに通商を許可する覚悟であり、それを明言はしないものの示唆していた。一二年が過ぎたとはいえ文化二年には全面的に拒絶したのは、約束違反ではないかと批判される問題の多い対応だった。これが、文化三年から四年のロシア軍艦によるカラフト・エトロフ島などへの攻撃に結果し、景晋の第三回蝦夷地出張につながった。この時点では、景晋の予想し得なかったことだが、成功と手放しで喜べるものではなかった。

レザノフ一件処理と景晋

レザノフ一件で景晋が果たした役割は何か。幕臣大谷木忠醇《おおやぎただあつ》は、この一件より約五〇年を経た安政《あんせい》三年（一八五六）一二月、「長崎にて魯使《ろし》と応接は、今日までも和漢洋人の耳を驚かし、膽《きも》そうだいたる美談にして、昇平無事海波不揚《ふよう》の時にあたりて、名を海外に轟かしたるは、古今無比絶倫の名誉と言べし」（『対策則《たいさくそく》』表紙裏書き）と、その応対ぶりで海外にその名を轟かせたと景晋を讃えた。しかし、それは幕末の幕臣たちに語り伝えられた「伝説」らしい。

長崎詰め支配勘定としてその場に立ち合った大田南畝の見方は、かなり違う。まず、和文で長い「御教諭書」を高声に読み聞かせたのは、長崎奉行肥田頼常だった、と江戸に送った手紙に書いている（『大田南畝全集』第八巻、一六三頁）。その中で、要求をことごとく拒絶されたレザノフを納得させた場に、日本が光り輝く画期的な光景を目にすることができたと感激したが、その功績を肥田頼常に求めている。それは、肥田が昨年来、誠心誠意打ち込んできた結果であり、会見の礼式も肥田の独断だったという（『大田南畝全集』第一九巻、一六〇頁）。別の手紙でも、肥田が独断で決め、景晋は江戸から来たがすべて肥田に任せきりだった、と伝えている（同前、一六三頁）。

レザノフへの回答と応対の大綱は老中が決定し、それを長崎奉行に伝達したのが景晋で、会見の礼式や段取りは、景晋と両長崎奉行が「謀議」したが、景晋がどのような役割を果たしたかは不詳である。会見の場では、「教諭書」「長崎奉行諭書」の申渡しは両長崎奉行が行ない、景晋は回答の遅延を説明したにすぎない。景晋は、交渉・会見の前面に立つことはなく、目付として交渉に立ち会い、監察したのである。

長崎市中郊外の視察

景晋は三月一一日、諸藩の長崎聞役《ききやく》におのおのの領海に「唐船」（異国船）が渡来した際の防備態勢について、配置される役人と船の数、武器など平常の備え、領海の遠見番所の名と位置、さらに、ロシア船渡来の際に武器・船・役人を出動させたなら、その事情を二〇日までに書き出すよう指示した（『魯西亜渡来録《ろしあとらいろく》』諫早郷土史料叢書三、二七七〜二八一頁）。

レザノフが一九日に長崎を出港するまで、長崎市中とその郊外を視察に廻っている。一一日は眼鏡橋・崇福寺・唐人屋敷。「船主等は人物陋《いや》しからす、都て面眼等、邦の人にかわらす」と、中国人とアイヌとの落差を観察。一三日は諏訪神社・福済寺・興福寺・町年寄高島家、一四日は郊外に出て、長崎は「擂鉢《すりばち》の底のごとく」を実見。「胡羊、豚、鶤鶏《トウマル》、烏骨鶏《ウコツケイ》を多く畜う、みな唐山・紅毛の食に集る」馬込郷から時津。一五日は小島郷・潮見崎、一六日は遠見番所址・烽火釜、市中から海がすべて見える日見峠《ひみとうげ》。一七日は皓台寺《こうたいじ》で、長崎奉行在勤中の寛政四年（一七九二）に死去した兄の永井直廉《ながいなおかど》の墓に詣で、昔を回想し涙を流している。

出島でビリヤードを見る

三月一九日、レザノフが長崎を出港した。正月一九日に江戸を出発した景晋は、ちょうど二ヵ月後にレザノフを穏便に退去させる任務を果たせた。夜は随行者と食事をし、ともに悦びを分かち合った。景晋のほっとした安堵の心情と属僚慰労の念をうかがえる。

二一日は海上から防備態勢を視察。「看守台」に昇り、この海が西洋諸国、異国の海につながっているのだと認識を新たにするとともに、江戸から遠くに来たものだとの感慨も抱く。それから出島を訪れ、商館長ドゥフに初めて対面した。景晋は、初めて直接に見るオランダ人を、「頭髪を剃て髪を被ると聞しが左はなし、髪は剃らず、髪毛に白き粉をぬりたると見ゆ、今俗の股引のごとく手足をくるみ、ぼたんにてしめ、外套も袖細く、前はぼたんかけ、両脇は分開て、都下にて見る軽業者《かるわざもの》の装束に似たり、皆毛織羅《ら》紗《しゃ》の類なり、世人の知る処なり」などと、知識の誤りを正しながら興味津々に観察する。

ビリヤードを楽しむオランダ人
（『唐蘭館絵巻』より，長崎歴史文化博物館蔵）

また、ビリヤード（「玉つき」）を興味深かそうに見て、ついでオランダ商館で下働きをする崑崙奴《こんろんど》（南海方面の黒い皮膚の奴隷に対する中国人の呼称）を呼び出し、「一四、五歳に見ゆる両人出る、手足はいかにも黒し、面体黒くはあれども、良民にも至て色黒なるは彼より黒きもあるべき程なり、髪は巻て茜の木綿にて包む、衣服は紅毛の衣服也、怜利なる者と聞しに、頭を下る立ちふるまい、邦俗村民のごとし、面体など紅毛に似ず、唐山人に近きものなり」と観察している。顔は黒いが、もっと色の黒い良民がいるという程度で、頭を下げる立ち居振る舞いは日本の百姓のようだ。顔つきは中国人に近いと見た。

大田南畝との交流

景晋は、「富士を眺し詩」を随行の徒目付原田寛蔵を介して、大田南畝に送ったという。そして南畝から、「四海を平呑《へいどん》する筆象、企《くわだて》及び難し」と追従じみた評とともに、和韻《わいん》（原作と同じ韻を用いて作ること）をよこしたという。この景晋と南畝の漢詩の応酬は、

『続未曽有記』に三月二二日のこととしている。南畝は、『羅父風説』にも『瓊浦雑綴《けいほざつてつ》』にもこのことに触れていないが、「奉和遠山晋鑑察望富嶽韻」（遠山晋鑑察富嶽を望むの韻を和し奉る）と題する漢詩が『大田南畝全集』第四巻（三七六頁）に集録されている。

南畝と徒目付の原田寛蔵は「知己」（『大田南畝全集』第一九巻、一四五頁）、景晋も原田と「知己」（同前、一五七頁）という。長崎に着いた原田と南畝が、会うために出入りするのは難しいのだが（理由不詳）、景晋が「旧遊の事不苦旨」と許可したので、南畝は会って積もる話をしようと思うと手紙に書いている（同前、一五八頁）。

三月二三日に長崎奉行の送別の宴、二四日に長崎奉行、諸藩の長崎留守居《るすい》、奉行所諸役人、地役人《じやくにん》らの別れの挨拶を受け、二五日に長崎を出立し帰府の旅に出た。二六日に交渉成功の報告が幕府に届いたとの報せが留守宅からあり、家人たちも嬉しく、景晋も嬉しく嬉野泊り、とまた洒落ている。二七日は、柄崎《つかさき》（佐賀県武雄市）の広福寺（臨済宗。蓬萊山）にある寛政三年九月に長崎御用の帰途に亡くなった目付井上正賢の墓に詣でている。二八日は、例の「かちかち」の鳴き声を聞いて喜び、二九日は太宰府天満宮に参拝、反り橋（太鼓橋）を見て、江戸の亀戸天神はこれを模したものと納得している。

四月三日の関門海峡では、飾り立てた乗船を曳く周辺領主からの船や警固船が多数出て、太鼓を打ち鳴らして唄う御船唄を聞きながらの船旅だった。ここでも、「盛なる哉官の眉目」と幕府の御威光を実感する。

　復路は、山陽道を上っていく。四月七日に錦帯橋（山口県岩国市）を見て、ロシアとの交渉の「成功」こそ最高の江戸への土産で、古郷へ錦を飾るものだと書く。八日は、江戸を出るときからの宿願という厳島神社にじっくり参詣。一三日は、吉備津神社《きびつじんじゃ》（岡山市北区。釜鳴《かまなり》神事で有名）に詣り、上田秋成『雨月物語《うげつものがたり》』の「吉備津の釜」で有名な、釜の長く大きな鳴動を聞き一同で大喜び。釜の鳴動は、交渉の「成功」を言祝ぐものか。一八日に、湊川神社境内（兵庫県神戸市）にある徳川光圀《とくがわみつくに》筆の「嗚呼忠臣楠子之墓」を拝し、高巌寺で楠正成自筆書状を見て、太平の世に生きる我が身と較べ正成の潔さや見事さを讃える。「精忠」の対象こそ違うが、将軍への「精忠」を最高の価値とする景晋は、深く感じるところがあったのだろう。

中山道を江戸へ

　復路は、中山道を利用。五月五日は妙義神社（群馬県富岡市）に詣り、「東海道は元より、皇畿、西海、山陽、東山道、蝦夷の末まで目にせしかと、かほと異形の山はなし」と妙義山を讃える。八日に景善《かげよし》・景元《かげもと》ら家族と旧知の人々の出迎えを受け、喜びに満ちた人々とともに帰宅。屋敷では、親戚や友人たちが集まって無事の帰還を喜びあった。

　江戸を発つ日が陰陽道《おんみょうどう》でいう不成就日《ふじょうじゅにち》だったので、家人は出立を止めたが、景晋は「夷狄の不成就日は公事の成就なり」と言い放って出発したという。言ったとおり無事に戻ってきたではないかと誇り、出立前夜の送別のときと同じように、帰宅を迎えた典《てん》薬頭《やくのかみ》今大路《いまおおじ》中書正庸《ちゅうしょまさつね》の笛に合わせて琵琶を弾き、『太平楽《たいへいらく》』を合奏。『未曽有後記』を太平楽の合奏で閉じることになり、「目出たし目出たし」と結んでいる。

第五　第二回蝦夷地出張

一　松前西蝦夷地御用を拝命

松前・西蝦夷地調査拝命

長崎から文化《ぶんか》二年（一八〇五）五月八日に帰った遠山景晋《とおやまかげみち》は、目付《めつけ》の職務に励んでいたが、長崎行の疲れが出たのか、六月二一日から体調不良になって七月三日まで在宅療養し、一二日から一五日まで欠勤した。ところが七月一六日、「松前蝦夷御用」（『文化日記《ぶんかにっき》』）「松前・西蝦夷地御用」（『通航一覧《つうこういちらん》』第八、三四二頁）を勘定吟味役の村垣定行《むらがきさだゆき》とともに命じられた。村垣は、のちの勘定奉行時代に景晋の同僚になる。なお、村垣家は将軍直属で隠密の調査と情報収集を行なう御庭番《おにわばん》の家で、村垣定行は寛政九年（プロビデンス号の渡来時）と一一年（東蝦夷地仮上知直後）の二回、遠国《おんごく》御用として松前・蝦夷地《えぞち》に派遣されている。

今回の使命は、すでに東蝦夷地を直轄して箱館奉行を新設し、さらに西蝦夷地から松前を含む全蝦夷地直轄政策の断行を目指すための調査だった。目付の景晋と勘定吟味役の村垣の二名、すなわち目付系と勘定系の組合せで松前・西蝦夷地を調査させたのである。随行は、徒目付《かち》の野中新三郎・増田藤四郎と小人目付《こびと》四名（この六名が景晋の属僚）、それに勘定所吟味方改役並《なみ》の柑本《こうじもと》兵五郎・西村鉄四郎（村垣の属僚）（『通航一覧』第八、三四三頁）で、普請役最上徳内《もがみとくない》は八回目になる蝦夷地出張を命じられた。寛政《かんせい》一一年（一七九九）の東蝦夷地調査で徳内の活動を見た景晋が、とくに指名したという（島谷良吉『最上徳内』一四八頁）。

五四歳の景晋は、文化二年閏八月一三日に屋敷を出て二度目の、今回は約一年間に渡る蝦夷地行に旅立った。これまでの出張と違うのは、このとき琵琶を持参したことだろう。寛政一一年に松平忠明《まつだいらただあきら》に随行し蝦夷地に赴いたことは、もはや昔話だと感慨を深くしながら、千住宿で見送りの人々に別れを告げ、奥州道中を進んだ。

一九日の芦野（栃木県那須塩原市）では前回見られなかった、『奥の細道』で有名になった「遊行柳」（西行ゆかりの柳）を見、上宮湯泉大明神の別当に所蔵するという古歌を見たいと所望したが、急には出せないとのことで仙台藩主伊達吉村《だてよしむら》の和歌を見せられている。二二日に桑折《こおり》（福島県桑折町）で、高子村（福島県伊達市）の宇右衛門から亡父の著作を贈られた（後述二五〇～二五二頁参照）。二四日に岩沼（宮城県岩沼市）で名取川を見て、源頼朝《みなもとのよりとも》と平泉《ひらいずみ》の藤原氏の軍勢が戦った奥州合戦の折の、頼朝と梶原景時《かじわらかげとき》の和歌の故事を思い出し、「西東こと国迄も名取川　源清き君につかへて」と詠み、将軍の恩に報いるため粉骨砕身し、任務を遂行する決意を歌に託している。

二九日に盛岡藩から、長崎行のときの下関・小倉・佐賀と優劣をつけがたいほどの饗応を受けた。九月二日に御堂村《みどうむら》観世音に詣り、妻に頼まれた奉納物を捧げた（一一頁参照）。三日は三戸《さんのへ》（青森県三戸町）への途中の福岡で、出羽鹿角郡《かづのぐん》の「けまない」（毛馬内、秋田県鹿《か》角《づの》市、盛岡藩領）の周辺を「狭《きょう》（布）の里」と呼び、日用品ではなく注文により織る細布があるというので、帰りの土産にと家主に注文している。急いで早めの八つ（午後二時）に三戸の宿に着き、風呂に入った頃に雨が降り出した。そこで「急がずば濡ざらまし」の太田道灌《おおたどうかん》の歌を思い出し、それとは逆に急いだので濡れなかった自身を「あつぱれの旅人哉《かな》」と自慢、「呵々」と声をあげて笑っている。景晋は、ユーモアのある人物でもある。

九月六日は、坂上田村麻呂が「日本の中央」と弓のはず（弓の両端の弦《つる》をかける所）で刻んで建てたという「壷《つぼ》の碑《いしぶみ》」について、多賀城の碑を世俗は「つぼのいしぶみ」というが、他所にあるという説があり確認しようとする。同行の徒目付の野中新三郎に、五戸（青森県五戸町）あたりから碑について地域の人々の説を調べさせ、さらに文献から石踏村《いしぶみむら》をあれこれ穿鑿している。碑の祠に行こうとしたが風雨が激しく、従者たちの疲労に配慮して諦め野辺地《のへじ》（青森県野辺地町）へ。ここで土産として、「とふ《（十府）》の菅ごも《（薦）》此所にて作る物、またく古の製也と云」を求めた。

三厩から松前へ

九月九日、一行全員が病気もせず予定通りに三厩《みんまや》に到着し、一〇月二日まで滞在した。

この間、竜馬山観音堂に詣り、前の住僧と代わった「不風雅なる」僧から、小泊《こどまり》（青森県五所川原市）から松前への渡海の是非、青森から小泊への道程・地理について詳細を聞き取っている。なお、蝦夷地渡海は、東蝦夷地直轄以降、下北半島佐井《さい》―箱館ルートが開設されたが、景晋は西蝦夷地調査のため従来通り三厩―松前ルートだった。九月二二日、共同して調査する勘定吟味役の村垣定行が、病のため桑折から江戸へ引き返した旨を伝える老中《ろうじゅう》の御用状が到着し、景晋が村垣の属僚を指揮するよう指示された。なお、村垣は療養し再び蝦夷地に向かう。

一〇月三日、景晋は弘前藩用意の観音丸、村垣に同行するはずだった勘定所役人らは八幡丸、景晋の同行者は広福丸、この三艘に分乗して松前に向け、船頭らの「小歌節」とともに出船した。今回の渡海は、激流に揉まれた前回とうって変わり、「三年に一度有かなし」という穏やかな潮流に恵まれ、船中で弁当を食べ、煙草の煙で輪を作り、詠じた漢詩一首を懐紙に書き付けるなどして過ごした。船頭らが異口同音に「再び今日の如き穏なる潮には遇《あい》がたし」と言うほど、「比類なき」穏やかな渡海だった。ただ、船役人が風向きの具合から判断し、松前ではなく吉岡（松前郡福島町）に着岸した。

松前では、松前家による心のこもった饗応を受け、それは「万戸侯《ばんここう》」（大大名）になったような心地がするほどのものだったという。

四ヵ月余の松前滞在

景晋らは、真冬の西蝦夷地を避けて松前で越年、文化三年三月一六日に出発するまで滞在した。そこの暮らしは、景晋が「棲遅《せいち》」（のんびりと暮らす）と表現するものだったが、苦しく厳しい西蝦夷地調査に備えて英気を養う期間でもあった。

景晋はこの間、公務処理のほかは、日中は読書、夜は琵琶だった（後述二四五〜二四六頁参照）。このほか、同行の徒目付の野中新三郎、最上徳内および従者一、二名が集まって漢詩の会を開き、一〇月二三日を初回として不定期に催して楽しんでいる。なお、最上徳内にはエトロフに「大日本恵登呂府」の標柱を建てた寛政一〇年に、クナシリの爺岳（チャチャノボリ）を仰いで詠んだ漢詩が残っている（島谷良吉『最上徳内』一二二頁）。

一一月二〇日には、漁師が今獲ったというアザラシを売りに来たのを購入し、皮ははがして干し、肉は調理して「皆舌打して食う」。皮はいくらもあるが、アザラシ全身は珍しいといって土地の者も見物に来たという。景晋は、アザラシの肉を食べたらしい。なお、この日は江戸の家族から手紙や衣服が届き、息子景元《かげもと》からは、印文を撰んで欲しいという願いが綴られていた（一四〜一五頁参照）。

ただのんびりしていたのではなく、一〇月一一日に同行役人を集めて公務を議論し、毎月一・五・一一・一五・二一・二六日の六回を「集会商議」の定日に決めている。また、箱館奉行との連絡、松前藩政と経済事情調査のため、松前とその周辺の視察も怠らない。年が明けて文化三年二月二七日から晦日まで、幕府が直轄している東蝦夷地との境まで調査した。

景晋は調査に入る前、正月八日に発熱、朝寝して服薬したが、九日には入浴し、すべて平常に復している。景晋は元来、健康で頑強な身体の持ち主なのかもしれない。

三月に入ると春風を感じ（『巡辺行』）、出発準備を開始。七日には遊楽のため、同行の人々と図合船《ずあいぶね》（江差・松前などで使われた一〇〇石積み以下の船）に乗り、弁天島に渡った。島の山上に毛氈を敷き、松前藩の場所請負人須《す》（栖）原屋《ばらや》などが差し入れた点心や、旅宿から運ばせた弁当、さらにそこで採った鮑やそい（メバル）なども肴に酒を酌み交わし、「笑語遊戯」の宴でときを過ごした。これは、調査団の英気を養い団結を強める目的だろう。この弁天島遊覧は、最上徳内が「万承仕《よろずしようじ》」「なにくれと指揮」というように、徳内の世話で実現したらしい。景晋と徳内の交流を物語り、この西蝦夷地調査には景晋の傍らに徳内がいる。おそらく徳内なしに任務を十分に果たせなかっただろう。

三月一三日に、三燈稲荷社で海陸安全の祝詞をあげて神楽を奏し、調査の安全を祈願した。

二　西蝦夷地の調査

松前出発

　景晋一行は文化三年（一八〇六）三月一六日、西蝦夷地の「地名、岩石の称、山川の利害、戸口の多寡《たか》、風俗苦楽」を調査し、その結果を冊子と絵図に編集する使命を帯びて、西蝦夷地巡見に向け松前を出発した。同行は、徒目付二名・吟味方下役一名・普請役一名・小人目付（四名か）である。主に船を利用するが、景晋はなるたけ山路を歩こうとした。なお、共同調査の村垣定行は、景晋が出発した三月一六日に入れ替わるように松前に到着し、同月二二日に出立した（『遠山村垣西蝦夷日記《とおやまむらがきにしえぞにっき》』）。

　一八・一九日は江差《えさし》泊。松前藩では江差・松前・箱館を三湊と称しているが、江差がその第一の湊で、家数一〇〇〇軒、人口三〇〇〇人、中には瓦葺きの家もあり家作は松前より良く、豪富の者がたくさんいる、とその繁栄ぶりを書いている。江差の市中と湊の様子を視察し、その要地である弁天島を絵図に描かせた。

江差姥神宮の扁額—孔か紅か

　瓦葺き、破風《はふ》造り、狐格子をつけた姥神宮《うばじんぐう》（姥神《うばがみ》大神宮）が目に入った。石造りの大きな鳥居があり、皇太神宮・春日大明神・住吉大明神を祀るという。ここで、藩主松前章《まつまえあき》広《ひろ》が揮毫した扁額《へんがく》「降福孔夷」の字のうち、「孔」が草書体で「紅」と読めることが大問題になった。「紅夷」なら「赤人《あかひと》」、すなわちロシア人のことになる。これをいち早く見つけ怪しんだのが、最上徳内だという（島谷良吉『最上徳内』一五四頁）。「福を紅夷《こうい》に降《くだ》す」と読めば、松前藩主が日本よりもロシアに傾いている、つまり、松前藩主に謀叛の疑いがあると解釈できるからである。景晋が、「此説弥縫し、文才伝達の何某《なにがし》也、紅夷の造語心得かたしなどいひしかは、松前子の心根を疑う人ばかりなりしが」と書くように、そのように解釈する者が多かったらしい。「文才伝達の何某」とは、島谷良吉『最上徳内』（一五五頁）を読むと、林大《はやしだい》学頭《がくのかみ》述斎《じゅっさい》のことになるだろう。

最上徳内画像（シーボルト『日本』より）

景晋はその解釈に異を唱えた。『詩経《しきょう》』に「降福孔夷」（「福を降《くだ》すこと孔《はなはだ》夷《おおい》なり」と読む）があり、草書体の孔を紅と見違えて猜疑心を生み、『詩経』の語句に思い当たらず人を疑うとは情けない、昔も今もこのようなことは多く慎重さが必要だと指摘する。

ところが、徳内の解釈と疑念は村垣定行を経て江戸にもたらされ、諮問を受けた林述斎も疑念を呈したことから問題は大きくなり、藩主松前章広の江戸召喚となり、幕府は文化四年三月二二日、松前藩から西蝦夷地、松前領などを取り上げて全蝦夷地の直轄を宣言することになったと、島谷『最上徳内』（一五五頁）は論じている。

幕府が松前家を疑ったことは事実で、これは景晋の第三回蝦夷地行の所で触れる。それが幕府による全蝦夷地直轄の理由になった、というのは正確とは言えないものの、口実の一つにはなっただろう。

西蝦夷地を行く

乙部村から熊石村、ここまでが松前領、和人地である。この先の蝦夷地に入ると、陸路は難しく船路ばかりになるという。景晋は、船では何日も風待ちが必要になるので、いくら嶮しくとも陸路を行く、と松前藩士と交渉した。松前藩士は、山道を少し手入れしたが、雪が深く今年はそこを通った者は一人もいない、それに多人数が通ると荷物の運搬が難しいと答えたので、同行の徒目付・吟味方下役・小人目付一名だけが山道を行き、景晋は船でということになった。

足痛の持病

景晋の行動を見ていると、名所旧跡をよく歩いて見物するので健脚と思われる。だが、景晋本人は壮年頃から足の裏の豆（正しくは肉刺《まめ》。豆のような水腫）に苦しんだという。小《こ》性《しょう》組番士《ぐみばんし》になった頃、同じく豆に苦しんだ書院番士近藤正方《こんどうまさみち》（明和《めいわ》四年〈一七六七〉書院番士、寛政八年書院番組頭。景晋の一〇歳年長）が、青木《あおき》の葉（切り傷や火傷の薬とされる）を足袋の底に敷くと豆ができない、と教えてくれた。それを実践するとまったくできず、両足が生き返ったようだったという（「両足再生の如し」『続未曽有記《ぞくみぞうき》』）。しかし、蝦夷地には青木がないので、昆布を水に浸して代用したところ、効用は若干劣るものの豆はできなかったという。

足痛は景晋の持病で、生涯悩まされた。文化一〇年（一八一三）一一月一九日には、持病の足痛の具合が悪く膿水も出て素足では勤められないため、近々行なわれる紅葉山大紋《だいもん》行列の出席を日光奉行小島正苗《まさみつ》らに依頼し（『長崎奉行遠山景晋日記』一三八頁）、閏一一月二一日には足痛のため御能に出仕できず、この月は一九日から二九日まで登城できなかった。同年一二月は、三・六・七・八・一〇から一三日、一六・一七から二三日まで登城しないのも、足痛が原因だろう。翌文化一一年正月一〇日から二月一二日まで引っ込み、約一ヵ月登城できないほど悪化したらしい。その後、足痛の記事はないが、文政《ぶんせい》二年（一八一九）五月二〇日には持病の足痛の具合が悪いと記している。

奥尻海峡の難所越え

巡見は、陸路が難しく船を使うことが多い厳しく危険な旅だった。三月二四日まで風待ちで熊石に滞留し、二五日、図合船に乗って蝦夷地に入り、「うすべつ」（臼別）場所の「くどう」（久遠）に泊。景晋の乗船には、最上徳内・家士三名・槍持ち二名・草履持ち一名が同乗し、松前藩士らの船がそれに続いた。同行者の船、家長（宮島正心）と従者たちの船、それに荷物船の三艘は、「くどう」の先「せたない《瀬田内》」へ先行した（地名のひらがな表記は『未曽有後記』による）。

「くどう」から「せたない」までの奥尻《おくしり》海峡は海上の難所で、景晋はそのときの様子を次のように語っている。


其地の奉行たりし人々さえ見及ぬさかい《境》まで、洩し給う事なし、有職の人々のめ《目》さえ入まじき、船も用いがたく、漁りせるものの乗りはしる《走》ささやかなる舟に従者一人、下つかさ《司》最上何某《徳内》といえるもの一人を具し給い、わずか三人打のり、いや高き山のめぐり《廻》、目も及ばぬ大海のおし出くちを、横さまにおしわたり、くじら《鯨》にしも限らず、名にもしれぬ大魚どもの、そびら《背びれ》を左みぎ《右》にさけ《避》、或はおどろおどろしき風に、いく《幾》月あら海をしのぎ《凌》つつ、事なく帰り給いしなん、さはいえど、かしこき御神の御賜ものとさえ思い合せらる、（吉見義方「しらいとをかむゐのゆえよしを記し伝るふみ」『未曽有後記』）

その困難さがリアルに表現され、景晋にいかに印象的だったかがよく伝わってくる。

「くどう」を景晋と最上徳内、および従者六人だけ乗って出船したが、波が荒れ、「ふとろ《太櫓》」川に入って船を下り、歩いて「せたない」に。ここで先行の同行者らと合流した。二日間は風がひどくて滞留し、二九日に船で「すつき《須築》」まで進んだ。ここには番小屋しかないため、丸小屋を造って泊まった。丸小屋とは、舟の棹《さお》何本かを上部で括り合わせ、下部を開いて地面に建てて柱にし、周りを菅菰《すがこも》で覆って下に筵《むしろ》を敷いた一〇畳くらいの広さという。アイヌの仮小屋、クチャに似たものか。景晋が居る所は、板を敷いた上に畳を重ねたが、同行の従者と膝を組み、肩を並べて一夜を明かしたという。

白糸の滝を見る

翌四月一日は、高さ三〇丈（約九〇メートル）、岩山から三つの筋に流れ、それが三叉に分かれて落ちる白糸の滝を見て、絶景（「誠に風の糸を吹靡す如く」）をスケッチし、漢詩を作った。後に「白糸瀑」図になる（後述二六九～二七一頁参照）。「しまこまき（島牧）」を目指したが逆風に遭い、「ばらうた（原歌）」という海岸に着いた。景晋は、歩いて行けないことはないので、何としてでも「しまこまき」まで進むと言い張った。反対する案内の松前藩士や同行者と「仁王立」になって激論の末、最上徳内が景晋を支持して道なき道をともに先頭に立って歩き、とうとう「しまこまき」にたどり着いた。下僚や従者の労苦を顧みない酷い行動に見えるが、においの堪えられないアイヌの家に泊まるより、無理してでも先に進み皆がゆっくり休んだ方がよい、との判断と景晋は語る。「由《よ》らしむべし、しらしむべからず」だという。理由や意図を説明する必要はなく、正しい方針に従わせればよいという主旨で、為政者の民への姿勢でもある。

四月二日から五日まで天候不良のため滞留、アイヌに濁酒・煙草・まきり（短刀）を

『街道の日本史1　アイヌの道』をもとに作成）

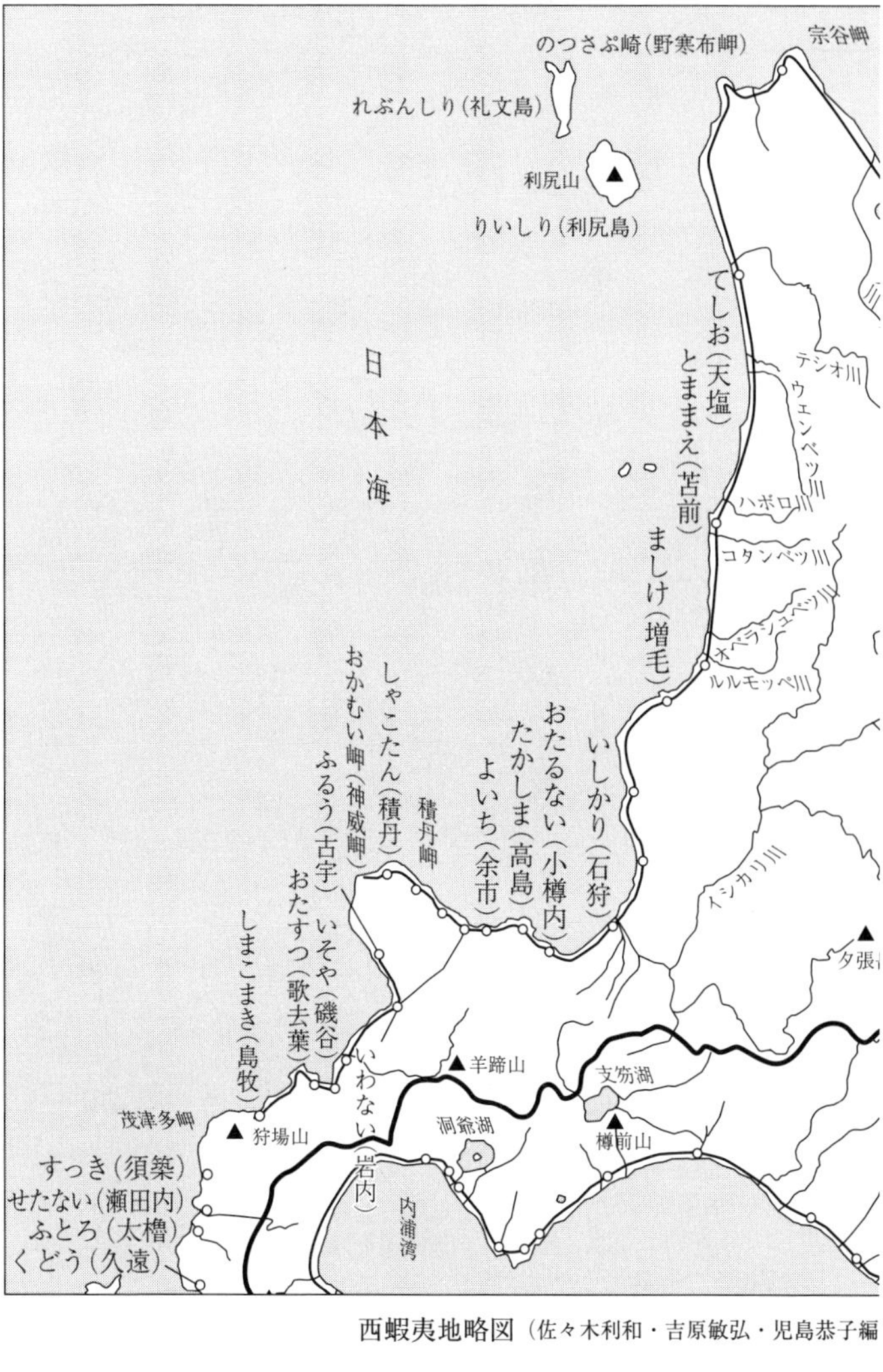

西蝦夷地略図（佐々木利和・吉原敏弘・児島恭子編

与えて慰労した。六日は、弁慶岬を廻らず陸路を進み「いわさき」（現北海道寿都《すっつ》町のうち）泊。八日、「おたすつ《歌棄》」への途中、一日行程で「おしやまむべ《長万部》」に出る道（黒松内越えと呼ばれた山道）があり、そこから箱館まで三日、つまり長万部経由で四日で箱館に行くことができる。景晋は、思いがけない近道があることに気づき、実地踏査の重要性を語る（「地理の事は実地を経ずして紙上の推量はすまじき」）。ここで留守宅からの書状が届き、三月の大火（芝周辺からの「丙寅の大火」）が伝えられたが、留守宅の無事に安堵した。

最難所神威岬越え石狩へ

四月九日、船で「ほろべつ《幌別》」を過ぎた頃、雷電崎の陰から黒雲が見え北風になったので陸に上がり、「いそや《磯谷》」泊。一〇日、刀掛け岩などを通り「いわない《岩内》」泊。一一日は船に乗り「ふるう《古宇》」まで。一二日滞留し、一五日は「しやこたん《積丹》」に向け出船、途中で鯨に遭遇し危うい目に遭うも、「夷中最第一の難所」「おかむい《亜神威》」岬（西蝦夷地三険岬の一つ）を廻って「しやこたん」着。なお、「かかる魔所、女は過べからず」と神威岬の女性通航禁止の伝承を書き留め、ここから北に女性なしという。一六日は疲れた水夫たちの休養にあてた。

この「殷《いん》色（赤黒い）の鉄岩、天に参し、他もことに鋭にさし出、土塀を造たる形」の「おかむい」岬と、「高さ三〇間、幅八、九間の奇巌直立」した「おかむい」岩の間はまことに危険な難所だった。景晋はスケッチをしたらしく、のちに「亜神居」図になる

（後述二七〇頁参照）。

景晋は、ここはアイヌと和人にとって難所だが、ロシア人たちはやすやすと越えることに、「恐るべく悪《にく》むべきの至り」と恐怖する。何とかこの難所を越えられたのは、最上徳内の力と感謝する。まず、「徳内は部下の一謀士、夷中凡百の人事わが物にしたる」と蝦夷地とアイヌ万般を知り抜いて、「舟人等を指揮するさま、ほとんど輪扁《りんぺん》（春秋時代の車輪作りの名人）が車なり」と、舟とアイヌを指揮する名人と讃える。また、徳内を「髯《ひげ》参軍」（『巡辺行』〈『魯西亜船来一件』所収〉）などと親しげに表現している。

一七日は船に乗り「下もよいち」（下余市）まで。翌日、石狩までは山越えの間道《かんどう》があり、少人数なら差し支えないと通詞《つうじ》もいうので、徒目付の増田藤四郎、勘定所吟味下役喜四郎、小人目付の末次佐郎を行かせ、景晋はほかの属僚とともに船で行くことになった。「たかしま」（高島）（北海道小樽市）へ向かう船中、最上徳内が金銀鉱山のある山相《さんそう》を発見したというので、その判断理由を聞いている。一九日は陸路を行き、「おたるなゐ」（小樽内）の川端に仮屋を造って泊。二〇日は単調な砂浜を歩いて石狩着。旅宿は川の西岸、昼御飯に鱸《すずき》が出た。去年秋に江戸を出発してから初めての「珍膳」だったという。石狩は、蝦夷地第一の大河で、河口には諸国の船が集い、川の左右は「格別の広野」に見えるという。

宗谷に到達

四月二七日には船で雄冬岬《おふゆみさき》の北「ましけ」（増毛）に達し、ここからは陸行となる。ゴロタ石が続く海岸沿いを歩き、晦日に「とままい《（苫前）》」まで。ここから次の「ふれべつ《（布礼別）》」までが難所で、アイヌの疲労への配慮と悪天候のため、五月一日から四日間滞留。景晋は、「陸地の征行は妨《さまたげ》なしと思いしに、かかる難所は、よにも六《むつ》かしき路程には有けりな」と、予想に反した難しい陸路に慨嘆する。それゆえ、新道開削の必要性を提言するのである（『遠山村垣西蝦夷日記』）。

　五月五日に着いた「ふれべつ」は寒く、昼夜とも江戸の大寒（旧暦一二月八日、新暦一月二〇日）の頃の衣服だったという。六日は波荒れで滞留。景晋は、渡海の風待ちでも、増水による川止《かわど》めでもない「陸の風待」が数日に及んだことに驚く。一〇日は「りいしり《（利尻）》」を遠望しながら「（る）しやんどまり」まで。この地のアイヌは、文化元、二年の疱瘡流行で一人もいなくなったと書き留める。「りいしり」の山の形は、南部富士を髣髴させるという。

　ここで景晋は、蝦夷地で五穀の栽培はできない（『蝦夷地五穀不可植《うえるべからず》』）という林子平《はやししへい》『三《さん》国通覧《ごくつうらん》図説《ずせつ》』の説を批判する。同書は、天明《てんめい》五年（一七八五）に江戸で五色刷で刊行された、日本を中心に朝鮮・琉球・蝦夷地・小笠原諸島を図示して、地理や風俗を解説したものだが、幕府によって禁書となっていた。景晋は、石狩前後から平野が広がり、石狩川・天塩川《てしおがわ》の二大河川がある、至る所に五穀を栽培すべき土地がある、今、五穀がないのは、植えられないからではなく、植えないからだ、と断じる。景晋は、石狩から天塩にかけての地は農業に適地だと判断したのである。

一一日は、砂路・悪路を進み、ついに目的地「そふや《宗谷》」に到達。悪路と悪天候により遅延したが、「遂にここに来り得たり」と踏破の感慨を記す。三月一六日に松前を出立し、実際に移動できたのは三〇日、悪天候による滞留が二五日、合わせて五五日。距離は一八〇里（約七〇七㎞）というが、二〇〇里（約七八五キロ）はあるのではと記す。ここには、苛酷な自然条件を乗り越え宗谷にたどり着いた達成感と安堵感が伝わってくる。

カラフト遠望

五月一三日は快晴、旅宿から「りいしり」「れぶんしり《礼文》」「のつさぷ崎《野寒布岬》」を見る。「そうや」は巨船の港として良港だが、九、一〇月からは氷海になり、「のつさぷ」まで海と陸の区別がつかなくなる、との情報を仕入れる。また、六月が近いのに「大冬の衣服」を着ていることから、冬は「雪威甚しく」「氷雪も深き」と推測する。

午後、属僚を率いて「からふと《樺太》」を遠望した。土地の者はみな、雲霧に遮られ「からふと」を見ることとは「秋晴れならねば見難し」と言うが、この日は「至極の快晴、遙観《ようかん》遺恨《いこん》なし」と遠望できた。「からふと」から「かむさすが《カムチャツカ》」「さんたん《山丹》」「まんじう《満洲》」、そして朝鮮まで、広大な異国・異域がこの海原の向こうにあることを認識する。

レザノフ一件で長崎に出張した際は、長崎の海がはるか西洋諸国につながっていることを認識したのと同様に、最北の地に立って、その先の広大な諸国を実感する体験を持ち得たのは、当時の幕府役人としては希有の存在だろう。

帰途につく

五月一四日から帰途についた。一七日に「ばつかい」（抜海）で村垣定行に会い、公務について協議して別れた。二七日に「ましけ」で、「炎日輝き、いつもの夏なり、いつもの汗なり」と夏を体感したが、七つ時頃（午後四時）から風が出ると、袷を着て綿入れを重ね、夜になると羽織を重ねて「いつもの蝦夷」になった、という激しい気温の変化を体験した。六月一日から村垣定行の到着を待って「いしかり」に滞留し、一〇日に村垣と再会して「巡見中の用向諸事談判」している（『遠山村垣西蝦夷日記』）。一一日から石狩川を船で遡り、いくつかの支流に入り、西蝦夷地と東蝦夷地の境界「いちやり川」に到達。そこからは東蝦夷地で幕府領になる。景晋は、東西蝦夷地の境界を視察したのである。

東蝦夷地の開発状況を視察

松前を出立してから日数八五日で西蝦夷地調査の旅が終わり、景晋は西蝦夷地巡見の使命を果たした。なお、最上徳内は石狩で景晋と別れ、夕張まで探査に向かった。

東蝦夷地に入ってからは、幕府領化して以降の開発の成果と有効性や意義を確認する旅だった。景晋は、いくつかの点や地域での成果を「公領は公領なり」（幕府領になっただけのことはある）という表現で評価する。

六月一三日は、「いぶつ川」「千歳川」「びび川」（美々）「ゆうぶつ川」（勇払）を舟行し「ゆうぶつ」

着。このルートは、西蝦夷地と東蝦夷地を結ぶ重要な道だった。ここから箱館までは、寛政一一年の第一回蝦夷地行の際に通ったので、そのときと比較している。この辺りは放牧している馬も多く、運送の便もある。一五日の「ゆうぶつ」から「しらおい（白老）」への道は海岸の砂場だが、一段高く野路を造って一里塚を築き、小川には土橋が架けられ良い街道になっていた。

六月半ばに萩・女郎花《おみなえし》が花盛りなのを見て、「顧《おも》うに蝦夷地は春の花は後《おく》れ、秋の花は先だちて、春夏秋の草木、夏一時に栄う也、四月迄は春也、五月夏になって、六月ははや秋色催し、八月は冬也」と、蝦夷地の季節の特徴を草木で理解する。

六月一七日は鞍を置いた馬に乗り、桔梗《ききょう》を愛でながら「もろらん（室蘭）」着。「うす（有珠）」への途中「おさるべつ（長流別）」に、広大な馬の放牧地があり、馬が増えていることを視察して「げに公領は公領なり」。「うす」では、かつて朽ち損じた板屋の善光寺如来堂が、立派な堂宇になりつつあることを見て、ここでも「げに公領は公領なり」。ただ、神社のないことを「一大欠典《けってん》」と指摘する。

六月二〇日は、第一回蝦夷地行で強烈な印象の残った難所「あぶた（虻田）」峠を越え「おしやまんべ（長万部）」着。その道はかつてとすっかり変わって道幅の広い石段を連ねた坂道になり、大木を伐って階段をつけてあるので、荷馬もやすやすと登ることができる良い山道になっていた。ここで景晋は、第一回蝦夷地行のときに、峠道の木の根に腰掛けて松平忠明と話し合った思い出を語り、その功績を讃える。この難所の峠道の大きな変化は、松平忠明の大功であり、そのことを前年の文化二年二月に死去し、泉下《せんか》の客となった忠明に伝えられるのは景晋だけだと嘆く。

地引き網を楽しむ

六月二一日は、和人地「やむくしない（山越内）」への途中「ゆうらつぷ（遊楽部）」で天幕をはり、アイヌの地引き網を見て楽しんだ。アイヌの俊敏な動きに感心し、希有の大漁もあいまって、「旅のうさも忘れ果て面白し」とアイヌに伝えさせた。アイヌが、「かむゐ殿（景晋）」のために網が張り切れるほど魚が集まってきて、ありがたいありがたい、と返答したという。景晋は大いに気をよくし、思いがけない愉快な遊楽だったと書く。

二二日は、幕府が寛政一二年（一八〇〇）から和人の居住を認めて和人地とした箱館六ヵ所（小安・戸井・尻岸内・尾札部・茅部・野田追）を視察。なお、享和《きょうわ》元年（一八〇一）に、「やむくしない」に通行人を取り締まる関所を設けていた。アイヌの「余韻」がなお残る「平民の住む荒村」を通り、「わしの木（鷲の木）」に着。

箱館に到着

六月二三日は、大野村まで到達。大野村から文月村の周辺は、田畑は広く、民家も多いまことの村里で、養蚕・機織り・染屋もあり、米搗《つ》きの水車もあるなど、幕府領化による開発の成果を目撃した。二四日は、一帯の開発状況を視察しながら箱館着。奉行所以下の建物が立派になり、出迎えも賑やかで、長崎奉行所のときと同じように優待されたらしい。

長く苦しい西蝦夷地調査は箱館到着ですべて終わったのだが、その体に染みついた苦難の記憶は箱館でも抜けず、落ち着かなかったらしい。二五日に、目付から蝦夷地奉行、改称して箱館奉行になった羽太《はぶと》安芸守正養《まさやす》は、目付時代の同僚だったこともあり、夜遅くまで語り合っている。翌二七日には村垣定行も箱館に到着。七月一日は箱館の八幡社・妙音天・皇太神宮の三社に参詣した。

津軽海峡渡海

今回の津軽海峡渡海は、東蝦夷地直轄とともに開設された箱館から下北半島佐井（青森県佐井町）へのルートだった。下北半島の住民は、このルートの開設により人と物資輸送に関わる課役・夫役《ぶやく》・伝馬役《てんまやく》の負担に苦しんだ（浪川健治編『下北・渡島と津軽海峡』）。景晋が東蝦夷地で目撃した幕領化の成果は、下北半島住民に重い負担をかけながら実現したのである。

箱館出港日は、奉行所の下級役人を長年務める長川仲右衛門、蝦夷地御用定雇《じょうやとい》船頭の高田屋嘉兵衛、南部藩役人推薦の梶取《かじとり》銀兵衛という風向きを読む「練達」の三人が相談し、七月六日と決めたという。その日、景晋は南部藩の瑞穂丸に乗船して佐井湊を目指したが、激しい潮流に揉まれ、伏せているしかなかった。梶取に聞くと、追い風なので心配無用、このような風を待っていた、と答えたという。箱館から九里（約三五キロ）離れた大間《おおま》の山々が見え、やっと安堵している。少し遅れたものの、同行者の船もすべて無事に佐井に着岸した。

人馬が揃わず七月七日、八日と佐井に滞留したのは、過重な負担が積み重なり、必要な数の人馬がなかなか集まらなかったためだろう。九日に野辺地に向け出発し、北通《きたどおり》道《みち》を進んで、恐山の麓を通って田名部《たなぶ》、一一日に陸奥湾西海岸を南下し野辺地着。往路で土産にと注文しておいた珍品、「十府《とふ》の菅薦《すがごも》」（スゲで編んだ筵）を受け取った。

狭の里の細布

七月一三日、往路では諦めた「壺の碑」に関わる石文明神（青森県七戸町内か）に参詣。一六日は一戸（岩手県二戸町）への途中の福岡で、昨年九月三日に注文しておいた「細布」が出来ているとのことで受け取り、長櫃に納めている。「狭（布）の里」の錦塚にいる古川角兵衛が細布の古伝を伝え、巡見使《じゅんけんし》が来ると必ず織って捧げ、青差《あおざし》一貫文を頂戴したという。景晋も、それに倣って銭一貫文を与えたが、布の対価ではなく慰労という。売り物ではないため、なかなか手に入らない珍品らしい。

帰宅

七月二一日、山目（岩手県一関市）では配志和《はいしわ》神社《じんじゃ》に詣り、その由緒を聞こうにも神主もいないため庄屋が書いてきた文書を見た。どうせ何とか観音の垂迹《すいじゃく》といったところだろうと推量したが、神社は延喜式内社で、ニニギノミコトら三神を祀り、配流された菅《すが》原道真《わらのみちざね》の子敦茂《あつしげ》が梅を植えて天満宮を祀った云々《うんぬん》を記してあり、「あっぱれなる答辞」と感心した。どうせたいしたものではないと見くびって通り過ぎていれば、このようなことを聞けなかったことから、「物はあなどるべからず」と教訓を確認している。景晋の謙虚な一面が見える。

七月二五日は、仙台藩主手配の船に乗り松島遊覧。天明八年（一七八八）の幕府巡見使一行は、藩主が手配した五〇挺立ての大型楼船に乗り、引舟数十艘・供船数艘という盛大なもので、同行した古川古松軒《ふるかわこしょうけん》（一七二六〜一八〇七）は、「船歌おもしろく、櫓拍子《ろひょうし》を揃えて島巡りする有様、何にたとえん方なく（中略）感激せざるものなし」（『東遊雑記《とうゆうざつき》』二四七頁）と書いていた。景晋らの乗船小鷹丸は屋形造りの一〇挺立てというから、巡見使の船よりかなり小型だった。松島を周遊し、塩釜で上陸して塩釜神社に参詣。二六日には、去秋に多賀城萩沢の碑の拓本を所望しておいたところ、仙台藩主の特別許可が出て入手できたという。

八月一二日に千住で出迎えを受け、帰宅を急いで予定通りに帰宅した。家の庭の草木、妻や子の顔を見ることができるという、平凡な家庭人の喜びと安堵の心情を記す。主人景晋の帰宅を、家来や下女まで家中の者が大喜びし、大声で笑ったという。前年文化二年八月一三日に出発し今日まで三五四日、期せずして丸一年の旅になった。

詳細な地名、道筋（山路・海路・川路）、新道を開設すべき候補地、戸口とその変化、産業（漁業と農業の現状）などの調査結果を冊子と絵図に編集し、文化三年八月付で村垣と連名で報告書として提出した。それが、『遠山村垣西蝦夷日記』である。なお、この報告書は景晋がほとんど書いたものらしく、景晋が通らなかった山道などを共同調査者の村垣定行が補った程度である（左太夫〈村垣〉巡見仕り候路次の儀、下げ札をもって申し上げ候山路の外は金四郎同様につき、別段相認め申さず候）。

幕府は、文化四年三月に西蝦夷地・カラフト・松前を含む全蝦夷地を直轄して一〇月に松前奉行を設置し、蝦夷地経営を本格化させた。いち早く幕府領化した東蝦夷地の現状、および西蝦夷地の農業開発の可能性を肯定的に評価する景晋の調査報告は、政策断行に大きく貢献しただろう。

第六　第三回蝦夷地出張

一　ロシア軍艦の北方攻撃

古今未曽有の事件発生

帰府した遠山景晋《とおやまかげみち》は、およそ二〇日ほど体を休めて、文化《ぶんか》三年（一八〇六）九月四日には目付《めつけ》の通常の職務に復帰した。ところが、「古今未曽有の事」が起こり、文化四年六月四日、急に三度目の蝦夷地《えぞち》出張を命じられた（『文化日記《ぶんかにっき》』）。それは、前年九月から始まったロシア軍艦によるカラフト島、エトロフ島などへの攻撃、いわゆる文化露寇《ろこう》事件へ対応するためである。

景晋は、ロシア軍艦のエトロフ襲撃を伝えた箱館奉行の届書から「ゑとろふ島に襲い来り、資財を強盗し吏民を傷《きずつ》け狼藉十分にして行方なく、猶賊船の余日寄せ来らんと各処に防戦の手配し、函楯《はこだて》・松前の市中は勿論、郷民・夷奴までもも《（む）》くりこくり（蒙古高句麗）、百万の雑具を負うて足を空に逃迷い、郡県の忽劇《そうげき》大方ならず、ゆゆ敷《しき》御大事に及よし」と、人びとに蒙古襲来（元寇）を思い起こさせ、箱館や松前のみならず蝦夷地で大騒動になっていると理解した(『続未曽有後記《ぞくみぞうこうき》』)。

幕府はこの事態に、目付に使番《つかいばん》を添えて蝦夷地に派遣することを決定し、文化四年六月四日に、目付は「いつもの」(同前)景晋、使番は小菅正容《こすげまさかた》と村上義雄《よしかつ》に蝦夷地出張を命じた。「いつもの」とは、すでに二回も蝦夷地に派遣されているので、蝦夷地と言えば景晋ということだろう。

いつもの景晋に蝦夷地出張命令

後述するが、景晋は文化四年正月二九日に「朝鮮人来聘《らいへい》御用掛《かかり》」を命じられ、この頃は、文化八年に行なわれる易地聘礼《えきちへいれい》担当に目付として準備を進めていた(後述一一七頁参照)。

幕命を受けた景晋は、文化四年六月四日付で小菅・村上と三名が蝦夷地出張を命じられたこと、六日付で三名と近藤重蔵《こんどうじゆうぞう》・徒目付《かち》・小人目付《こびと》が箱館で泊まる旅宿の手配を、上記三名の連名で、さらに、蝦夷地滞在中に不足するかもしれない経費の借用を求める、景晋単独の書状を箱館奉行に送った(『魯人再掠蝦夷一件』一)。

近藤重蔵によると、景晋の属僚として、徒目付は加藤才助・神谷勘右衛門、小人目付は田草川伝次郎・末次左吉・金子五郎吉・木村富兵衛・近藤文次郎の五名が付けられた(『大日本近世史料　近藤重蔵蝦夷地関係史料』二、三二八頁)。このほか、徒目付には林余四郎・磯野七十五郎・三輪若平・西村吉之丞、小人目付には小林新五郎・古沢半右衛門・栗原伊八・前田友之助の名が見える(『魯人再掠蝦夷一件』一)。

六月六日には、若年寄《わかどしより》の堀田正敦《ほったまさあつ》が蝦夷地出張を命じられ、八日に大目付の中川忠英《なかがわただてる》が随行することになった。景晋と行く予定の使番の小菅正容が、堀田の随行に加えられたため、幕臣中の蝦夷地専門家である小普請方《こぶしんかた》（小普請奉行の属僚）近藤重蔵守重《もりしげ》が景晋の同行に加えられた。

金四郎改め左衛門

景晋の通称は金四郎だが、六月九日に通称を左衛門《さえもん》に改めた（『通航一覧《つうこういちらん》』第七、二九六頁）。内々、金四郎では「いかめしさ」に欠けるので「百官の称」（律令制の官職名）に変えるよう指示されたからである。景晋は、遠山家の家祖景吉《かげよし》の通称権左衛門と、内裏《だいり》諸門の警衛にあたった左衛門府《さえもんふ》から左衛門とした（『続未曽有後記』）。これ以降、景晋の通称は左衛門になった。

松前家謀叛の疑い

松前道広《まつまえみちひろ》（一七五四～一八三二）は、奢侈や性向が問題にされ、寛政《かんせい》四年（一七九二）一〇月に三九歳で隠居、家督を子の章広《あきひろ》に譲っていた。幕府は道広に対して、寛政一〇年に出府を、翌年二月には、蝦夷地について相談することもあるとの理由で在府を命じた。道広を蝦夷地の地理に詳しいという口実で江戸に留め置いて、幕府の蝦夷地直轄政策をやりやすくし、また、疑念を持たれていたロシアとの連携を監視するための深謀遠慮と読む者もいた（『休明光記《きゅうめいこうき》』五〇六頁）。

文化四年三月二二日、松前藩は松前を含む全蝦夷地の上知《あげち》を命じられ、松前道広は三月二六日、藩主在職中の不行き届き、隠居後も言行を慎まなかったとの理由で、永蟄居《えいちっきょ》の厳罰を受けた。さらに、ロシア軍艦の北辺攻撃の情報が伝わると、道広の「謀叛」の噂がまことしやかに囁かれた。それは、景晋が西蝦夷地を調査した際の江差姥神宮扁額《えさしうばじんぐうへんがく》「降福孔夷」への疑念（七八〜七九頁参照）、つきつめると松前家「謀叛」の疑念が再燃したのである。

噂の真偽を確認

松前道広がロシアに味方して行方をくらました、との噂が幕府に伝わり、蝦夷地の事情に通じた景晋は六月七日、老中《ろうじゅう》から松前藩邸に行き真偽を確認するよう命じられた。道広は病気と称して会わないだろうから、策をめぐらし必ず直接会って話せと密命された。老中も、半信半疑ながら確信が欲しかったのだろう。

景晋は、具体的に書くのを憚《はばか》る策をめぐらし（「仏のうそを方便といひ、武士のうそを武略といふと、明智光秀か確言をも思ひ出、忠節に行ふ」『続未曽有後記』）、道広に直接会い、くつろいで対話した。その後、夜陰にまぎれて老中土井利厚《どいとしあつ》邸に行って面談の次第を報告し、疑念を解消させたという。

なお、蟄居中の松前道広の屋敷へは、大目付の中川忠英も行き、忠英が道広の顔を知らないので近藤重蔵が同行した、との噂が流れている（『視聴草《みききぐさ》』）。近藤重蔵によると、六月七日に景晋と使番の小菅正容・村上義雄が、「御隠密御用」で松前藩邸へ行くのに重蔵が同行したと証言している(『大日本近世史料　近藤重蔵蝦夷地関係史料』三、二〇三頁)。これが正しいのだろう。

景晋は、江差姥神宮の扁額と同じことで、どこかの愚か者がとりとめもないことを唱えて君主を驚かし、人心を騒がせ、このような嘘《うそ》話を利用して、身のほどを知らぬ者が悪巧みをするのだろうと非難しつつ警戒している。全蝦夷地を松前家から取り上げ直轄する、という幕府の大胆な政策には、批判や疑念が噴出していた。政策推進派が、松前家「謀叛」などの虚説を広めて政策を正当化しようとした策略、と景晋は理解したのだろう。ここには、景晋の「降福孔夷」の解釈に見る学識の深さと、冷静な判断能力が認められる。

二　三度目の蝦夷地

蝦夷地へ出立

景晋は大慌てで準備をし、文化四年(一八〇七)六月一二日に、三度目の蝦夷地へ旅立った。従う者は上下一三人(『休明光記』六六五頁)。なお、『魯人再掠蝦夷一件』一によると、随行した家来は三二名である。約四ヵ月の出張を終えて一〇月二二日に江戸に帰着した際、「発都の軍《いく》サさわぎ」と書くように、ロシアとの戦争、という軍事的な緊張感を持った江戸出立だった。ただの緊迫感だけではなく、「軍装旅具取集め」た軍事に対応できる装いだったのである（『続未曽有後記』）。

三度目なので書くことも少ないと『続未曽有後記』の記述は淡白で、雷雨や暴雨に悩まされながら先を急ぐ旅だった。六月一八日には、景晋より三日遅れの一五日に江戸を発った近藤重蔵が、昼夜兼行して景晋に追いついた。

早馬と風説

仙台国分町で、人々が喧《かしま》しく騒ぐので前方を見ると、野服を着た壮年の男が乗った二騎が、鞍の鈴に合わせて声を上げながら駈けて来るのが見えた。早打ち馬なので、ロシア艦襲撃事件で何事かあったのでは、と従者や市中の者を不安にさせた。その二騎が景晋の駕籠の前に止まり、箱館奉行所の同心（大貫専助と天野喜右衛門）で、奉行から江戸へ至急の注進に行く途中で江戸からの使者に会ったら渡せと命じられたと説明し、書状を差し出した。景晋は受け取り、先を急げと行かせた。何事かと書状を読むと、内容のないただの挨拶状だった。深刻そうな早打ち馬と、中身のない書状との落差に景晋は呆れかえった。

景晋は、仙台に至るまでに聞いたロシア艦襲撃事件に関する三つの風説《ふうせつ》を書き留めている。①賊徒は青森まで進出し一郡を焼き払った、②賊徒は津軽海峡を封鎖し蝦夷地をすべて占領した、③松前・箱館で合戦があり、幕府兵が敗北し奉行も吏員も捕虜になった、という虚説だが、何とも悲観的な「戦況」が噂されていた。

このような風説がまことしやかに流れているときに、早打ち馬があればまた尾ひれがついて噂されるので、大げさな早打ちは不愉快だと景晋は怒っている。箱館奉行が中身のない書状をもたらしただけに、余計に腹がたったのだろう。

早打ちの重要情報

景晋は早打ち馬に不快感を露《あら》わにしたが、それがもたらしたロシア艦情報は幕府にとってきわめて重要だった。景晋は、後日に聞いたことを『続未曽有後記』に、「二騎の卒、十九日三厩《みんまや》に渡海し、即時に馬を乗出すより昼夜馳通《はせとお》し廿七日に江都《えど》に至り、政府の許に表状を捧るまで片時も気たるまずとか、心も剛に身も健なること、乱世のむかしも聞も及ばず、昇平の今日ことに及びなき勇士なり、その粉骨誉るに余り有、政府にもとりあえず恩賞給いぬと聞く、其表状にしるせしはいかなる事にやありけん」と書き込んでいる。早打ちは一九日に三厩に渡海し、昼夜兼行で馳せて二七日に江戸に到着したという。

別の史料によると、六月一九日に箱館奉行所同心二名が箱館を発ち、二六日に江戸に着いた（『休明光記』六四四頁）。箱館・江戸間わずか七日半という驚異的な早さだった。ロシア艦のカラフト襲撃を伝えた四月一一日付箱館奉行羽太正養《はぶとまさやす》の注進状は、四月二一日か二二日に江戸に着いた。これも、箱館から江戸まで所要一〇日か一一日という早さだった（島谷良吉『最上徳内』一六二頁）。それよりさらに速く到着したのだから、驚くべきものだった。

景晋は、早打ちで伝えた情報を知らないようだが、ロシア艦がカラフトとエトロフから連行し、リシリで解放した番人が、知り得た情報を伝える重要なものだった。それは、①ロシアの要求は通商、②ロシア艦は一〇〇〇石積みと三、四〇〇石積み程度の二艘で、乗員は合計で六四、五人、③今年は帰国予定、というものだった（「ヲロシヤ船より帰帆いたし候唐太・エトロフ番人共口書写」『魯人再掠蝦夷一件』二）。

幕府はこの情報を得た翌二七日、虚説を否定するため、ロシア艦の動向を伝える触書《ふれがき》を出した（『御触書天保集成《おふれがきてんぽうしゅうせい》』下、六五三七号）。ロシアの要求は通商だけ、大軍で攻撃するつもりはなく、しかも今年は帰国予定という情報に幕府はひと安心したらしい。

六月二六日に一関から花巻への途中、鎮守八幡宮に参詣した。ロシア艦襲撃という外寇に対処する「北征」という意識の景晋には、心中に思うところがあったらしい。

昨年の七月六日は、江戸に帰るため箱館から海峡を渡り、佐井《さい》に泊まった日だったのに、今年の七月六日は「北征」の真ったただなかと、しばし感慨に耽《ひた》っている。翌七日の田名部《こなぶ》では七夕に思いをよせ、「くるとしもくるとしも山川万里の旅の空、嗚呼、嗚呼」と、文化二年長崎、二～三年蝦夷地、四年蝦夷地、来る年も来る年も長途の旅を繰り返すわが身を振り返り慨嘆する。一二日に佐井から津軽海峡を渡り箱館到着。近藤重蔵も同日着。

七月一三日に箱館奉行所に行き、以降は公務処理に忙殺された（「凡官事務日夜蝟集す」）。一八日は箱館市中の巡見、二四日は、享和三年（一八〇三）に漂流し、文化三年四月にロシアからエトロフ島に帰り、翌年四月に箱館に帰還した南部藩領牛滝村（青森県佐井町）の船頭継右衛門らの「口状《こうじょう》」を読み、「辛苦言語同断《（道断）》」と同情する。「とう《（問う）》にもうし《（憂し）》語るもうしたき《（牛滝）》の　落る命を継右衛門かな」と戯れに箱館奉行の羽太正養に贈ると、「命あればまた廻り来る小車や　うしたき村のうしと見し身も」と返してきたという。「牛滝」の「牛《うし》」と「憂《うし》」をかけた、幕府役人間の「贈答歌」である。

東北諸藩兵の演習見分

七月二六日、若年寄の堀田正敦の一行、上下三三七人が箱館に到着した。堀田の旅宿で会合して協議が始まり、景晋はますます公務処理に忙殺された。箱館奉行は五月一八日に、盛岡藩と弘前藩に軍勢の増派、さらに秋田藩・庄内藩に援兵を求め、その軍勢が箱館や松前などに布陣していた。堀田正敦らとともに、八月一日は大筒場《おおづつば》、三日は大森浜で盛岡藩、四日は七重浜《ななえはま》で秋田藩の演習を見分した。このうち秋田藩は、侍大将の器量、士卒の攻撃、矢丸《やがん》（弓・鉄砲）がよく鍛錬されていると、堀田から讃えられた。

八月九日、堀田らは近郊の視察に出かけ、景晋と箱館奉行羽太正養は留守番だった。

一〇日は、慰労のため属僚を集めて酒肴麦飯を用意して談笑し、ぐっすり寝たという。

八月一九日に松前へ移動。旅宿が昨年泊まった宿の隣で、商店も道筋も同じなので「古郷のここ地」がするという。昨年、越冬・越年のため、四ヵ月半も松前に滞在したからである。二〇日に三燈山の稲荷社に参詣。交流のあった神主は死去し、その子が嗣いでいた（後述二五三頁参照）。

八月二六日に、若年寄の堀田らが東蝦夷地から松前に到着、二七日に立石野《たていしの》で庄内藩軍勢の演習を見分し、江差に向かった。九月五日に景晋は、堀田とともに立石野で、弘前藩軍勢の陣立て駆け引き、および江戸から下ってきた森重の火術を点検した。

景晋は九月五日、江戸への帰途に、東北地方東海岸の要害・地理を見分するよう命じられた。一二日、若年寄堀田らとともに渡海、三厩に着いた。いっせいだったため景晋は三厩に泊まれず、今別《いまべつ》（青森県今別町）まで進んだ。風待ちで一〇日以上も足止めを食ったため、かなり鬱屈していたらしく、やっと穏やかに安眠したという。

属僚として箱館・松前まで景晋に同行していた近藤重蔵らは、八月二日に近藤と小人目付田草川伝次郎らがリイシリ（利尻）まで、徒目付神谷勘右衛門と小人目付木村富兵衛らがクナシリまでの調査を堀田正敦から命じられ、景晋と別れた。一〇月四日、石巻に着いた景晋のもとに、イシカリ（石狩）から近藤の手紙が届いた（以上、『続未曽有後記』）。

近藤らは九月一日にイシカリに着き、調査結果と提言、およびイシカリの現状と将来、同地が蝦夷地第一の要地になるだろうなどと記した三名（近藤・山田忠兵衛・田草川）連名の御用状を、景晋に送ってきた（『大日本近世史料　近藤重蔵蝦夷地関係史料』二、三五六〜三五八頁）。また、このときに作成した「天塩川川筋図」と「石狩川川筋図」が残されている（同前三、一〜一四三頁）。

三　三陸から鹿島まで巡検

東北地方東海岸の巡検

東海・北海の地勢を見てこいという幕府の命により、大目付中川忠英が使番村上義雄を従えて竜飛崎から越後まで（北海）、目付景晋が南部から常陸鹿島（茨城県鹿嶋市）まで（東海）を巡検することになった。なお、文化三年（一八〇六）秋から翌四年三月まで、最上徳《もがみとく》内《ない》が常陸・陸奥・出羽の海岸見分を命じられ、鹿島灘から鼠ケ関《ねずがせき》（山形県鶴岡市）まで廻った（島谷良吉『最上徳内』一五九頁）。景晋らは、三陸から海岸沿いの浜街道を南下し鹿島までだった。

浜街道は、リアス式の三陸海岸を通る道で、「海面から幾重もの山脈がそそり立ち、その山峡が湾をなして漁村が形成される。北上高地から肋骨《ろっこつ》のように伸びる山脈は、幾筋もの川が太平洋に向かい」と表現される地形の「山脈や河川を越える」海岸沿いの山道を進んだ（瀧本壽史・名須川溢男編『街道の日本史五　三陸海岸と浜街道』五頁）。蝦夷地ほどではないものの、困難のつきまとう旅だった。

巡検の結果である里数・戸口・要害などは、奉職復命の簿帳絵図に詳しく書いたという。『続未曽有後記』には地形の記述が多いが、遠見番所や海岸防備態勢の現状、町村の産業と人口、民情なども具体的に書き、さすがに目付と思わせる内容である。

一行は九月一七日、下北半島を廻る徒目付の三輪善平、小人目付の金子五郎吉と、五戸《ごのへ》から八戸《はちのへ》に向かう景晋と徒目付の加藤才助の二手に分かれた（『続未曽有後記』）。景晋らは、一七日に八戸城下に宿泊し、手厚くもてなされた。城下の繁栄は盛岡につぎ、戸数は一〇〇〇戸を超えるとふんでいる。一八日から八戸街道（久慈街道）を進み、一九日は製塩の盛んな久慈通りの塩焼き釜などを見分。二〇日に通った久慈村では、景晋のような幕府高官の通行は初めてとのことで、近郷近在の老少がこぞって見物にきたという。

九月二二日には連日の難所続きに疲れ、「疝積《せんしゃく》にて体中頗る悪しく」筆をとるのも辛いという。野田から宮古まで三日三夜の艱難で、まことにきつい道中だった。

この数日間、村々で迎える者が「老幼女児」ばかりなのに気づいた景晋は、男はみな通行の人足に動員されているのではないかと推測し、付添の盛岡藩士に夫役《ぶやく》の数を減らすよう申し入れた。盛岡藩士は、この海岸沿いの道を幕府高官が通ったことはいまだかつてないし、今後もないかもしれないので、男たちは役夫に出ることをまたとない幸福と考え、慕ったわけではないのに集まってくるので止めようがない、と答えたという。村人の本心かどうかはともかく、これを聞いた景晋は、「御威光仰ぐべく、且は山里の朴実《ぼくじつ》憐むべし」と、将軍の御威光のありがたさと三陸沿岸の人々の純朴さに感動する。

九月二八日に、田茂山町（岩手県大船渡市）で下北半島を廻った徒目付の三輪善平らと合流。一〇〇〇戸が取り巻く繁昌の地、気仙沼《けせんぬま》に泊り、一〇月一日は、「丹後の天のはし立の絵の心地」がする風景を見ながら志津川《しづがわ》（宮城県南三陸町）着。四日は、塩焼場を見ながら石巻（宮城県石巻市）着。石巻は、名高き湊でたくさんの船が停泊し、人口も一〇〇〇〇戸を越え、仙台藩の米蔵もある「通商便利、鶏鳴狗鳴、飽食暖衣のさま」とその繁栄を表現している。それまで「人も通わぬ辺鄙、悪路の艱難」をめぐる旅だったので、この石巻では仙台藩の接待もあり、晴れ晴れとしてこれまでの苦難を癒している。六日は仙台藩主手配の船で、船頭の船歌をいくつか聞きながら半日の松島遊覧を楽しみ、「絶景奇勝」は精神を養う最良の薬だと書く。

小名浜《おなはま》（福島県いわき市）を過ぎて、棚倉藩《たなぐらはん》の表玄関と言われ陣屋のある港町平方《ひらかた》（潟）、水戸藩付家老の中山備中守信敬《のぶたか》の居城である松岡城を樹間に見ながら、高萩《たかはぎ》（茨城県高萩市）を経て介川村着。途中の赤浜村（同前）辺で、ここ出身の地理学者長久保赤水《ながくぼせきすい》（一七一七〜一八〇一）についてその消息を案内の村役人に尋ねている。赤水は六年ほど前に八〇数歳で亡くなり、男子三人が分家して農業に勤しみ、長男はなお藩から俸禄を与えられているが、読書・著述を継ぐ者はいないという。城下水戸の外港、那珂湊《なかみなと》に泊り、水戸藩士が景晋らに労《ねぎら》いの言葉を述べ、飲食に至るまで丁重だったらしい。一六日は汲上村（茨城県鉾田市）に泊ったが、それまでの大大名のようなもてなしとうって変わり、建物と食べ物の汚さはアイヌのそれよりひどかったと記す。

一〇月一七日に鹿島に至り、鹿島神宮に詣でて御師《おし》の宿に泊。この鹿島の海岸で任務終了となった。九月一八日に八戸を出て、約一ヵ月で任務を遂行したことになる。しかも、属僚も家僕も一人も病むことがなかったのは、天運神力によるものと感謝する。

一〇月一八日、帰郷の旅立ちを鹿島浦からするとはめでたい（「鹿島立ち」）と拝礼し、江戸を目指して旅を急ぎ、二二日に江戸に帰着した。江戸を出るときは、いざ合戦かという騒ぎだったがことなく収まり、夢から覚めたような感覚とともに江戸に戻った。使命を全うした満足感に溢れて帰宅、「殊更に笑言唖々たり」と紀行文を結んでいる。

若年寄の堀田正敦と使番小菅正容らは、景晋より早く江戸に帰着していた。使番の小菅と村上義雄は一二月一一日、再び来春の蝦夷地出張を命じられたが、景晋は命じられることはなく、この文化四年の三回目が最後の蝦夷地出張になった。

景晋と箱館で別れ、リシリまで（実際にはソウヤまで）の調査を命じられた近藤重蔵らは、景晋より二ヵ月近く遅れて一二月八日に帰府した。景晋は近藤へ、蝦夷地とロシアの処置などについて意見を求める若年寄の堀田正敦の指示を伝え、近藤は数通の意見書を提出した（『大日本近世史料　近藤重蔵蝦夷地関係史料』二、三八八～四〇一頁）。クナシリまで調査に赴いた徒目付の神谷勘右衛門と小人目付二名は蝦夷地で越年し、文化五年二月一三日に帰府した。蝦夷地から戻った徒目付と小人目付は二月一七日、景晋の屋敷で寄合を開いている（『文化日記』）。

同行者に特段の褒美を願う

景晋は、東西蝦夷地を調査した近藤や配下の徒目付・小人目付への褒美を、堀田正敦に掛け合っている。リシリ・ソウヤ・クナシリなどの奥地まで、冬季の雪と厳寒の中、人跡未踏の山野で野宿する艱難（『大日本近世史料　近藤重蔵蝦夷地関係史料』三、二〇〇頁）を凌いで調査してきた近藤らは、前年秋に帰府したほかの役人たちとは異なる大変な苦労をしたとして、幕府からの褒美に特段の配慮を求めた（同前、一四四～一四六頁）。

その上申書の案文は、近藤が作成したらしい（同前に近藤が書いた草案がある）。景晋は三月一日、「東西蝦夷地見分帰御褒美再願」を、神谷勘右衛門が書いた「くなしり見分并道中風聞二冊」とともに堀田正敦に提出した。そして三月一六日、近藤、神谷、御鷹野方の山田忠兵衛、小人目付の田草川伝次郎・小林卯十郎・木村富兵衛に、特段の配慮があったかどうかわからないが、幕府から褒美があった（『文化日記』二）。

第七　朝鮮通信使易地来聘御用

一　朝鮮通信使来聘御用掛を拝命

朝鮮人応接担当拝命

遠山景晋《とおやまかげみち》は、二度目の蝦夷地《えぞち》から戻って約三ヵ月後、文化《ぶんか》四年（一八〇七）正月二九日に「朝鮮人来聘《らいへい》御用懸《かかり》」を命じられ、朝鮮通信使を対馬《つしま》で応接する易地聘礼《えきちへいれい》を担当する一員に撰ばれた（『文化日記』）。二年前の長崎行に続く「西征」に備え、各種の会合に参加した（後述）。景晋の次の大きな任務は、朝鮮通信使来聘御用であり、結局、文化六年と八年の二回に渡り対馬へ出張することになる。

易地聘礼への経緯

文化八年、一一代将軍徳川家斉《とくがわいえなり》の将軍襲職《しゅうしょく》を祝う朝鮮通信使が対馬を訪れ、国書交換などの外交儀礼を挙行した。これを易地聘礼、あるいは易地行聘《ぎょうへい》と呼ぶ。朝鮮通信使は、江戸時代に前後一二回来日し、外交儀礼は、それまで朝鮮通信使が江戸まで赴き行なわれてきたが、第一二回は対馬で挙行され、結果として最後の通信使来日になった。新将軍襲職を祝う朝鮮通信使は通常、将軍宣下《せんげ》後三年で来日した。家斉は天明《てんめい》七年

（一七八七）四月に将軍に宣下されたので、寛政《かんせい》二年（一七九〇）頃に来日する予定だった。寛政の改革を推進していた老中《ろうじゅう》松平定信《まつだいらさだのぶ》は天明八年六月、来日延期を朝鮮と交渉するよう対馬藩に命じた。理由は、長く続いた天明の飢饉による国内の疲弊と幕府の財政難だった。朝鮮側は当初これを拒否したが、同じ財政難の国内事情もあり、寛政元年三月に合意した。

さらに松平定信は寛政三年五月、易地聘礼へ変更するよう対馬藩に交渉を指示し、江戸時代の日朝外交儀礼の大転換を目指した。理由は財政難だが、理論づけ合理化したのは、朝鮮蔑視観である。新井白石《あらいはくせき》が強調した、朝鮮はもと属国、朝貢国《ちょうこうこく》だから、多額の金を使って盛大に外交儀礼を行なう意義はなく易地聘礼が妥当、という考え方である。定信も、白石や儒学者で大坂の懐徳堂《かいとくどう》学主の中井竹山《なかいちくざん》らの説に同調し、国内の疲弊、幕府の財政難の中、盛大に外交儀礼を行なう意義はないとした。外交儀礼の大転換なので交渉は難航、寛政六年に朝鮮側が拒否したため、幕府も易地聘礼をとりあえず断念し、聘礼延期の合意のみに戻った。

難航する交渉

易地聘礼交渉は難航した。江戸幕府は、財政困難の中、易地聘礼により日朝外交関係を維持するという松平定信以来の方針で一貫していた。しかし、外交実務を担う対馬藩では、従来通り江戸で聘礼を行なうことを主張する一派と、易地聘礼を受け入れようとする一派で藩内が対立した。朝鮮側も、国王の代替わりも加わって朝鮮王朝内部の政治的対立が激しく、対日外交について、従来通りを主張する勢力と易地聘礼を認める勢力とが対立して争っていた。対馬藩内部の対立抗争と、朝鮮王朝内部の政治的対立が複雑に絡み合って、易地聘礼交渉は難航した。

寛政九年九月には、朝鮮側の東莱府《とうらいふ》（釜山《プサン》にあった朝鮮の地方行政機関で対日外交を担う役所倭館《わかん》を管轄）の訳官（訓導）と対馬藩担当者の間で、「省弊」（経費削減）を条件とする易地聘礼の合意が成立し、それを承認する東莱府使からの文書も出された。そののち細目に関する交渉が続き、文化元年五月に対馬藩は、己巳の年、すなわち文化六年に易地聘礼を行なうことを幕府に報告し、許可された。つまり、家斉の将軍襲職を祝う朝鮮通信使の易地聘礼は、文化六年に挙行されることが決まったのである。このことは、文化元年六月に、近年のうちに易地聘礼が行なわれると諸大名らに公表された（『御触書天保集成《おふれがきてんぽうしゅうせい》』下、六五九八号）。

朝鮮通信使易地来聘の態勢

幕府は、易地聘礼を発表するとともに挙行態勢を整えるため、老中以下の担当者を任命していった。まず文化元年六月二日、老中の戸田氏教《とだうじのり》に朝鮮人来聘御用を命じた（戸田は文化三年四月二六日に死去し、同年四月二九日に老中牧野忠精《まきのただきよ》に代わった）。九月一日に若年寄《わかどしより》の京《きょう》極高久《ごくたかひさ》、一〇月六日に寺社奉行の脇坂安董《わきさかやすただ》、大目付《おおめつけ》の井上利恭《いのうえとしやす》、勘定奉行の柳生久通《やぎゅうひさみち》・

中川忠英《なかがわただてる》、勘定吟味役の村垣定行《むらがきさだゆき》、目付の松平康英《まつだいらやすひで》・土屋廉直《つちやただなお》、大学頭林述斎《だいがくのかみはやしじゅつさい》が、いっせいに朝鮮人来聘御用掛に任命され態勢を整えた（『通航一覧』第二、一頁）。

『通航一覧《つうこういちらん》』第二（二〜七頁）によると、目付宅、寺社奉行の脇坂宅（上芝口一丁目海手。港区東新橋一丁目）、辰の口（千代田区丸の内一丁目）伝奏屋敷などで、断続的に来聘御用掛の会合を開いている。易地聘礼を挙行するため、通信使の旅宿の新造や外交儀礼を行なう対馬藩主居館の増改築などが必要になり、幕府は文化二年七月に一万両（『御触書天保集成』下、六五九九号）、同四年三月に八万両、同六年一一月に三万両という巨額の工事費を対馬藩に下付した。

幕府はこの工事の点検・監督のため、文化二年一〇月に、来聘御用掛目付の土屋廉直、同勘定吟味役の松山直義《まつやまなおよし》を対馬に出張させた。なお、土屋は対馬の地理、歴史、藩の内情、交渉の進展状況などを調査し、報告書「対州にて見及候趣申上候覚」を作成した（東京大学史料編纂所所蔵特殊蒐書「阿部家史料」）。さらに文化四年に入ると、工事の点検・監督のみならず、対馬藩の藩内事情、朝鮮との交渉状況を把握するため、寺社方・勘定方、目付配下の徒《かち》目付・小人《こびと》目付らを一年交代で対馬に駐在させた。

易地聘礼の頓挫

易地聘礼は順調に進むかに見えたが、朝鮮側が文化二年六月に訓導を交代させると、一変してしまった。旧担当者を取り調べ、外交文書偽造と贈収賄の罪科で、かつての訓導ら四名を、同年九月に釜山にある倭館の外で獄門《ごくもん》（梟首《きゅうしゅ》）に処した（「奸訳《かんやく》事件」）。倭館では、当時も館守《かんしゅ》以下四五〇人の対馬藩士・藩民が常駐して朝鮮との外交と貿易にあたっていた。対馬藩は朝鮮側に易地聘礼の挙行を要請したが、文化三年六月に拒否されてしまった。対馬藩と朝鮮側は押し問答になり、事態は膠着状態になった。つまり、朝鮮王朝内部の政治的抗争も加わり、易地聘礼の合意は外交文書偽造による虚構になってしまったのである。

来聘御用掛拝命と中断

景晋が朝鮮通信使来聘御用掛に任命された文化四年正月は、幕府が公表した文化六年易地聘礼が暗礁に乗り上げていたときだった。

景晋は、文化四年正月二九日に若年寄の井伊直朗《いいなおあき》から「朝鮮人来聘御用懸」を命じられた。これは前日に堺奉行へ転任した、来聘御用掛で目付の土屋廉直の後任だった。同掛で目付の松平康英も晦日に長崎奉行への転任が決まり、二月五日、その後任には目付の佐野庸貞《さのつねさだ》が任命された（以下、『文化日記』、『通航一覧』第二による）。

文化四年二月二日、景晋は来聘御用掛で寺社奉行の脇坂安董の屋敷で開かれた寄合《よりあい》に初めて出席した。四つ時（午前一〇時）に参着し、八つ時（午後二時）過ぎに終わったので、四時間に及ぶ会合だった。二の日（二日・一二日・二二日）が定例の会合日だったが、臨時の寄合もしばしば開かれている。

景晋は二月四日、老中牧野忠精に会って来聘御用について相談した際、御用掛の目付二人がほぼ同時に転任したことについて何事か申し入れると（引継ぎが困難という主旨の「苦情」か）、牧野からじっくり申送りをするよう松平康英に話すと伝えられた。五日に、堺奉行に転任になった前任の土屋廉直宅で事務引継ぎをしている。

二月二〇日の臨時寄合では、「来聘次第書」と「絵図」の清書を評議し、翌二一日に脇坂以下の御用掛が、「来聘御次第書」三冊と「絵図」を江戸城新部屋で老中牧野忠精へ提出しており、準備作業が着々と進んでいる様子がうかがえる。

その一方で、文化四年二月晦日に、勘定の久保田吉次郎、徒目付の野中新三郎が聘礼交渉の現状調査のため対馬に派遣され、同年一一月には両名からの報告があり、幕府は対馬藩と朝鮮との交渉の現状を知った。

来聘御用掛が会議を重ねる中、文化四年三月二九日、文化六年易地聘礼に豊前小倉藩主の小笠原忠徳《おがさわらただやす》を正使、寺社奉行の脇坂安董を副使として派遣することが発表された。さらに四月一日には、御用掛の景晋と井上・柳生・佐野および林述斎が、随員として対馬に派遣されることを命じられた。四月一九日には景晋宅に大目付井上と目付佐野が来て「次第書の再調べ」をするなど、なお検討を続けている。

景晋は、来聘御用掛として準備を進めていたが、先に触れたように、蝦夷地でのロシア艦襲撃事件が起こり、六月四日に余人をもって代え難いとして蝦夷地出張を命じられた（九七頁参照）。このため、景晋の来聘御用掛業務は一時中断した。もちろん、留守中も来聘御用掛は作業を続け、会議を重ねていた。

来聘御用掛の再開

景晋が不在の間に、朝鮮と対馬藩の易地聘礼交渉は新たな展開を見せた。文化四年九月に朝鮮側の訓導玄義洵《げんぎじゅん》らが、対馬藩が「奸訳事件」を幕府に報告し、新たに易地聘礼を要請する文書を差し出すならば、朝鮮側は応じる用意があるとの伝令（『通航一覧』第一、四二五〜四三七頁）を渡してきた。条件付きながら、易地聘礼の展望が見えてきた。対馬藩は、一一月二五日にこの伝令を寺社奉行脇坂に提出し、対馬藩家老大森繁右衛門の工作が功を奏して、偽書云々《うんぬん》の問題は不問に付され、幕府は一二月二日、対馬藩が新たに易地聘礼を要請する文書を朝鮮に送ることを許可した。

景晋は一〇月二二日に蝦夷地から戻り、文化五年正月から来聘御用掛の役務を再開した。その正月四日に、対馬在勤の勘定久保田吉次郎と徒目付の野中新三郎からの情報が届き、さらに臨時に対馬から江戸に戻った小人目付の古沢常吉がその詳細を伝えた（『通航一覧』第一、四二六〜四四三頁）。それは、朝鮮側は易地聘礼自体を拒絶しているのではなく、文書偽造により易地聘礼を行なうのは受け入れ難いので、「易地聘礼は幕府の意向」である旨を文書で伝えれば展望は開ける、という主旨だった。

易地聘礼問題の進展

対馬藩と幕府の間で、朝鮮側に渡す新たな文書を協議し、対馬藩は文化五年六月、幕府の許可を得た新たな文書を朝鮮側に渡し、さらに交渉担当者を一新し、用人重松此面《しげまつこのも》を倭館に派遣して交渉にあたらせた。朝鮮側は、対馬藩が「奸訳事件」を幕府に報告し、易地聘礼が幕府の意向であることを保証したうえで易地聘礼を求めるならば応じる、と回答してきた。対馬在勤役人がもたらした情報通りに、事態は動いたのである。

その後も対馬藩と朝鮮側は折衝し、朝鮮の訳官らが対馬を訪問した際に幕府役人と面会し、幕府の意向を確認する、という手順が決まった。朝鮮側は、易地聘礼は対馬藩の策略ではないかと疑っていたので、それが幕府の意向であることを確認したかったのである。こうした経緯で、朝鮮側訳官と面会する幕府役人が必要となり、後述のように、景晋が指名され、文化六年に対馬へ出張することになるのである。

御用掛の目付たちは、対馬へ派遣した徒目付と小人目付が送ってくる「密書」などの情報を判断材料にし、さらに対馬から戻った徒目付らから直接聞き取ったりもしている。

文化五年九月二三日には、予定されていた文化六年の易地聘礼が迫って来たことから、対馬に出張する予定の人々から、出発日限などの問い合わせが聘礼御用掛にあったらしく、回答について議論している。入り組んだ複雑な事情を説明できないことから、老中に伺ったうえ、朝鮮との交渉がまだ決着しないので、聘礼は秋から冬頃に延期されるかもしれないが未定、と回答することを御用掛で申し合わせている。
その四日後の九月二七日、対馬藩家老の大森繁右衛門から書状が提出された。それは、倭館に派遣されている対馬藩士の小島宇左衛門（「再講使」）からの書状で、朝鮮の訳官らが対馬を訪問した際、幕府役人に面会し幕府の意向を確認する手順に関する、八月晦日に朝鮮側から受け取った文書だった。これにより朝鮮側の意向が明確になり、易地聘礼実現の展望が開け、朝鮮側訳官と面会する幕府役人の選定に入った。

二　朝鮮訳官使との交渉

景晋宅が焼失

景晋は文化五年（一八〇八）一一月一日、朝鮮側訳官使（一行は一〇〇人という）との交渉のため対馬出張を命じられた（『通航一覧』第二、一二頁）。景晋が撰ばれた理由には、朝鮮側訳官使との交渉なので、学問吟味首席合格に示された景晋の漢文能力とレザノフとの交渉で示された胆力が考えられるものの、一一月六日に景晋宅が自火により焼失し、手帳類も焼けて日記の記事を欠くためにはっきりしない。

幕府の命令に具体的な用務は記されていないが、『津志満日記《つしまにっき》』上によると、「朝鮮の三訳官対馬国に来たり、其《その》主義功《よしかつ》朝臣（対馬藩主宗氏）に対話し、聘礼の節目（細目）を講定（議論して定めること）する其席に臨み、万緒監視せよとの命」という。つまり、朝鮮側訳官使と対馬藩主との交渉の場に臨席し、聘礼の細部を取り決めるのを監視する目付らしい用務という。実際には、交渉の場に臨席・陪席するだけではなかった。

叙爵し左衛門尉

対馬出張の前の一二月一四日に叙爵《じょしゃく》（初めて従五位下《じゅごいげ》に叙されること）し、位階は従五位下、官職名は左衛門尉《さえもんのじょう》になり、通称左衛門《さえもん》から左衛門尉になった。これは、長く目付を務めた褒賞であるとともに、朝鮮の官人である訳官らと交渉するための釣合いか、箔付《はくづ》けだろう。

対馬への道中

景晋は文化六年二月四日、対馬に向け江戸を出発した。東海道の道中では、二月一八日に伊勢神宮に参拝、旧知だが面識のない内宮御師《ないくうおんし》の中初太夫、外宮《げくう》御師の松木館八郎太夫らが旅宿を訪れ、和歌・管弦などの雅談を楽しんだ。参拝は、御師の世話で実現した。景晋は風折烏帽子《かざおりえぼし》、大紋《だいもん》を染め出した直垂《ひたたれ》の礼装で糸巻きの太刀を従者に持たせ、衣冠を着した神宮司の長官以下の出迎えを受けた。内宮・外宮とも存分に参拝でき、長年に渡る宿願を果たした。このような参拝ができたことは「君恩の余光ならずや」と、将軍の御威光のありがたさをここでも実感する。

二月二二日に大津で、「楽器の名匠」神田大和掾《かんだやまとのじょう》が「伶工《れいこう》」安倍加賀守を伴って旅宿を訪れ、琵琶について語り合った。翌二三日には伏見で、長年文通をしていた西園寺家《さいおんじけ》

（琵琶を家職にする公家）の家司《けいし》の西村正邦が訪れ、「雅俗の談話」をしている（後述二四八頁参照）。二四日に大坂に着き、二八日に出発するまで住吉神社・四天王寺など各地の寺社や名所を廻り、酒食に飽きるほど各地の「市正里長」らの歓待を受けた。

三月三日には、山陽道屈指の古社の吉備津神社《きびつじんじゃ》（岡山市北区）に詣り、湯釜《ゆがま》を用いて音色の大小・長短で吉凶を占う「鳴釜神事《なりかましんじ》」が行なわれる御釜殿を訪れた。吉凶のほどはともかく、釜が鳴動したので一同喜んだと書いている。なお、宮島（広島県廿日市市）では船を雇って厳島神社に詣で、『みち笠の記』という神事や地理を詳細に記した板本を、珍本として購入した。

神功皇后伝説の跡をたどる

三月一四日に九州に入り、唐津街道《からつかいどう》を西へ進んだ。一七日には、神功皇后《じんぐうこうごう》を祀る香椎《かしい》宮《ぐう》（福岡市東区）に行こうしたが雨脚が激しく、従者らの疲労に配慮して諦め、箱崎八幡《はこざきはちまん》宮《ぐう》（福岡市東区）に詣でた。鳥居と社殿が戌亥《いぬい》（北西）、すなわち朝鮮の方角に建てられ、「敵国降伏」の扁額《へんがく》が楼門《ろうもん》に掲げられているのを確認している。この「敵国降伏」は醍《だい》醐天皇《ごてんのう》の宸筆《しんぴつ》（写しで原本は秘されていると記す）と、貝原好古《かいばらこうこ》『八幡宮本紀《ほんき》』（元禄《げんろく》二年〈一六八九〉自序）から引くが事実ではない。箱崎八幡宮は元寇《げんこう》の際に信仰を集め、のちに亀山上皇《かめやまじょうこう》（一二四九～一三〇五）が、健治《けんじ》元年（一二七五）に社殿再興の際、紺紙《こんし》に金泥《きんでい》で「敵国降伏」と書いて奉納した。扁額の文字はそれを写したものである。易地聘礼交渉に向かう景晋は、朝鮮を鎮定する、降伏させる神威を借りたいという思いだったのだろう。

箱崎八幡宮一帯は、神功皇后伝説に散りばめられている。仲哀天皇《ちゅうあいてんのう》（第一四代と伝承される天皇）の皇后である神功皇后が、熊襲《くまそ》討伐のため天皇とともに九州に赴き、天皇が急死すると、妊娠中にもかかわらず神託により新羅《しらぎ》（古代朝鮮の国名）に遠征して服属させ、高句麗《こうくり》・百済《くだら》（ともに古代朝鮮の国名）も帰伏させて、凱旋後に応神天皇《おうじんてんのう》（第一五代と伝承される天皇）を産んだとされる（三韓《さんかん》征伐伝説）。この伝説は、古来、朝鮮は日本の属国だったとする意識を生み、朝鮮を蔑視する有力材料になった。

景晋は、博多湾一帯の「千代の松原」について詳細に書く。貝原好古の著作から引き、応神天皇誕生のときの胞衣《えな》を箱に入れてこの地に埋め、「しるしの松」を植えたという神功皇后ゆかりの伝説を記す。箱崎八幡宮楼門では敵国降伏の額、松林では神功皇后伝説、このように景晋は、朝鮮を降伏、服属させる神威と伝説にどっぷり浸っている。

福岡藩の城下を過ぎた姪《めい》の浜の松はいわゆる「生《い》きの松原」で、神功皇后が松の枝を折って逆さに挿し、もし朝鮮を従えることができれば松は生えてくると述べ、（三韓を切り従え）実際に生えてきたので「生きの松原」と名づけられたという。また、その先の玉島川では神功皇后の魚釣り伝説に触れている。それらは、朝鮮との交渉に赴く景晋を鼓舞する心の支えのようであり、その心奥を覗《のぞ》かせるものだろう。蝦夷地に向かえば義《よし》経《つね》伝説、朝鮮との交渉に向かえば神功皇后伝説なのである。

　三月一九日、唐津《からつ》の城下（佐賀県唐津市）に至り、桑名城にも勝る、とその城塁の堅固さと櫓の壮観さを讃える。翌二〇日に呼子《よぶこ》（同前）に着くと、対馬藩の小島宇左衛門が景晋の到着を待っていた。訳官使の件で、景晋が対馬に到着する前に伝えておきたいことがあるとのことで、藩主から派遣されたという。小島から、訳官使の名前、その乗船の新造、任官覚書、そして訳官使の到着が遅れることを伝えられた。またこの日、対馬在勤の徒目付らからの書状も受け取った（「九下　御目付　訳官使面会対州御用日記」、以下「対州御用日記」と表記）。

壱岐島に渡る

　呼子は天然の良港で、古来より壱岐《いき》・対馬を経て朝鮮に渡るルート上の港だった。景晋は二五日まで滞在したが、捕鯨の基地だったので、捕鯨業者三名の見事な家を見たものの、乾し肉などの悪臭に苦しんだ。名護屋《なごや》（佐賀県唐津市。豊臣秀吉が朝鮮出兵の際、本営として築城した名護屋城）の徳川家康「御陣場跡」を見学しようとしたが、手続きが厄介で見送っている。二二日には、唐津藩の船で加部島《かべしま》を遊覧し、絵図に書かせている。

　三月二六日、壱岐島を領有する平戸藩手配の船で呼子を出港し、雨天だったので約二六キロ離れた南端郷《ごう》の浦《うら》に着き、船中で一夜を明かした。翌二七日、島の西側を廻って勝《かつ》本浦《もとうら》に到着した。

女蜑の働きぶりに驚愕

勝本までの船旅で景晋の目を驚かせたのは、女蜑《おんなあま》（海女）の働きぶりだった。まず、郷の浦から勝本浦まで景晋らの乗船を曳く船を、男まさりに漕ぐ女性たちに一同驚き、勝本浦に着くと、女蜑たちが海に潜り鮑《あわび》や栄螺《さざえ》を採る様子を見物した。ふんどしを締め裸になった女蜑が、鉄の鎌を持ち、船から真っ逆様に飛び込み、わずかな間に貝を採って船に戻る様子も、一同を驚かせたという。景晋は、女に生まれてこのような働きをするとは、と呆れるとともに、同情の念を深くする（「おもえばあわれもふかし」）。これは、江戸住まいの旗本の常識的な感懐だろう。

その夜は風呂に入り、旅宿で平戸藩による饗応があり、かなり立派な食事だったらしい。宿舎は捕鯨で財をなした土肥惣右衛門の屋敷で、ただ豊かだけではなく、雅事にも心を寄せたもてなしは無骨ではないと讃える。長旅の苦難もくつろぎ、元気が出てきたというから、景晋には楽しい夕の膳だったらしい。なお、勝本浦は平戸（長崎県平戸市）の益富家《ますとみけ》の網代《あじろ》（鯨の漁場）が置かれるなど、捕鯨業が盛んな地だった。

ここでも神功皇后伝説を書き留める。それは、神功皇后が朝鮮から凱旋して対馬から壱岐に着き、三韓に勝利したことを祝ってこの地を勝本と名づけたという伝承で、その由緒から後世に勝本社を建てて祀ったという。また、神功皇后の馬の足形がついたという石が今でもあると、貝原好古の著作から引いている。

四月三日まで勝本浦に滞在したが、本来は船中泊のため旅宿は仮の宿であり、食事は船中で食べるものを取り寄せている（「対州御用日記」）。また四月三日、対馬在勤の交代で江戸に戻る勘定野沢半之丞ら六名と面談して対馬藩の内情などを聞き、情報を収集している（同前）。

対馬に渡る

四月四日、勝本浦を出港し、対馬厳原《いずはら》（長崎県対馬市）に向かった。景晋は、壱岐から対馬は四八里（約一八八・五キロ）というがそれは大げさで、海路三〇里（約一一八キロ）、真っ直ぐならもっと近いと見込んだ（壱岐島郷の浦から厳原までは直線で七三キロ）。この日は日和がよく、船の楼上に立って漢詩を作るうちに、港の入口、寝釈迦岩《ねしゃかいわ》の岬を過ぎ七つ（午後四時頃）に到着した。対馬藩家老以下の出迎えを受け、藩士の屋敷に手を加えた宿舎に落ちついた。一同で「大渡海の無難」を喜びあったとの記述に、無事の対馬到着に安堵した一行の様子がうかがえる。

なお、訳官使らの記録によると、景晋一行の人数は、「江戸官人一行一百五十九人、渡海所率一百三十三人」と報告され、一三三人分の食料その他を負担させられた対馬島民の怒り悲しむ声が聞こえたという（李元植『朝鮮通信使の研究』四〇一頁）。訳官使との交渉だけでも、現地対馬島民に重い負担が課されたのである。

朝鮮訳官使との交渉の準備

対馬厳原に着いた翌日の四月五日から毎日、同行役人と打合せの会合を開き、準備を

遠山景晋宿舎跡
（長崎県対馬市厳原町）

朝鮮使節客館跡（長崎県対馬市厳原町）

開始した。その五日には藩主宗義功の訪問を受け、また、対馬藩士小島宇左衛門から最近の朝鮮の様子について覚書を受け取るとともに、対馬と厳原港の絵図の提出を求めた。八日には、訳官使乗船の新造が遅れているので、対馬藩の船三艘を借用したいとの朝鮮側の要請について相談を受け、承知のむね返答している。九日に、対馬藩から訳官使応対の概要書と対馬藩が朝鮮側と交渉してまとめた漢文の節目講定控えを受け取り、翌一〇日、景晋は訳官使応対の順序の問題点等を指摘し、小島宇左衛門に再度の取調べを指示した。修正された訳官使応対の次第書が一七日に届けられている（「対州御用日記」）。景晋は、対馬藩が作成した交渉のお膳立てにそのままのるのではなく、その問題点を指摘し修正させている。

景晋は、①訳官使面会の作法、②易地聘礼の商議、③藩士の処置、の三点について深謀遠慮を廻らし、取捨選択して交渉をまとめる必要があり、交渉は緩急寛猛《かんきゅうかんもう》のよろしきを得なければならない大変に難しい任務、と身を引き締める。

訳官使を待つ日々

これ以降、交渉の準備をしつつ訳官使らの到着を待つ日が続く。まず四月一一日に、聘礼の儀式が行なわれる藩主居館（屋形。大広間と饗宴の間を増築。文化三年二月起工、同六年二月竣工）を訪れて藩主に面会し、ついで大広間などを見分して出席者の座席を確認した。一三日に、城下の国分寺境内に新造された朝鮮使節が泊まる客館（文化三年二月起工、同五年七月落成。和陽館と命名）、一五日に日本側の正使らが宿泊する旅館（金石別館の改築。副使以下の幕府役人の宿舎は、藩重臣の居宅を新築）を点検している。聘礼挙行のための施設は、景晋が到着する前に準備が終わっていた。

徳川家康《いえやす》の祥月命日四月一七日には、藩主宗家《そうけ》の菩提寺である万松院《ばんしょういん》（山号は鍾碧山《しょうへきざん》。天台宗）に隣接する東照宮に参詣（月命日の五月・六月・七月の一七日も）したのち、万松院の住持と歓談。十八日は、以酊庵《いていあん》（臨済宗寺院。山号は瞎驢山《かつろ》。明治元年廃寺）に立ち寄ったが、輪番僧（京五山の学僧が輪番で派遣され〈以酊庵輪番制〉、外交文書の起草や記録の作成にあたった）の交代で支障があるため断念。二三日に対馬最高峰の有明山に登って朝鮮の山々を望見し、釜山がはっきり見えたという。二八日には、根緒《ねお》から鶏知村《けちむら》（長崎県対馬市）まで行き、さらに船で浅茅湾《あそうわん》を竹敷《たけしき》の浦から仁位《にい》（同豊玉町《とよたまちょう》）まで渡っている。翌二九日は対馬一宮、上津八幡宮《かみつはちまんぐう》（現海神神社《かいじんじんじゃ》）に詣った。宮の下の浜は朝鮮と相対している。翌日は、朝鮮使節随員らの乗船を繋ぐ大須保浦などを視察し、鶏知村に宿泊。この村は、「辺鄙の辺鄙」、加えて蜜蜂を飼育しているため、うっとおしく、むさくるしく、きたならしく、うるさいと最大級に貶《けな》している。

その間の一九日には聘礼担当の対馬藩家老ら、二五日は聘礼担当ではない家老らを呼んで面会し、いろいろと心得を伝えたのち、何ごとか質問しおのおの回答するよう指示した。一八日に一八通、二七日に全員の回答書が出された（「対州御用日記」）。そうこうしているうちに四月も終わり、景晋は「四月も尽きぬ」と書く。なかなかやって来ない訳官使らを、じりじりしながら待つ感情の表現だろう。

五月一日には城下厳原に戻り、一〇日は藩主別邸へお忍びで行き、随員と漁を見ながら宴会をもっている。海士《あま》の泳ぎは、壱岐島勝本の女蜑と違い「いと目もいさまし」いものと映っている。

対馬藩家老大森繁右衛門の死

五月一三日に、易地聘礼の実現に苦心した対馬藩家老の大森繁右衛門が、先月二七日に病死したことを伝えられた。対馬藩の柱石で、易地聘礼の実現が見えてきたこのときに物故したことを、景晋は「惜しむべし憫《あわれ》むべし」と悼む。景晋は一四日に藩主宗義功《よしかつ》へ、大森繁右衛門の多大な功績と跡式《あとしき》のことなどに触れながら、大森死去のあとも来聘御用が順調に進むよう願う、という主旨の口上書を送った。対馬藩ではこれに応えて、繁右衛門の子繁蔵に加増し、さらに家老見習から本役へ引き上げ来聘御用掛にしたい、と老中牧野忠精へ申し上げたという。これを聞いた景元は、大森繁蔵の処遇を求めたわけではない、と書くが、藩の繁蔵への厚遇には、景晋の口上書が大きな役割を果したのではないか（「対州御用日記」）。

五月二一日には御船江のある久田浦を巡見し、港口の丘の上に建つ光清寺で納涼を楽しんだ。烏賊《いか》とり船の海面を照らす篝火《かがりび》を眺め、江戸品川の白魚をとる漁《いさ》り火に思いを馳せている。なお景晋は、厳原にある以酊庵には、嫌疑を避けるため訪問しなかった。

朝鮮訳官使の対馬到着

朝鮮訳官（堂上訳官玄義洵）使一行が、五月二四日に東萊府《とうらいふ》に到着したとの情報が二九日に入ったが、それだけで五月も終わった。景晋は「五月空しく過ぎて」と、訳官使をじりじりしながら待つ感情を再び記している。六月も、訳官使到着をひたすら待つのは変わらなかったが、一三日に訳官使釜山到着の報が入った。

六月一五日、八幡宮神社（厳原八幡宮）境内の熊野権現へ、対馬藩士らの勧めもあり神事能の見物に出向いた。この神事能は、藩主の宗義成《よしなり》と重臣の柳川調興《やながわしげおき》の争いを発端に、日朝両国国書の改竄《かいざん》の不正が露見した柳川一件で、宗氏の勝利を祈願して始まったという。なおこの一件は、寛永《かんえい》一二年（一六三五）に、将軍家光《いえみつ》の親裁により宗氏の勝利に終わった。藩主・藩士も総出で出席し、近郷近在から「老若男女貴賤都鄙」が集まり楽しむ行事という。能は、景晋が田舎の興行としては立派と感心する内容で、しかも太夫は景晋が学んだ喜多流《きたりゅう》だったのでひとしお見入ったらしい。この見物は内々だったので、同行者に心配をかけまいと能の一、二番を見て戻った。訳官使は到着せず、昼夜ともに炎暑に苦しみ、持参した琵琶「飛龍」で数曲ならして極暑を凌いでいる。

六月一七日には、訳官使応対掛の対馬藩家老氏家左織らと面談し、訳官使との交渉と準備などについて、じっくり相談した。その訳官使は、釜山を出港し、六月二七日に対馬上島の北端にある佐須奈浦《さすなうら》に着船したことが、二九日に伝えられた（「対州御用日記」）。のである。

訳官使は、七月五日に厳原到着。ついに、待ちに待った交渉相手、訳官使が到着したのである。七月一一日、先例通りに藩主宗義功の居館で茶礼が挙行され、訳官使と藩主が対面した。訳官使は、今回の会談の目的と概要を記した礼曹参議の書簡と訳官使の覚書二通を渡した。この文書は、即日、景元《かげもと》のもとに届けられている。なお、礼曹参議の書簡には、交渉相手の幕府役人を「東武執政《しっせい》」と書いてある（田保橋潔『近代日鮮関係の研究』下、七七三頁）。執政とは老中に相当し、実際には目付の景晋だったが、朝鮮側としては執政の位置づけだったらしい。

訳官使との会談

会談は七月一五日の別宴から始まった。景晋は一一時頃に旅宿を出て藩主居館に出向き、訳官使と対面し交渉に入った。「領主の第《やしき》に行向て訳官使に対面し、年来遅滞せし易地聘礼の約定一時に畢《おわ》る」（『津志満日記』上）と書くだけで、その内容は、今には伝わらない別記に記された。田保橋潔『近代日鮮関係の研究』下などから、会談の様子を垣間見てみよう。

訳官は覚書を提示し、訳官使の使命は「太守尊公（宗義功）・東武官員尊公（景晋）」と会見し易地聘礼を取り決めることにあり、その取決め（「約条」）を江戸幕府（「東武」）に伝達するよう求め、そうすれば通信使を期日を定めて送る、という主旨だった。

景晋はこの場で、幕命を受け対馬に来た、皆様に会えてまことに幸いである、と述べたという（三宅英利『近世日朝関係史の研究』五八七頁）。ついで覚書を示し、易地聘礼は幕府の方針・意思であることを保証した（前掲田保橋書、七七六頁）。その点は訳官使の報告にも記されている（「易地通使、東武より出、旨意対馬州太守、屡年懇書なり」前掲三宅書、五八七頁）。この会談により、易地聘礼の挙行が日朝間で合意された。日朝外交の実務を担った対馬藩がすでに細部を詰めてあったので、残るは幕府の責任者による朝鮮官人の面前での保証であり、それが景晋の役割だった。訳官使との面会を終え、宿舎に戻ったのは夜の八時だった。翌日、訳官の使者が挨拶に訪れ、景晋自ら応対した（「対州御用日記」）。

節目の講定

次は、外交儀礼の細目を取り決める（「通信使節目講定」）段階に移った。それまで、通信使が江戸に行き江戸城で儀礼が行なわれていたものを、対馬の藩主居館で挙行するという抜本的な変更であり、易地聘礼が目的とした経費節減（「省弊」）の方法をめぐり、対馬藩担当者と訳官使との交渉が続けられた。景晋は七月一七日に、長く倭館に詰めてこの件で尽力したという大通詞久光市次郎に会い、様子を詳しく聞き、節目講定に尽力するよう求めている。

七月二一日には、交渉でまとまった節目の控えが届けられ、景晋は、それについて対馬藩側と協議している（同前）。交渉は二七日までにおおよその合意が成立したらしく、景晋は、「廿七日迄に聘儀の節目講定遂《と》げて、ようよう心も泰《やすら》かなり」と、ほっとした心情を吐露している（『津志満日記』上）。七月晦日に、藩主から節目の文書やそれへの訳官使の回答書などが届けられ、何か気づいた点があるかどうかを問い合わせてきた。景晋は、気づいた点はなく、よくできていると思う、と回答している（「対州御用日記」）。この経緯を見ると、景晋は訳官使との交渉に加わらないものの、対馬藩側が作成した細目案は、景晋の承認を得たものだったことがわかる（前掲田保橋書、七七八頁）。

そして、通信使は来年文化七年一二月に朝鮮を出発することが決められ、聘礼の具体的日程も明確にされた。

江戸に帰る

八月一日、景晋は訳官使との贈物のやり取りを済ませ、今回の任務を首尾良く果たした。景晋は、四日に対馬藩主に暇乞《いとまご》いをし、聘礼にあたっての注意や忠告などを丁寧に伝えている（「対州御用日記」）。九日には対馬藩家老らの重職、ついで一〇日には藩主の挨拶を受け、一八日に対馬を離れた。なお、訳官使一行は、一〇月一二日に厳原を出港し、一一月五日に釜山に帰着した。

景晋は、八月一八日に厳原を出港、順風にのり六時間後に壱岐勝本浦に到着。ちなみに、日よりの良かった往きでも九時間かかっている。勝本浦では、前と同じ土肥惣左衛門の家に泊まり、風向きが良く翌日壱岐を出港し、呼子港に着いた。二四日に太宰府八幡宮、二五日には往きに諦めた香椎宮に参拝。山陽道を利用して九月一四日に大坂着。大津から木曽路を経て一〇月五日に江戸に帰着。翌六日に登城し復命した。文化六年二月四日に江戸を出発してから、約八ヵ月の長い出張であった。

三　朝鮮通信使易地聘礼に参加

来聘御用掛の再開

目付の通常業務に復帰した景晋は、定例日や臨時の来聘御用掛の会議に出席した。文化七年（一八一〇）正月二五日に、来年八月の易地聘礼に出席する正使以下が江戸を出立する旅程について、多人数なので調整が必要になり、老中の牧野忠精に伺い出ている。二月一六日に、正使の小笠原忠徳宅（神田橋の内。千代田区丸の内一丁目）で初会合があった。約一時間ほどで終わり、その後に料理と酒が振る舞われたので、初顔合わせの集まりだったらしい。朝鮮側は通信使の出発を文化七年一二月に予定していたが、準備の都合で文化八年正月二〇日に変更してきた。幕府はこれを認め、四月一二日の来聘御用掛会議の場で老中牧野から伝えられた。

易地来聘の基本は確定したが、来聘御用掛の寄合は、二日・一二日（あるいは一三日）・

二二日を定例会としてずっと続けられている。六月二日は脇坂安董が父の忌中にもかかわらず、御用向きに支障をきたすという理由で、老中牧野忠精の指示により開催されているので、細部の詰めの作業を遅らせるわけにはいかなかったらしい（『文化日記《ぶんかにっき》』）。

文化七年一一月一一日に、正使を務める小笠原忠徳宅に御用掛と関係者たちが一同平服で集まり、通信使をもてなす饗応の予行練習をした。本膳七菜、二の膳五菜、三の膳三菜（七五三）という盛大な饗応の予行練習だった。

上使・役人の江戸出発

一二月に入ると、対馬出張を命じられた役人らに御暇の御目見《おめみえ》と賜物があり、景晋らのそれは一二月一五日で、林述斎、大目付の井上利泰、勘定奉行の柳生久通、目付の佐野庸貞、そして勘定吟味役の松山直義が出席した。景晋は、金一〇枚と時服《じふく》三羽織を拝領。そのほか、合力米五〇〇石の月割り分、旅扶持一六人分の二倍、宿代一ヵ月銀五枚づつ、別段手当金一ヵ月五〇両ずつを支給された。なお、街道で人足八人と馬五疋を無賃で使用できる、伝馬朱印状《てんましゅいんじょう》も発給された（『通航一覧』第二、三二一・三二二頁）。

来聘御用掛は、なおも儀式次第の改訂を続け、文化八年正月八日には老中牧野宅に、正使小笠原忠徳の家来を呼び、確定した来聘次第書と書取が渡された。その次第書は、老中牧野から脇坂へも渡され、牧野が同席して井上・景晋・佐野に渡された。正月一二日には変更点を確認するための予行練習が行なわれた（『文化日記』）。

正月一四日に脇坂・井上・柳生・景晋・佐野の五人一同が、将軍家斉の御前に召され、「来聘御用の準備はどうか」との下問に脇坂が答えた。今日は敷居内に入り、五人一列で障子を後ろに着座し、上意により一同は中ほどに進んだという（同前）。

易地聘礼に出席する役人たちが、正月から二月にかけて対馬に向け江戸を出立した。目付の佐野らの第一陣は正月二七日、大目付の井上利恭らの第二陣が二月五日、景晋ら第三陣は二月一二日、正使の小笠原忠徳は二月一九日、林述斎らは閏二月二八日、副使の脇坂は三月二〇日に出発した。この幕府役人と正副上使らが必要とした対馬渡海の船数は、大小八五艘に及んだ（『通航一覧』第二、三三三〜三三五頁）。

使節団の江戸出立は長崎にも伝わり、平戸藩・対馬藩以外に八〇〇〇の兵が随行し、朝鮮使節が対馬に来なければ、渡海して朝鮮を攻めよと命じられている、という不穏な噂も流れていた（『長崎オランダ商館日記』五、一二四頁）。

景晋の江戸出発

景晋は、江戸出発前に鎌倉鶴岡八幡宮参詣を希望したが、手続きが厄介なため諦めた。江戸を出発する前日二月一一日の午後四時頃、市ヶ谷月桂寺辺から出火、おりからの西北の烈風に煽られて四谷・赤坂・飯倉・赤羽と燃え広がって増上寺《ぞうじょうじ》も危うくなり、西久保の天徳寺が焼失、景晋の屋敷の目と鼻の先まで延焼した。対馬行の道具類が燃えたら大変と大騒ぎになったが、無事に鎮火した。一帯は混乱していたので、出発を一二日の午後二時頃に遅らせた。そのような事情から品川宿での見送りの人も少なく、淋しい出発になった。幸先の良くない旅立ちで、対馬の宿舎で火災にあう予兆ともなった。第一回の対馬出張を命じられた直後の文化五年一一月には、自火により屋敷を焼いたので、対馬出張はよく火難に見舞われている。

そうして文化八年二月一二日に江戸を発ち、二ヵ月近い旅をして四月四日に対馬に到着する。

道中の出来事

東海道を西に進むのが三度目だったため、『津志満日記』の道中の記述はごく簡略である。二月一七日に駿河清水（静岡市清水区）で、従者のこの地の知人に、富士山を真っ正面から見ることができる場所、龍華寺（日蓮宗。山号は観富山）に案内された。そこから見る富士山は、先年、住吉内記《すみよしないき》に写してもらった雪舟の絵に「つゆたがわず」と感動。

二月二七日に大津で、例の楽器師神田大和掾と会い、光格天皇《こうかくてんのう》（在位一七七九〜一八一七）による楽道再興のありがたさを語るのを聞いている。閏二月四日には兵庫で、二年前の対馬行の際に神田が話した「箙の梅《えびらうめ》」の古木で造った琵琶を、所蔵者の神戸の醸造家米屋藤右衛門が持参し見ている（後述二四九頁参照）。

閏二月八日に再び吉備津神社に詣って供物を捧げ、釜殿の鳴動を聞いて「奇瑞霊験」あらたかなるを期待、易地聘礼の無事終了に神の加護を願ったか。なお、江戸の景晋の屋敷でも、炊事場の釜が鳴り出した。文化七年春までしばしば、夏は減ったが秋にまた頻りに鳴り、暮れから翌春の初めまで月に五、六度も鳴り、家中の者は吉事を期待し楽しみにしていたという。同月一三日、再び厳島神社に詣っている。前回と異なり、神功皇后伝説の跡をたどることもなく進み、太宰府天満宮に詣っただけである。

対馬到着と火難

第一陣・第二陣の進み具合と調整しながらの旅だったので、景晋は三月一八日にやっと呼子に着いた。その日、朝鮮使節一行三三六名が正月二一日に漢城を出発、閏二月一日に東萊府着、三月一二日に釜山出帆、一三日に対馬佐須奈浦入港と伝えられた。景晋らが呼子に着いたときには、朝鮮使節はすでに対馬佐須奈浦に到着していたのである。景晋はやる景晋は先を急ごうとしたが、なかなか順風を得られず、呼子を出港したのは三月二四日だった。しかも、壱岐勝本浦を目指したが海が荒れ、郷の浦の東、印通寺《いんつうじ》浦に入港。ここでも風を待ち、勝本浦に入港したのは四月三日だった。ここで、朝鮮使節が三月二九日に対馬厳原の客館に入ったことを伝えられた。

景晋は、勝本浦に入港した翌日の四月四日早朝、風向きが良いので出帆、と起こされ大慌てで乗船。船はこのうえない南東の風を受け、船頭たちが「容易にあるまじき高運」と讃えたほどの平穏な船旅で、午後二時頃に対馬厳原に着船した。景晋に割り当てられたのは、前回とは違ってむさくるしい気の滅入るような旅宿だった。景晋はここで、壱岐から対馬への船旅の好運からどんでん返しのような、とんでもない災難にめぐりあった。到着翌日の四月五日の夜、旅宿が焼けてしまったのである。

その夜一〇時頃、風呂の湯を沸かす小屋から出火、雨の降る中、あわてふためく従者たちが、江戸から運んできた衣服や道具類を避難させるため、上を下への大騒ぎになった。さいわい官服・武具・筆硯・書物、そして人馬などは無事だったが、景晋にとって無念で悔やまれてならなかったのは、一昨年に朝鮮訳官使との交渉のため対馬に来たときのことを書いた草稿を失ったことだった。

『津志満日記』上の冒頭に、文化八年四月に思わぬ火災の難（「池魚《ちぎょ》の災《わざわ》い」）にあったため、記憶を便りに綴らざるを得なかったと書いているのはこのことである。江戸を出立する際に屋敷の焼失を危うく免れたような大騒動の中、「夢の心地」で出発し、一日として心安らかな日のない長い旅を経て、また「池魚の災い」に逢い、「夢中の夢」とはこのことかと茫然自失する景晋だった。

易地聘礼の挙行

目付の佐野らが三月八日、大目付の井上や景晋らが四月四日、正使の小笠原忠徳が一五日、副使の脇坂と林述斎らが五月一日、幕府の担当者が続々と対馬厳原に到着した。易地聘礼の儀礼は、対馬藩の提案により四度宴《しどえん》で行なわれた。四度宴とは、客館慰労儀・伝命儀・賜宴儀・受答書儀で構成され、約一ヵ月かけて順次行なわれる。

聘礼に関わる一連の儀式は、正使らの到着を待たず、対馬藩と朝鮮使節との間で始まった。まず四月三日に、朝鮮訳官らが対馬藩主の居館を訪れ、礼曹《れいそう》参議の書契と贈物を伝達。翌四日に、藩主の宗義功が衣冠帯剣の礼装で通信使正副使の客館を訪れ、今回は易地聘礼という新たな外交儀礼のため、手落ちなどがあるやもしれないことへの了解を求め、了承された。

四月九日に、朝鮮使節着御饗宴が客館で催され、対馬藩主のほか、井上・柳生・佐野、そして景晋ら正使の随員も参会した。正使の金履喬《きんりきょう》、副使の李勉求《りべんきゅう》、堂上訳官の玄義洵ら三名は、盛大に七五三膳でもてなされた。同月一一日に上官・次官、一三日に小童・中官・下官対象の宴が行なわれたが、「酒食を賜ふ」と記すのみで景晋が出席したか不明である。

正使・副使、林述斎、随員が対馬厳原に揃った五月から、易地聘礼が本格的に始まった。五月一二日、翌日の客館慰労儀に備え、正使・副使以下が藩主居館で予行練習をした。翌一三日に、客館慰労儀が藩主居館で催され、まず景晋ら随員が朝鮮使節に対面、ついで衣冠束帯帯剣の正装をした正使の小笠原忠徳が出席し、朝鮮使節に将軍の上意を伝えて慰労した。藩主の宗義功は病気のため任に耐えず、わずか一一歳の息岩千代が代行を務めた。この件で朝鮮側と悶着が生じたが、折れ合って一連の儀礼は進められた。

五月二一日は伝命儀。朝鮮国王の国書と別副（贈物）を進呈する儀式が、藩主居館広間で行なわれ、正装した正使の小笠原忠徳が、大紋（五位以上の武家の式服）を着した景晋らを従えて出席した。景晋は、「兼ねての講定に叶いて、両国の交誼敦厚《こうぎとんこう》也、士民万歳を唱ざるはなし」と、事前の取決め通りに朝鮮国書の伝達が終わったことを言祝《ことほ》いでいる。二六日は賜宴儀。藩主居館で、景晋らは大紋を着し、正副使とともに七五三の饗膳で朝鮮使節をもてなした。江戸城で催されれば「関白茶礼」と称される儀礼である。同月二八日に堂上訳官らが正副使の旅館を訪れ、礼曹参判の文書と贈物を伝達した。

主要儀礼の終了と景晋

六月一五日は四度宴最後の受答書儀。将軍の返書と贈物を、朝鮮使節に伝達する儀式が、藩主居館広間で行なわれた。景晋は、「朝鮮王へ御返翰《へんかん》・宝物品数、且信使一行下々迄物賜って帰国許さる礼式宜《ぎ》に叶い」（『津志満日記』下）と書いているので、大名が参勤交代で国許《くにもと》へ帰る際、御目見して将軍から帰国を許される儀礼に近いものと理解しているらしい。朝鮮使節は、儀式の筋道が通り、贈物の宝器物は善美を尽くし「驚嘆」しているとも書く。

景晋は、「殊更《ことさら》聘式改革の事件は、去ル巳年（文化六年）訳使の面会に基かせしかば、報国の丹誠も首途よく全く備りて、身一つの歓喜も莫大也」と書く。易地聘礼という日朝間の新しい国家間儀礼は、紆余曲折があったものの重要な儀式を終えた。景晋は、一昨年に対馬で朝鮮訳官と交渉してまとめあげた取決めに基づいて、易地聘礼が滞りなく挙行されたことを確認し、国家に尽くすことができて景晋個人にとっても大きな喜びだと、心に湧き上がる歓喜と安堵感を記している。

朝鮮使節との文化交流

景晋は、朝鮮使節との直接の交流はなかったが、使節中の画員、李義養《りぎよう》（字爾信、号信園、四四歳）が通詞に語ったところを書き留めている。将軍から朝鮮国王への贈物の第一は屛風絵で、今回は、狩野伊川・同友川・同祐清・同探信・同洞白・同青青・同洞琳・住吉内記・板屋桂意筆の一〇双が贈られた。

李義養は代々の爾信と名乗り、技量は著名な画家だった親ほどではないという。義養は贈られた一〇双を批評し、そのうち二点、住吉内記広行《ないきひろゆき》（一七五四～一八一一。幕府奥絵師。土佐派。その鑑定能力の高さは評価されている）と板屋桂意《いたやけいい》の絵を評価した。住吉内記（『堂上放鷹』）の「雪の鷹樹」、板屋桂意（『舞楽左青海波林台』）の「舞楽」の画は、「誠に天下の妙手、賞る辞なし」と激賞し、それ以外は「尋常の筆力」であり、「梅月・野中」（これは狩野祐清筆『古木梅に月』と狩野青青筆『牧牛野馬』か）は「見るに足らず」と酷評した。これを聞いた景晋は、李義養の眼力に驚き、国内で評価の高い絵師の屛風絵を激賞する義養に、異国人も優れた絵を見抜く眼は同じなのだと感心するとともに、住吉内記は「画神」の域に入ったことを知るべきだ、とも書いている。

林述斎らは六月二一日に朝鮮使節の客館を訪れ、正副使および製述官の李顕相（字相之、号太華、四二歳）、書記の金善臣と筆談唱酬《しょうしゅう》を行なった。述斎は、幕府儒者の古賀精里《こがせいり》・松崎慊堂《まつざきこうどう》と草場佩川《くさばはいせん》（古賀精里の門人）らを同行させた。この筆談唱酬は大学頭以下幕府儒者の役割で、聘礼儀式の一部でもあった。儒者以外が朝鮮使節と筆談で交わることは禁止されていたので、目付である景晋は加われなかった。自らの学識や詩文の力量を試すことが叶わず、「只この一事、生涯の遺恨也」（『津志満日記』下）と残念がった（以上、田保橋潔『近代日鮮関係の研究』下、李元植『朝鮮通信使の研究』第八章、李薫「一八一一年の対馬易地聘礼と積弊の改善」、三宅英利「文化朝鮮信使考」、同『近世日朝関係史の研究』第五章、酒井雅代「朝鮮信使易地聘礼交渉の頓挫と再開」、松原孝俊・岸田文隆『朝鮮通信使易地聘礼交渉の舞台裏』を参照した）。

帰府の船旅

正使と副使は、受答書儀を終えると六月一九日に対馬を出発。勘定奉行の柳生久通と同吟味役の松山直義は、オランダ国内の政治状況に関する情報の入手や長崎会所の業務を監査し、長崎貿易の不振が引き起こしている諸問題を調査するため、六月末に長崎に到着した。それは、翌年に長崎奉行になる景晋が直面する課題でもあった。松山直義は寛政二年（一七九〇）から五年間、貿易半減令下の長崎に滞在し、文化八年は九回目の長崎派遣になる長崎貿易を熟知する専門家だった（鈴木康子「一八世紀後期―一九世紀初期の長崎と勘定所」）。なお、朝鮮使節は六月二二日に乗船し、同月二七日に対馬厳原を出港した（『津志満日記』下)。

景晋は公務が忙しく、朝鮮使節の対馬滞在中は島内遊覧を控えていた。そのことを「殺風景なる在勤」と表現している。対馬出発までに時間の余裕があれば、「山野の遊興」「観漁」「有明山登山」などを楽しもうともくろんでいたが、風向きがよく六月二七日に出発になってしまった。その船中から、朝鮮使節の乗船の行粧や鼓吹、対馬藩の護送船を「監視」し、一昨年の訳官らの帰国時を大規模にしたものと理解している。

対馬から壱岐・呼子への船旅は、順調にはいかなかった。景晋は、風向きと空模様から壱岐渡海は無理と判断し、二七日は船を下りて旅宿に戻った。景晋の予想通り、翌二八日は前夜から風雨が激しく、人びとは慌てふためいて船を下り、避難するほどだった。予見して前日に下船した景晋は、下僚や従者が「(景晋の)先見に心服す」と得意げである。景晋は六月晦日に乗船、大目付の井上利恭《いのうえとしやす》や林述斎らも同日出発。しかし、暴風雨になり対馬厳原に戻ることもできず、船はあちこちの岩陰に係船せざるを得なかった。景晋の乗船は、豆酘岬《つつみさき》近く阿佐藻《あざも》(浅藻)に碇泊し、とんだことだったが、ここから「朝鮮の峰嶺」が見え、「おもわぬ奇観」に巡り合えた。ここで風雨の収まるのを待ち、七月三日に厳原に戻った。

七月四日に対馬厳原を再出港し、波静かな船旅を楽しんでいたが、あまりに風が弱くて船が進まず、壱岐勝本浦近くで汐に押し返され、水夫らの奮闘により、やっと勝本に入港できた。六日に勝本を出て呼子着。

景晋は七月一〇日早朝に呼子を出立、虫の音が勇ましく聞こえたという。帰郷の旅が始まったからそのように聞こえるのだと書くところに、長い旅を終えて一日も早く江戸に帰りたい、という景晋の帰郷の念がかいま見える。帰路は、赤間関《あかまがせき》（馬関。下関の古名。山口県下関市）から船で瀬戸内海を通り、室津《むろつ》（兵庫県たつの市）で上陸、草津（滋賀県大津市）から中山道を通って江戸に着く旅程をとった。

帰府の道中と亀井南冥

博多に宿泊していた七月一五日に、元福岡藩儒者で著名な亀井南冥《かめいなんめい》（一七四三〜一八一四。字は道《どう》載《さい》、徂徠《そらい》学派）から、詩稿一冊を贈られた。亀井南冥が、景晋の「文筆」の評判を聞いて一覧に備えようとしたという。景晋は、「博学多才の著述」を一気に読み、啓発されて能力が進んだように覚えたと記す。手元の詩稿と富士山を詠んだ七言絶句を、宿の主人を通して贈り、返礼とした。旧友のように南冥と親しく語り合いたかった（「傾蓋如故」）が、幕府の規則により叶わなかったことを残念がった。亀井南冥が景晋の名を知っているのは、景晋が儒者の間で知られていたことを意味する。また、南冥が徂徠学派の儒者であり、景晋も徂徠学派の師に学んだことも関係しているのかもしれない。

瀬戸内海の船旅は、天候が荒れる二百十日《にひゃくとおか》・二百二十日《にひゃくはつか》の頃にあたったため、赤間関で足止めを喰らい、帰郷の念を募らせる景晋の焦《じ》れったさが伝わる。大津では神田大和掾が旅宿を訪れた（後述二四〇頁参照）。九月三日早朝に板橋宿に着き、午前一一時頃に帰宅した。二月一二日に江戸を出立したので、九ヵ月の旅であった。

『津志満日記』下の末尾に、天下の一難事である易地聘礼という新しい朝鮮との国家間儀礼が、自身が訳官と取り決めた約定にそって行なわれたのを見ることができ、任務は重く、儀礼がうまくゆくのかはらはらし、さらに火難など一身にもいろいろ憂愁のことが多かったものの、以前と比べても辛苦した任務が万端すべて成就したと、万感を込めて書いている。そして、七年間に五度の行役《こうえき》（国境を守る役務の意か）を終えた安堵感を、「笑言唖々の四字」と吐露した。

第八　目付時代

一　職務の概要と分担

目付の勤務内容

遠山景晋《とおやまかげみち》は、徒頭《かちがしら》から享和《きょうわ》二年（一八〇二）七月二四日に目付《めつけ》に就任し、文化《ぶんか》九年（一八一二）二月一七日に長崎奉行に転任するまで、約九年半務めた。第三から第七で見たように、景晋はこの間に、長崎一回、蝦夷地三回、対馬二回、対外関係に関わって遠隔地へ長期間の出張を繰り返した。これも目付としての職務上の出張だが、多岐に渡る目付の職務はかなり断続的にならざるを得なかった。

目付在任中の景晋の活動については、景晋の『文化日記《ぶんかにっき》』を用いて、数量的な把握と具体例をあげて整理がなされている（荒木裕行「目付の職掌について」）。それによると、活動の多い順に見る勤務内容は次の通りである。

第一　江戸城内の諸儀礼、大名らが出席する月次《つきなみ》や不時《ふじ》御礼の準備、儀礼参加者に先例から逸脱した行動がないかどうかを監察する役割。

第二　旗本・御家人の行状、幕府諸役人の登用・昇進の際の風聞探索（身元調査）、および幕府諸職が同心《どうしん》を抱え入れる際に提出する願書の調査。

第三　江戸城外の諸施設の見回りと修復工事の出来栄《できば》え見分。上水設備が多いが、そのほか材木蔵、堀浚い、増上寺《ぞうじょうじ》等の御霊屋《おたまや》などの見分。

第四　御成《おなり》関係。いくつかを除きお供をしたのかどうか日記ではわからない。

第五　朝鮮通信使来聘《らいへい》御用。

第六　江戸城内諸施設の見分。城内の普請、樹木の伐採、城内の武具の見分と修理。

第七　本人や配下役人に関わる活動。

第八　宿直。当番（本番）と加番が江戸城に宿泊して警備にあたった。

第九　浜御殿の見分と御成のお供。

第一〇　『続藩翰譜《ぞくはんかんふ》』作成（「藩翰譜書継《かきつ》ぎ」）。日記には「由緒調《ゆいしょしらべ》」と記され、文化八年まで継続。

このほか、武芸見分、勘定所・評定所への出席、学問吟味・素読吟味《そどくぎんみ》・勘定所筆算《ひっさん》吟味の立合など。全体として、監察官としての目付の性格がよく出ている。

増える職務と職責

目付は、異動により新任者が入ると、分担する掛《かかり》が割り当てられた（「掛分《かかりわけ》」）。文化四年になると、正月二八日に土屋廉直《つちやただなお》が堺奉行、晦日に松平康英《まつだいらやすひで》が長崎奉行にそれぞれ転任した結果、先任者がいなくなり、景晋は最古参（「筆頭《ひっとう》」）の目付になった。そのため、目付としての職務と職責が重くなり、正月二九日に朝鮮人来聘御用掛、二月一日に勘定勝手掛、同月三日に由緒調掛、二月六日に御日記掛、日不詳だが書物掛などなど、さまざまな役務が廻ってきた。二月六日には、担当掛に関わる指示は、老中《ろうじゅう》や若年寄《わかどしより》から直接、あるいは奥右筆《おくゆうひつ》組頭から申し渡すと命じられた（『文化日記』）。そのほか、文化二年七月一六日に松前蝦夷御用、文化五年六月四日には、山王祭礼《さんのうさいれい》取扱いを命じられた。頻繁な欠員の生じた役職に登用・昇進の際に行なう候補者の風聞探索以外、分担した掛の中のいくつかを取り上げよう。

二　『服忌令詳解』の著述

景晋は文化五年（一八〇八）七月二九日、服忌《ぶっき》（親族が亡くなったときの慎み）について、急な問合せが多いことを若年寄の堀田正敦《ほったまさあつ》に伝えた。江戸幕府は、親族の死などの際、実の父母ならば忌（忌中）五〇日、服（喪中）一三ヵ月などと規定した服忌令を、貞享《じょうきょう》元年（一六八四）に定めた。元文《げんぶん》元年（一七三六）九月、林大学頭《はやしだいがくのかみ》と儒者たちが追加や削除・省略などの手を加えて条文を確定させ、服忌の問合わせ先を、それまでの林大学頭から大目付・目付に変更した。さらに、普段から服忌令をよく読んで理解し、わからないことは前もって大目付・目付に照会しておき、差し迫ってから問い合わせることのないようにと命じた（『御触書寛保集成《おふれがきかんぽうしゅうせい》』九六七・九六八号）。しかし、しだいに急な問合せが多くなり、元文元年の触書《ふれがき》が有名無実化したらしい。

景晋らは、この事態への対処を若年寄に求めた結果、それから二ヵ月後の文化五年九月、元文元年令と同様の触書が出された（『御触書天保《てんぽう》集成』下、五四四七号）。

この問題は、その後も解決しなかったらしい。一橋家徳川治済《とくがわはるさだ》の実母が亡くなり、文化七年三月一八日に、孫にあたる将軍家斉《いえなり》の服忌について問合せがあった。景晋らは評議し、実父の生母が、側室の場合、正室の半減で服忌一五日と回答した。しかし、老中らは、大学頭林《はやし》述斎《じゅっさい》にも照会したが、はっきりとした服忌の有無の回答がなかったため、表向き服忌はなく、奥向き三日遠慮とした。しかし、これは漏れ聞こえただけで、誰も知らないことになったという。将軍の服忌すら運用が曖昧だった（『文化日記』）。

服忌令が複雑すぎるあまり、曖昧な解釈と恣意的な運用がされていたのを背景に、文化七年頃から、景晋を中心に服忌令の解釈を明快にする作業が始められた。三月一日に「宅調、服忌令、惣兵衛・善蔵」、同月九日に「宅調、服忌令、惣兵衛・善蔵」、四月一一日「在宅服忌調、惣兵衛・善蔵」といった記事が日記に出てくるように、徒目付杉崎

『服忌令詳解』

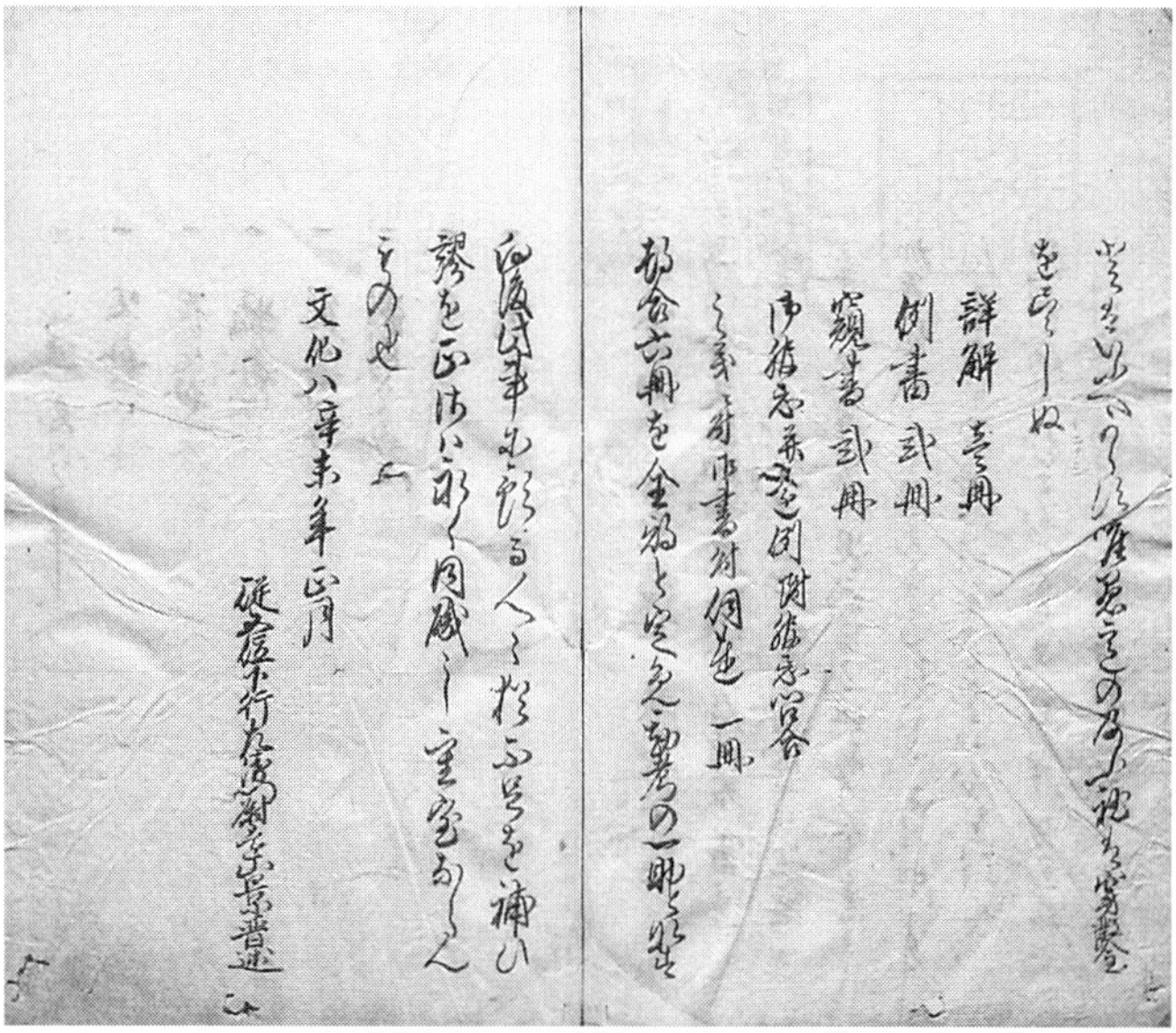

『服忌令詳解』序文（国立公文書館蔵）

物兵衛らと服忌令について調べている。そして、その成果が『服忌令詳解』なのである。

　自筆の原本は伝存しないようだが、国立国会図書館・国立公文書館・東京大学付属図書館など各地に多くの写本が現存し、林由紀子編『問答集』一〇に活字化されている。国立公文書館には、三種六冊の写本が所蔵され、その二冊本（一五三―三〇五）の一冊目に、文化八年正月の日付で「従五位下行左衛門尉遠山景晋述」の序文があり、執筆の意図が述べられている。

　或《ある》人子細これあり持ち伝えし服忌令の弁書《べんしょ》あり、令文追加して微細の訳を審《つまびら》かに書き載せたり、されど、十に一二欠けたる事、誤りつる事、文段の重なりて混乱する処あり、今悉く加筆増減して服忌令詳解と名付け、例書・伺　書《うかがいしょ》等を別冊に付け、ケ条ごとに例を引き見るに便利ならしむ、素《もと》より養実合離《ようじつごうり》の次第に随いて差別に限りなければ、此詳解に漏るゝ事なしとはいうべからず、唯《ただ》愚意の及ぶ程は穿鑿《せんさく》を尽くしぬ、詳解壱冊、例書弐冊、窺書《うかがいしょ》弐冊、御服忌并近例、付服忌問合せの義につき御書付伺達一冊、都合六冊を全部と定め、勘考の一助となす、向後此事に預かる人々、猶不足を補い謬《あやまち》を正さば、永く同職の重宝ならんもの也、

服忌令に令文を追加し、詳しく解説した本はあるが、不足や誤り、重複による混乱がある。そこで増補修正して一書にし、『服忌令詳解』と名づけた。例書や伺書などを別冊の五冊にし、条文ごとに事例をあげて使い勝手のよいものにした。漏れがあるかもしれないが、できる限り調べ上げたので、今後この件を担当する役人が増補するならば、永く目付職の重宝になるだろう、という。

現存の二冊本は『服忌令詳解』と『服忌令附録』の二冊だが、景晋は本編一冊・附録五冊、計六冊にまとめた。また、附録には文政《ぶんせい》九年（一八二六）の問合せまで載せているので、別人が増補したらしい。国立公文書館の三冊本は、奥書に「奥州白川臣　工藤尚賢写」

とあり、白河藩士による写本である。また一冊本は明治《めいじ》八年（一八七五）年に内務省の官僚が、明治政府の服忌規定作成の参考にするため、写本を作らせたものだろう。景晋の服忌令研究は、大名家、また明治政府に参照された。

なお、執筆を終え序文を書いた文化八年正月の翌月、景晋は易地聘礼《えきちへいれい》のため、対馬《つしま》に向けて出発した。準備などで慌ただしい中、完成させたのだろう。

三　掛の分担

1　上水掛

上水掛拝命

景晋は文化四年（一八〇七）に、上水掛になった。「上水参稽《さんけい》もわが任に成ぬれば」（『続未曽有後記《ぞくみぞうこうき》』）とあり、普請奉行の岩瀬氏紀《いわせうじのり》（上水の管理は文化二年から作事奉行《さくじぶぎょう》の担当になったとされるが、市中分のみか）とともに玉川上水羽村《はむら》（東京都羽村市）見分の伺書を、老中牧野忠精《まきのただきよ》と若年寄堀田正敦に提出した三月八日の記事が『文化日記』の初出なので、掛拝命はその少し前かと思われる。

文化四年三月二三日以降、三の付く日（三日・一三日・二三日）に定例の「上水方寄合」

を開いているので、かなり頻繁な会合である。役務の多くは、虎の門上水・四谷御門外上水・柳堤紀国坂上水・柳堤上水・御鷹部屋懸上水など上水各所の見分と、虎の門外樋枡御普請・和田倉内上水樋・四谷御門外御本丸掛吹上掛懸ケ樋高枡其外埋樋枡・西丸下辺上水出来形見分など、修復普請の検査、羽村在勤小人《こびと》目付の報告を受けることなどである。

玉川上水水元羽村の見分

見分伺いは許可され、三月一六日、四谷大木戸の水番屋で普請奉行の岩瀬や随行者と落ち合い、羽織袴から股引き半纏《はんてん》の旅支度に着替えて出発した。玉川上水の分水口をいちいち見分し、「水路の清濁、曲直、分流の邪正利害」を点検した。基本的には徒歩で、見分場所が離れている場合は駕籠に乗っている（以下、『続未曽有後記』・『文化日記』）。

初日は、小金井から小川村（東京都小平市）まで約二里（約七・九キロ）。玉川上水の岸に大樹の桜が絶え間なく植えられ、土地の人が「千本ざくら」と呼ぶ小金井の桜は、風雨でかなり散ってしまい、残念な思いで眺めながら進んだ。分水口の見分のため、行きつ戻りつして手間取り、午後八時頃に小川村に到着した。一七日は、強い風が吹きつける中、上水を観察しながら熊川村（東京都福生市）から川崎村を通り、多摩川河原に降りて水除《みずよ》け蛇篭《じゃかご》などを点検。羽村の陣屋《じんや》と在勤普請役・小人目付・普請方同心らの宿所を見分し、羽村の取水口の水門を視察しながら宿所の臨済宗一法寺（龍珠山一峰院。東京都羽村市）に到着した。

景晋は多摩川の清流を観て、「抑《そもそも》水源甲州の堺よりながれ出て、武州多摩郡を流るるゆえ多摩川と云、清流鏡の如く、水底の砂石は磨《みが》ける玉のごとく、後来玉川と云ならわすも宜《むべ》なり」と、多摩川を玉川と言い慣わす訳に納得している。また玉川上水は、「幾《いく》許《ばく》の村里を過て田水の用をなし、都下に至て士大夫より下た下まで人命を養う水なれば、仁徳仰ても余りあり」と、農業用水と江戸士民の飲料水として果たす大きな役割に感動する。

一八日はうららかな春暖の中、心地よく羽村より上の地域を見分している。青梅《おうめ》は、江戸の児女子にもその名を知られるほど機織り（青梅縞《じま》）が盛んな市町でもあるため、昼に休んだ名主の家は、街道の本陣のように立派だと感心する。ついで青梅村金剛寺（真言宗。青梅山。東京都青梅市）に行き、青梅の地名の由来となった梅の古樹（梅の実が秋になっても青いままという）を見ている。多摩川の川向こうまで足を延ばし、一法寺に戻り宿泊。

一九日は、羽村橋から東北の方角に進み、箱根ヶ崎村（東京都瑞穂町）権現山下の狭山《さやま》ケ池《かいけ》を見分。この水は、三里（約一二キロ）の間田畑を潤し砂川《すながわ》村（東京都立川市）に流れ落ち、玉川上水の分水なので「助水」と呼ばれる。しかし、数日照り続いたため水がまったくなかった。砂川村の先は見分場所もなく田無村《たなしむら》（東京都西東京市）に宿泊。最終日となった二〇日は、中野村慈眼寺（真言宗。福王山。東京都中野区）で昼食、宝仙寺（真言宗。明王山。東京都中野区）を通って淀橋《よどばし》に至り、久兵衛（代々襲名）が工夫した水車を見分。「家居商物」が江戸と変わらない堀之内妙法寺（杉並区）の門前を見て、四谷大木戸の水番屋に立ち寄った。ここで属僚や岩瀬氏紀に別れを告げて帰宅。四月四日に、水元羽村見分の書面・絵図面を、老中の牧野忠精に普請奉行の岩瀬とともに提出した。

2 勝手掛

勝手掛拝命

文化四年二月一日、目付の佐野庸貞《さのつねさだ》と景晋の二人が、「御勝手御取締」、つまり勝手掛《かってがかり》を勝手掛老中の牧野忠精から命じられた。なお、勝手掛老中とは、財政を担当する老中のことである。万延《まんえん》元年（一八六〇）から文久《ぶんきゅう》三年（一八六三）まで目付を務めた山口直毅《やまぐちなおたけ》が、「金銭出納の方の御勝手に付属して、古役の御目付に御勝手掛が関係いたしますけれども」（『旧事諮問録《きゅうじしもんろく》』上、二三二頁）と語るように、「古役」の景晋が、勝手掛に任命されたのである。具体的な職務内容は不詳だが、配下の小人目付が勘定所に常時出役し、監察にあたった。また、景晋の『文化日記』文化七年八月一二日の条に、「勘定奉行・吟味役故障につき寄合無之」とあるので、勘定奉行・同吟味役と勝手掛目付との寄合《よりあい》があったらしい。幕府は、一年の財政収支を老中と若年寄の出席のもとで確認、確定させる「惣勘《そうかん》定《じょう》」を行ない、勝手掛の目付は、その会合に出席していた。

文久二年に勘定組頭から勘定吟味役、元治《げんじ》元年（一八六四）に勘定奉行並《なみ》を務めた鈴木重《しげ》嶺《ね》が、「惣勘定」について次のように語っている。「その当年の惣勘定というものを翌年へ這入《はい》ると、老中が勘定所へ出懸《か》けて惣勘定を見るのであります。その惣勘定は金《かね》奉行がそこへ出て台帳を扣《ひか》えていると、作事奉行、小普請《こぶしん》奉行、納戸頭《なんどがしら》、細工頭《さいくがしら》等の金を請け取って支払いをする役が残らずそこへ出ているのであります。そして、昨年一ヵ年の入用《いりよう》受取方何千何百両という事をいうのであります。そうすると、金奉行が扣えを持っていて、それに相違ございませんというのであります。一々扣えを持って相違ないということを言うので、そこできちんと合うので、三文も間違いはありません」（『旧事諮問録』上、六五頁）。幕府財政の決算である。ここに目付のことは出ていないが、勝手掛目付が出席している。

勘定所惣勘定の監察

『文化日記』文化四年一一月二九日条に、「御勘定所え備前《びぜん》殿并駿河《するが》殿・摂津《せっつ》守殿御出席、諸事折本《おりほん》之通」と記され、勝手掛老中の牧野忠精、若年寄の植村家長《うえむらいえなが》、勝手掛若年寄の堀田正敦が、勘定所の惣勘定に出席している。同年一一月八日には、「御勘定惣突《つき》合《あわせ》例之通」という記事もある。文化六年一一月八日に、惣勘定の準備として帳簿などの照合作業があり、勝手掛目付の佐野と景晋の両人が出席した。そのうえで一一月一四日に老中らが出席する惣勘定があり、勝手掛目付の佐野だけが出席した。同年一二月五日にも勘定所の帳簿照合作業に、佐野と二人で出席している。文化八年一二月三日に勘定所の帳簿照合作業をし、一二月八日の惣勘定に出席した。このように、幕府財政運営、決算の監察も行なっていた。

3 日記掛

日記掛拝命

目付の分掌に日記掛があり、いわゆる『江戸幕府日記』の担当である。幕末に目付を務めた山口直毅が、「あれ（日記掛）は閑《ひま》でした。日々殿中の記事を録するのでした。毎日のことを年に編《と》じて一つの記録として留めて置くのです。留める人は別です。御坊主が留めて置きました。御坊主は書記をしました」（『旧事諮問録』上、二四七頁）と語っているので、それほど負担にならない掛だったらしい。

文化四年三月七日、大目付の井上利恭《いのうえとしやす》宅で「御日記寄合」があり、景晋と目付の佐野《さの》庸貞《つねさだ》、それに長谷川民之介ら表《おもて》右筆三名が出席。四月七日には景晋宅で「宅《たく》御日記下調べ」があり、坊主三名が出席。一一月二八日にも景晋宅で「御日記調べ」があり、大目付井上・目付佐野・表右筆三人が出席。一二月七日に景晋宅で「御日記下調べ」があり、坊主三名が出席。日記掛目付宅に坊主三名が集まって下調べを行ない、日記掛大目付宅あるいは目付宅に、大目付・掛目付と表右筆三名が集まって日記を読み合わせる、という作業により『江戸幕府日記』が作成されていく。景晋は文化七年一二月一九日、御日記掛に精励したとして金三枚を拝領した。

4 由緒掛

由緒掛拝命

いつ由緒掛に任命されたのか不詳だが、文化二年五月二八日の「由緒書読合致す」という記事が初見で、六月一一日には「帯刀《たてわき》（目付土屋廉直）宅由緒調寄合」、一〇月二五日には「伊織（目付松平康英）宅由緒調寄合」、一二月四日には「由緒書調宅調《たくちょう》、出役鈴木文左衛門、河合専蔵、高橋藤蔵罷越」、文化四年三月六日には「宅にて由緒調寄合、宇右衛門（目付佐野庸貞）、次兵衛（目付仙石久貞）、大八（徒目付山中大八）、出役六人、御小人目付二人」などの記事がある。目付宅で、同役と出役の徒目付・小人目付が集まり、調べ物をしている。なお、出役の徒目付・小人目付には、調方と調方介《たすけ》、認方《したためかた》の分掌があった。会合は不定期にときどきある程度で、出役の徒目付・小人目付が実務を担い、ときに目付の寄合で読合せをしていたようである。

由緒調・系譜調

由緒調とは、「藩翰譜書継ぎ」とも言われる『続藩翰譜』作成に関わる業務である。寛政《かんせい》元年（一七八九）に編集が企画され、文化二年に完成したと言われる（荒木裕行『近世中後期の藩と幕府』二四〇頁）。しかし、景晋の目付在任中も断続的に続けられ、文化八年には新規の作業を始めているほどで、まさに「書継ぎ」が続けられている。

文化四年二月三日、景晋は目付の仙石久貞《せんごくひささだ》とともに「系譜調」担当を命じられた。系譜調とは、『寛政重集諸家譜《かんせいちょうしゅうしょかふ》』編集に関わる業務で、目付二名が担当になった。『文化日記』の記事はこれのみである。なお、この年四月二一日の条に「寛永系譜写皆出来、松之丞以摂津守殿へ上ル」という記事があり、『寛永諸家系図伝《かんえいしょかけいずでん》』写本が完成し、奥右筆組頭の秋山惟祺《あきやまこれよし》（『寛政重集諸家譜』担当の奥右筆）を介して、若年寄の堀田正敦（『寛政重集諸家譜』編集の総裁）に差し出している。

5　番入掛

番入掛の目付は四名で、いつ景晋が任命されたのかはっきりしないが、文化六年のことだろう。

番入とは、部屋住《へやず》み（家督相続前の嫡男や親の家などにいる次男以下の者）や非役の旗本・御家人（小普請）が両番《りょうばん》（小性組番《こしょうぐみばん》・書院番）・大番などの番方《ばんかた》や、勘定・右筆などの役方《やくかた》に初めて採用されることである。もともとは、番方の番士《ばんし》に初めて就任することを、「御番《ごばん》入《いり》」と呼んでいたが、役方への採用にも使われるようになった。

番入の選考は、部屋住みの品行および学問・武芸の精進を維持させるための措置である。文化六年六月、番入掛の目付に、布衣《ほい》以上以下の役人と番方の惣領《そうりよう》で番入を願う分を、来年正月中に書き出すよう達すこと、その書出し方や調べ方は寛政元年以来のそれにならうことと指示された（『御触書天保集成』下、五三〇六号）。このケースは、旗本・御家人の惣領（嫡男《ちやくなん》でまだ家督を継いでいない者）が対象の番入選考である。

提出書類の審査に基づいて、文化七年三月二〇日に若年寄の植村家長宅、四月七日に若年寄の井伊直朗《いいなおあき》宅、四月一四日に若年寄の堀田正敦宅で面接（「御逢い」）が行なわれ、景晋は同僚と二人で立ち合っている。面接のほか実技試験（「芸術見分」）もあり、弓や馬術の見分などに出ている。一通り終わったらしく、一一月二〇日に見分を受けた者の芸術調書と人物調書などを揃えて、若年寄植村に目付四人で提出した。一二月九日に、城中で若年寄植村と番入掛一同が会合し、人物・芸術について談合している。

その結果、一二月一四日、普請奉行の矢部定令《やべさだのり》の子彦五郎ら二七名が両番、二条城門番の頭《かしら》の松平乗雄《のりお》の子権之助ら四名が大番、代官の山田茂左衛門の子五郎八ら三名が小十人組、西城奥右筆の藤井佐左衛門の子釜之助ら五名が表右筆に召し出された（『続徳川実紀』一、六六〇頁）。

6　武器掛

武器掛拝命

文化四年二月七日、「御武器取扱」につき、留守居《るすい》の亀井清容《きよかた》と武器掛勘定吟味役の岡松久稠《おかまつひさしげ》へ達書を渡したとの記事が『文化日記』にあり、景晋は「御武器」に関わっている。景晋は、留守居や武器掛勘定吟味役と連携して、竹橋御蔵《たけばしおくら》・蓮池《はすいけ》御蔵・雉橋《きじばし》御蔵などの武器庫、紅葉山御具足蔵《もみじやまおぐそくぐら》などの点検と、収蔵の鉄砲や大筒《おおづつ》の修復にあたっている。

文化五年正月二三日には、伊豆諸島へ送る鉄砲に関する勘定奉行の上申について、意見書を老中の土井利厚《どいとしあつ》に提出し、四月七日に三宅島《みやけじま》・御蔵島《みくらじま》へ送る鉄砲に関わる勘定奉行の文書が廻って来ている。伊豆諸島の防備強化を図る動きである。この間の三月二〇日には、鉄砲方の井上左太夫の房総半島・下田・浦賀等の台場《だいば》見分につき、砲術打試《うちため》し道具の運送について意見書を出した。これらは、江戸湾防備の強化に関わる施策である。また三月二五日、佐渡奉行が上申した大筒の件について、百目筒五挺のうち一挺はありあわせを渡し、残る四挺は、佐州除金《よけきん》で鉄砲方の井上左太夫支配の御鉄砲師に新規に鋳立てさせるという意見書を出している。これは、佐渡島防備強化策である。このように、ロシアとの紛争を契機とした、武器と防備強化を図る政策に関わっている。

廻船修行・御舟調練

このほか、「廻船修行」「御舟調練」と称した幕府の軍船・御用船の訓練も行なわれ、景晋は目付として関わっている。

　文化四年二月一日に、御船手兼帯の目付仙石久貞を中心に、廻船修行が企画された。同五年二月に仙石が転役すると、御船手頭の向井将監《しょうげん》正直を中心に訓練が計画され、同年四月四日に、海船修行のため水主《かこ》同心を遠州辺まで遣わすこと、および水主同心が江戸近辺で海船修行することを上申している。四月一三日には、向井将監による軍船天地丸の乗試しが行なわれ、浦賀まで行き一六日に帰帆した。向井将監組の水主同心によ る遠州辺までの訓練も行なわれ、五月二五日に帰帆している。なお、景晋はいずれも乗船はしていない。これも、ロシアとの紛争や蝦夷地警衛を契機とした、幕府御船手による軍船・御用船の航海訓練だった。

　このほか、浜御殿の見分によく出かけているのは、文化三年版の『武鑑《ぶかん》』などに「御浜見廻御掛り」と記されている目付の役務分担である。

第九　長崎奉行時代

一　長崎奉行の職務と直面した課題

長崎奉行の職務

遠山景晋《とおやまかげみち》は文化《ぶんか》九年（一八一二）二月一七日、老中《ろうじゅう》から「長崎奉行曲淵甲斐守跡被仰付《まがりぶちかいのかみあとおおせつけらる》」と申し渡され、勘定奉行に昇任した曲淵景露《かげみち》の後任の長崎奉行に任命された（以下、『長崎奉行遠山景晋日記』による場合は出典を略す）。目付《めつけ》在職が九年を過ぎるのは異例である。

長崎奉行には、元禄《げんろく》一五年（一七〇二）に就任した祖父永井直允《ながいなおちか》、寛政《かんせい》元年（一七八九）に就任し、同四年に任地長崎で死去した実兄直廉《なおかど》がいる。なお、永井直廉後任の平賀貞愛《ひらがさだえ》は、妻が直廉の娘なので、景晋の姪の夫である。景晋は長崎奉行との縁が濃い（以下の記述は、木村直樹『長崎奉行の歴史』によることが大きい）。

長崎奉行は老中配下で定員二名、一名は長崎に赴任する「在勤奉行」、一名は江戸にいて江戸城内に勤務する「在府奉行」である。在府奉行は通常七月下旬に江戸を発って九月に長崎に到着し、在勤奉行から事務を引き継ぐ。交替した奉行は九月下旬に長崎を発ち、一一月に江戸に帰り在府奉行として勤務する。このように長崎勤務が隔年、在任期間はおおむね四年なので、江戸・長崎間を二往復し、長崎には二度在勤した。

長崎奉行所は、立山役所《たてやまやくしょ》と西役所（奉行交替時に、赴任してきた奉行が引継ぎまで滞在）の二ヵ所あった。奉行の主な職務は、①直轄都市長崎の支配、②九州全体のキリシタン探索と取締り、③異国船来航時の九州諸大名の指揮監督と異国船との交渉、④漂着外国人の送還と漂流日本人の受取り、⑤貿易の監督、などがあり広範囲だった。

この職務を、（1）自身が連れてくる家臣、（2）幕府から長崎に派遣される幕臣、（3）長崎の地役人《じやくにん》、を配下として遂行した。（1）の家臣は、家老・用人《ようにん》・給人《きゅうにん》・納《なん》戸《ど》・近習《きんじゅう》・勝手役・中小姓《ちゅうごしょう》・右筆《ゆうひつ》・医師など約一〇〇人前後だが、そのうち足軽・中間《ちゅうげん》などと呼ばれる武家奉公人が八割ほどを占め、奉行所業務に関わる家臣は二〇名前後と言われる。なお、前任者に雇われていた者を新たに雇うこともあった。（2）の幕臣は、勘定所の支配勘定と普請役が二名ずつ、任期一年で赴任し、四月と九月に一名が交替した。さらに、（1）の給人の数を減らし、寛政五年より幕府から御家人が手付《てつき》として派遣された。（3）の地役人は、身分は町人だが、長崎の行政、貿易、オランダ通詞《つうじ》・唐《とう》通事などの通訳、警備業務など幅広い分野を分掌し、長崎奉行所の業務を実質的に担っていた。もっとも多い時には一八〇〇人もいて、長崎の成人男子六人に一人は地役人と

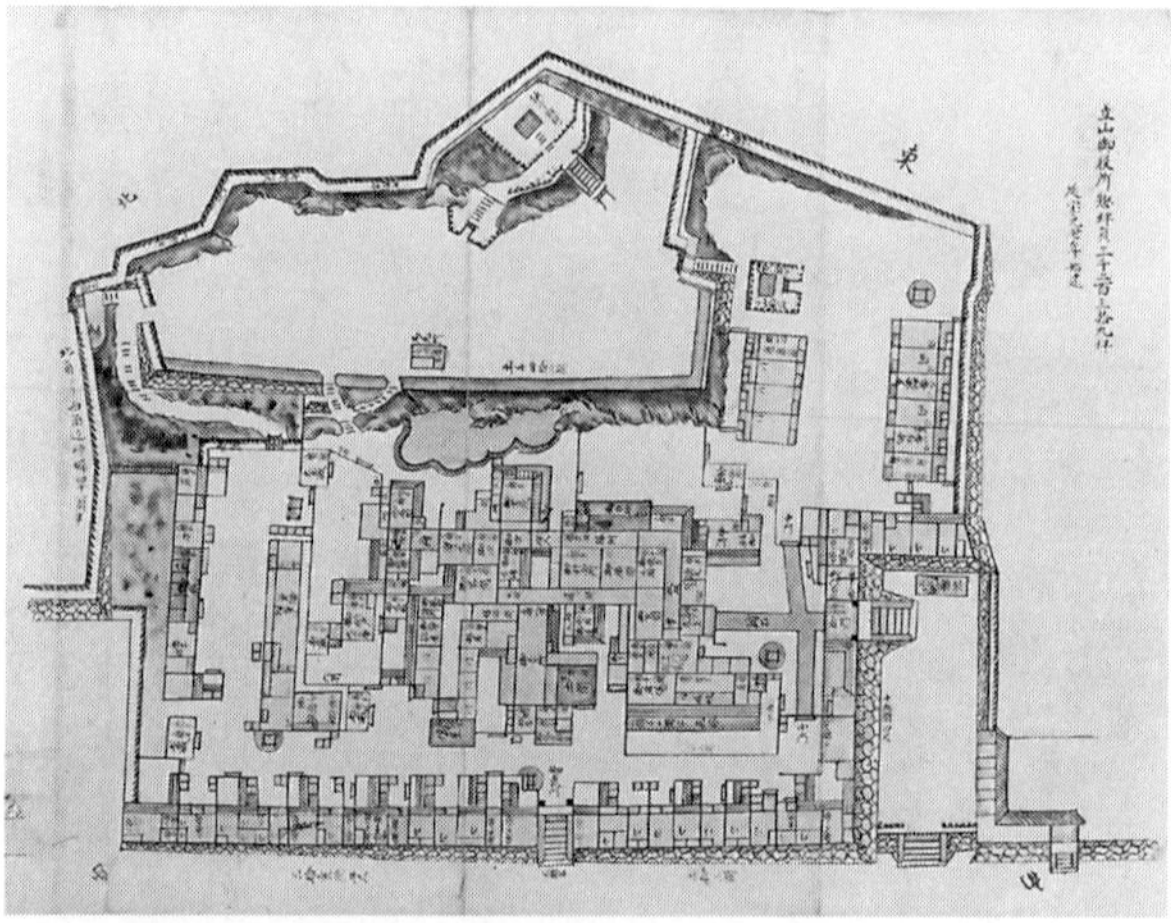

長崎奉行所立山役所（『長崎諸御役場絵図』より，国立国会図書館蔵）

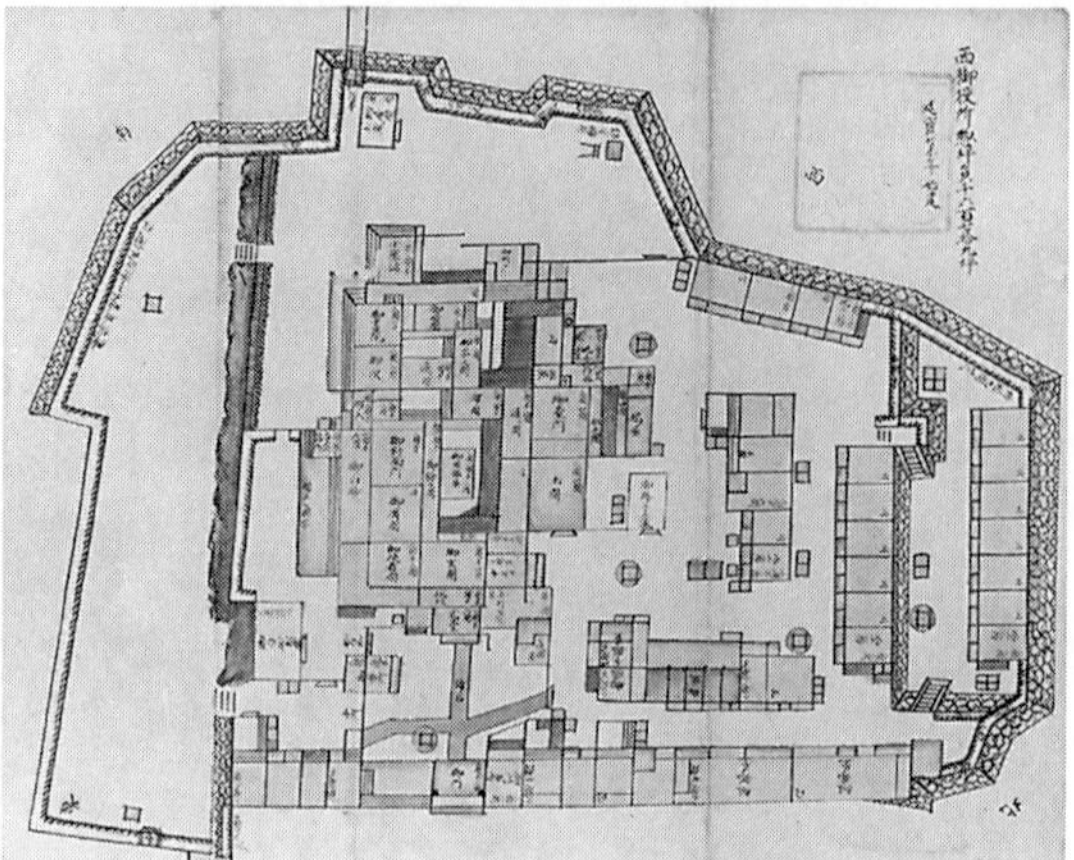

長崎奉行所西役所（同上より）

言われるほどだった。このほか、奉行所付属の与力一〇人と同心三〇人がいる。

役得の多い長崎奉行

奉行は役高一〇〇〇石なので、知行五〇〇石の景晋は差額の五〇〇石を足高《たしだか》（増給）として在職中支給された。目付と同額でその点での益はないが、任地長崎では多額の役得があった。

天明《てんめい》七年（一七八七）から寛政元年まで長崎奉行を務めた末吉利隆《すえよしとしたか》は、一年の在勤で銀四七一貫目（銀六〇匁＝一両の両替で金六八五〇両）の収入があり、家臣への配分や足軽など武家奉公人の給金、貿易品の購入費を支払っても、金三二〇〇両が手元に残ったという。収入の内訳は、三分の一が八朔礼銀《はっさくれいぎん》（徳川家康《とくがわいえやす》が江戸城に入城した八月一日〈朔日〉を祝う年中行事で、奉行が長崎の町人らから受け取る礼銀）、三分の一が受用銀《じゅようぎん》（長崎の町に配分されるオランダ・中国貿易の利潤を奉行と家来も受け取った）、三分の一は貿易を担った長崎会所から支払われる金である。また、長崎奉行は輸入品を一番先に購入できる権利（先買《さきが》い特権）があり、質のよい品を安く購入できたので転売により差額を手に入れた。これらはすべて幕府公認の収入だった。

このほか、九州諸大名からの付け届けや、さまざま起こる紛争の解決に口利《くちき》きして礼金などを懐にできたらしい。知行五〇〇石の景晋にとって、びっくりするような金額の役得だったろう。

景晋が赴任した文化九年二月から一三年七月頃は、国際情勢の変動の波が長崎にじかに及び、いくつもの難問に直面していた。それは、①オランダ貿易の不振、②中国貿易の制限による唐人（中国人）の騒動、③異国船の頻繁な渡来、だった。

難題① オランダ貿易の不振

貿易相手国のオランダは、フランス革命後のナポレオン戦争でフランス軍に侵攻され、一七九五年（寛政七）にフランスの傀儡《かいらい》政権、バタヴィア共和国となった。バタヴィア共和国は一八〇六年（文化三）、フランス皇帝のナポレオン・ボナパルトの弟ルイを国王とするオランダ王国になり、その後、一八一〇年にフランスに併合されフランスと敵対するイギリスの敵国になった。また、フランス軍侵攻時にイギリスに亡命したオランダ総督ウィレム五世は、オランダ海外領土の管理権を一時、イギリスに預けたため、イギリスはオランダ植民地を接収する名分を得た。このため、地球上でオランダ国旗が掲げられていたのは、長崎の出島だけになるという事態に陥ってしまった。

オランダは、ナポレオン戦争によるフランスとイギリスの世界的規模の対立抗争に巻き込まれ、東アジア貿易の拠点バタフィア（現ジャカルタ）も混乱し、オランダ船を出島へ送るのが困難になった。寛政七年から文化一四年までの二二年間に、バタフィアから出島に送った船は二〇艘、そのうちオランダ船は五艘、残りは主に敵対する英仏の中立国であるアメリカ船籍のチャーター船だった（中立国傭船《ようせん》時代と呼ばれる）。しかも、文化五、七〜九、一二、一三年は一艘も出島に来なかった。その文化九年と一二年は、景晋在任中である。

難題②唐人騒動の激化

中国船（唐船《とうせん》）は、寛政の改革の貿易抑制策（貿易半減令）により年一〇隻に制限され、唐人たちは不満を強めて騒動を起こした。船数削減に対応して唐船は大型化し、工社《こうしゃ》（「漕者」）と呼ばれる下級船員が多数乗り組み、しかも中国沿海で活発化した海賊対策のため武装化した。工社らが集団で唐人屋敷の門を出て、持ち込んだ商品をさまざまな名目をつけて販売し、代金回収のため長崎市中を出歩いた。

幕府が文化五年のフェートン号事件（後述）以降、長崎警備を強化して唐人取締りを強めたため、しばしば唐人による騒動が起こった（深瀬公一郎「一九世紀における東アジア海域と唐人騒動」）。

景晋が、在府の長崎奉行を五ヵ月務めて、文化九年七月二一日に江戸を発ち、長崎へ向かう道中にあった八月一七日に、大きな騒動が起こっていた。中国人水死体の発見をきっかけに、中国人七名が奉行所に押しかけ捕縛された。奉行の土屋廉直《つちやただなお》は、佐賀・福岡・大村藩に各三〇〇名の出兵を求め、これに対して中国人たちが竹槍などで抵抗しようとして大騒動に発展した。大きな衝突には至らなかったが、中国人全員に、「これから先はどのような不始末もしでかさない」「彼らが以前していたように、稲佐《いなさ》や他の場所に彼らの艀《はしけ》で上陸することはもはや許されない」（『長崎オランダ商館日記』五、二〇三〜二一〇頁）と誓約させた。また、奉行土屋は、国禁《こっきん》（再渡来禁止）を申し渡した者の再渡来を防ぐため、目印に入れ墨をすることを決めた（熟美保子「近世後期における境界領域の特徴」）。

オランダ貿易が極度の不振になり、中国貿易も制限されたため、貿易利潤で繁栄してきた長崎全体が深刻な事態におちいった。長崎奉行は、困窮する長崎の町とオランダ商館長らの苦難、唐人の密貿易横行が引き起こすさまざまな難題に対処を迫られた。

難題③異国船の頻繁な渡来と防備

オランダ本国とバタフィアの混乱は、それまでの対日貿易の秩序を乱し、その隙をついた異国船が享和《きょうわ》元年（一八〇〇）から文化一一年の間に九隻も長崎に渡来した。その内訳は、イギリス船四隻、アメリカ船三隻、ロシア・ポルトガル船各一隻である。ロシア船は、景晋が対応したレザノフの乗った船である。

イギリスの一隻は、文化五年八月、敵対するフランス支配下にあるオランダ船を拿捕する目的で、国籍を偽って長崎港に侵入した軍艦フェートン号であった。出島のオランダ商館員を人質にして物資補給を要求するなどしたため、オランダ商館長ヘンドリック・ドゥフは長崎奉行所に避難、長崎奉行の松平康英《まつだいらやすひで》は事件の責任をとって自殺した（フェートン号事件）。後述する文化一〇年に渡来したイギリス船シャルロッテ号とマリア号は、景晋が長崎在勤時のことであり、景晋がもっとも緊張した事件だった。

長崎港には、西泊番所《にしどまりばんしょ》・戸町《とまち》番所・神崎《こうざき》番所・高鉾島増台場《たかほこじまましだいば》などの防御施設が張りめぐらされ、佐賀藩と福岡藩が隔年交代で警備を担当していた。ところがフェートン号事件の際、佐賀藩は無断で警備兵を引き上げており、長崎には兵力がわずかしかなかった。警備怠慢が発覚して藩主の鍋島斉直《なべしまなりなお》が逼塞《ひっそく》を命じられ、長崎港の警備強化が課題となっていた。また、フェートン号事件では、不意に侵入してくる異国船へ軍事的に即応できない問題が露呈した。対策は、福岡・佐賀藩の長崎警備態勢の強化、長崎地役人の砲術稽古、台場増築（文化六年に四ヵ所、同七年に一〇ヵ所）、大砲・銃器類の増強などで、文化一〇年には二四台場、大筒一三四挺になった（『新長崎市史』第二巻・近世編、深瀬公一郎「フェートン号事件後の長崎海防と身分秩序」）。

二　第一回目の長崎在勤

在府奉行として

景晋は、文化九年（一八一二）七月二一日に長崎に向け江戸を発つまで、在府奉行を務めた。目付時代の書類を整理して後任者に引き継ぎ、長崎在勤奉行留守宅への挨拶と連絡、業務上密接な関係にある勘定所との連絡・相談など、奉行の職務に関わる活動をしている。目付時代は宅調日を除いて毎日登城したが、長崎奉行になると、三月は二九日間で九日、四月は二九日間で一〇日、五月は三〇日間で七日、六月は二九日間で一〇日登城していない。三日登城すると一日在宅のような勤めになり、在宅日は何をしているのかよくわからないが、目付時代と比べてかなり余裕がありそうである。

登城すると長崎奉行は江戸城中《なか》の間《ま》に詰め、同じ遠国《おんごく》奉行である佐渡・日光・浦賀奉行と組になり、輪番で詰め番を務めた。当番の日は、老中からの遠国奉行宛の触書《ふれがき》などを受領して組の奉行に伝達し、四奉行を代表して城中の儀式に参加した。在府奉行としては、江戸城内の御殿《ごてん》勘定所談所《だんしょ》に出向き、長崎掛の勘定奉行・同吟味役・勘定などと、受用銀の減額、工社取締り、長崎への御用状などの相談・打合せをしている。

景晋は二月二八日、福岡藩主の黒田斉清《くろだなりきよ》に宛てた老中奉書《ほうしょ》(老中が将軍の命令を伝える文書)を、佐賀藩主の鍋島斉直に渡すため、徒《かち》三人と侍《さむらい》三人を連れ、佐賀藩邸(山下御門内)を訪れた。福岡・佐賀藩は、長崎警衛の任にあたる二家である。藩邸表門から入り書院に案内されて着座した景晋は、下手《しもて》から入り下座《しもざ》に座った鍋島斉直に奉書を渡した。いったん退出し再び入室した斉直が奉書をたしかに受領した旨を述べると、景晋は上座《かみざ》から下がり斉直と対座した。景晋が、時候《じこう》の挨拶、御暇《おいとま》(参勤交代で国許《くにもと》に帰る事)の祝詞、長崎奉行就任の披露をすると、斉直からそれぞれ挨拶があり、玄関式台《しきだい》まで斉直に見送られて藩邸を後にした。

景晋は、鍋島斉直の応対に将軍の御威光のありがたさを強く感じたことだろう。なお、三月四日に、斉直から羊羹《ようかん》とカステイラが届けられ、勘定所と談所へ一つずつ届けた。

長崎への道中

長崎赴任まであと二日になった七月一九日、景晋は登城し、老中の土井利厚《どいとしあつ》から御黒印・御下知状（将軍の意を受けた老中から奉行への命令書）・覚書（長崎で実施する個別政策について、老中への問合せと回答が記されている）の三点を渡された。二一日に七度目になる長途の旅に出て、中山道を京都に向かった。日記と紀行文の違いなのか、近江大津（滋賀県大津市）の石山寺を除いて名所旧跡・寺社参詣の記事がない。大勢の従者を引き連れ、行列を組む長崎奉行の景晋には、裁量の自由がないのかもしれない。

大津に着く前、京都と大坂の糸割符《いとわっぷ》宿老《しゅくろう》（輸入された生糸の価格・販売を統制するため、京都・大坂・堺・江戸・長崎の五ヵ所に置かれた糸割符仲間の代表者）と銅座《どうざ》（大坂に置かれ、全国の産銅を独占的に買い上げて銅吹屋《どうふきや》仲間に精錬させ、輸出と国内用の銅を専売した役所。勘定奉行・長崎奉行・大坂町奉行が管轄）役人ら五名の出迎えを受けた。八月八日に入京し、所司代、禁裏《きんり》・仙洞付《せんとうづき》、京都町奉行ら在京役人に恒例の挨拶をした。

大坂銅座・俵物役所

夜船で翌九日に大坂に着いて銅座に入り、銅座詰め支配勘定・普請役、銅座御用の町人、九州・中国筋と南部・佐竹家ら大坂に蔵屋敷を置く大名の使者に対面した。銅座詰め支配勘定・普請役から「銅座請払諸式勘定帳」一冊と、銅座詰長崎会所吟味役作成の

「於大坂唐物売捌方之存寄書」を受け取った。何事か大坂町奉行に内々で話してくれるよう頼まれ、それを伝えている。

一〇日は大坂城代《じょうだい》に挨拶、翌一一日は銅吹所《どうふきしょ》（銅精錬所）を訪れて銅精錬の現場を視察、泉《いずみ》屋《や》吉次郎（住友友聞《すみともともひろ》）の説明を受けた。ついで俵物《たわらもの》役所（中国向け輸出品の俵物〈煎海鼠《いりこ》・干《ほし》鮑《あわび》・鱶鰭《ふかひれ》〉を独占的に集荷する役所で、長崎・大坂・箱館に置かれた）を見分した。銅座に戻り、表座敷床下の「有銀箱」を取り出し、現銀と帳簿を照合する作業を見ている。旅中にこのような長崎奉行の職務を果たしている。

八月一二日に大坂を発ち、一六日に室津《むろつ》（兵庫県たつの市）で佐賀藩手配の船に乗り、瀬戸内海に乗り出した。二三日に厳島神社に参詣、瀬戸内海航路の要港上関《かみのせき》（山口県上関町）で手付らの乗船や馬船と合流。二六日に下関に着き、長州藩支藩の清末《きよすえ》藩と小倉《こくら》藩の使者と面会。また、下関に置かれた俵物の集荷請負い人（「下之関長崎御用之者」）とも面会し、俵物方御用達《ごようたし》から「俵物書付」を受け取った。翌二七日に関門海峡を渡って大里（福岡県北九州市）に上陸、長崎地役人が派遣されている抜荷《ぬけに》改《あらため》番所に入り、遠見番《とおみばん》の地役人とともに面会した。

九州に入る

小倉（福岡県北九州市）では、小倉藩の家老や藩士、町年寄、本陣、乗船や公船の船頭・水主《かこ》同心《どうしん》らの挨拶を受けた。二九日に木屋瀬《こやのせ》（福岡県北九州市）で、工社大勢が騒動を起こし佐賀藩兵らが鎮圧した、との長崎からの御用状を受領した（一七一頁参照）。

九月一日に長崎街道随一の難所、冷水峠《ひやみずとうげ》（福岡県飯塚市と筑紫野市の境）を越え、山家《やまえ》宿（福岡県筑紫野市）で、福岡藩主の黒田斉清の茶屋に招かれた。景晋が座敷上座に座り、黒田斉清が下座から進み、伏して将軍のご機嫌を伺うと、景晋はそれに「ご機嫌よろし」と答えた。それが終わると景晋は座を下がり、時候や長崎奉行就任の挨拶などを述べ、饗応を断り茶や菓子のみで退去。本陣に戻ると家老らが訪れ、樽酒・生鯉などを贈られた。九月二日には太宰府天満宮《だざいふてんまんぐう》に、宿坊延寿王院と長崎奉行の宿坊検校坊の案内で参詣した。

遠山景晋寄進の手水鉢
（長崎市興善町・安豊稲荷大明神所在）

九月三日に佐賀の本陣で、佐賀藩主の鍋島斉直の表敬訪問を受け、黒田斉清と同じ挨拶をし、景晋が答礼として鍋島斉直が控えている寺院に赴いた。斉直の側用人が使者として宿所に参り、贈物として更紗《さらさ》染め縮緬《ちりめん》二反と手水鉢《ちょうずばち》二（この一つが、現長崎市興善町にある安豊《やすとよ》稲荷大明神に景晋が寄進した手水鉢か）を長崎へ送った旨を伝えられた。このように景晋は、長崎警衛を担う福岡・佐賀両藩主の表敬を受けたのである。

九月五日に大村（長崎県大村市）に着き、大村藩主の大村純昌《おおむらすみまさ》の表敬訪問と接待を受けた。また、文化二年にレザノフ一件のため長崎に赴いた際、諸々の用を達した馴染みの長崎地役人らが、大村まで出向いてきたので面会した。大村から矢上《やがみ》（長崎市）への道中は、長崎年行事や乙名《おとな》ら地役人が先導し、地役人名簿も受け取った。

長崎到着・奉行交代儀式

九月七日、日見《ひみ》峠から長崎市中への道筋には、新任奉行の長崎入りを出迎えるたくさんの人々が並んだ。長崎に蔵屋敷《くらやしき》を置き、奉行所との連絡にあたる聞役《ききやく》の藩士を置く九州諸大名の使者や、長崎会所調役《しらべやく》・町年寄らが沿道に居並ぶ中、西役所まで進んだ。それは、新任長崎奉行遠山景晋の晴れがましい長崎入りパレードだった。途中、僧侶や神職、長崎聖堂祭主《さいしゅ》で船載書物改《あらため》の向井玄中《むかいげんちゅう》には、駕籠の引戸《ひきど》を開けて挨拶、諸大名の使者の前ではゆっくりと駕籠をかつがせ、戸を開け続けて姓名の披露を受け、そのつど会釈、会所調役・町年寄には戸を開け、「一同大儀」と伝えて労《ねぎら》い、長崎代官高木屋敷近辺では、出迎えの代官父子や兄弟に駕籠を降りて挨拶。出迎えの人々の地位や格式などに応じた挨拶をしている。

西役所に到着すると、先発の家来らが出迎え、廊下に着座する幕府から派遣された普請役・手付に歩きながら会釈、支配勘定へは膝をついて会釈し、居間に入った。居間では、新任奉行到着の祝意を伝える音物《いんもつ》を届けた在勤奉行と諸家の使者に応対し、さらに在勤と同道の支配勘定・普請役・手付に面会している。

それから一日、さまざまな新任奉行の到着・交代の祝賀行事が続く。まず、西役所に在勤奉行土屋廉直が表敬に訪れ、ついで景晋が答礼に立山役所を訪れ、一連の奉行交代の儀式が始まった。西役所では、景晋が「黒印下知状・覚書・阿蘭陀人申渡」を置いた床の間を背に座り、下座に座った土屋と、将軍のご機嫌伺いの儀礼を行ない、老中から土屋への伝言を伝えた。土屋が黒印下知状以下を拝見する儀式を行ない、おのおのの家来などの紹介で終わった。

立山役所では、土屋が文化八年に江戸から持参した黒印下知状以下を景晋が拝見、ついで在勤手付・長崎代官高木・長崎会所調役・町年寄らに面会。とくに、文化二年のレザノフ一件の際に御用を達してくれた町年寄の高島作兵衛に、久しぶりと声をかけている。立山役所では盛大な酒宴が開かれ、料理などは町年寄の計らいという。

八日午前中は、上野寛永寺に葬られた将軍の位牌を安置する天台宗安禅寺《あんぜんじ》(現在は廃寺。跡地は長崎公園)に参詣し、土屋ともども住職の丁重な饗応を受けた。ついで立山役所で土屋と御用談である。①大坂銅座で銅座詰め長崎会所吟味役河野甚十郎らが差し出した書付《かきつけ》（大坂銀繰《かねぐり》）の一通は、相談のうえ却下、大坂唐物売捌方存寄書については考えてくれるよう預け、土屋が江戸に持ち帰ること、②工社申渡しの件、入墨の件、一名伺の件、三件については相談が済んだ、③江戸の阿蘭陀宿、長崎屋源右衛門から出された名代止め願いの件は、景晋から長崎会所へ下げること、④対馬藩主宗義功《そうよしかつ》の家来からの「密陽《みつよう》人参」（朝鮮人参）も、景晋から会所に下げること、⑤受用銀減額について手付が書き出した件は、なお相談を継続することになった。

九月九日は、諏訪三所大明神社（諏訪社）の祭礼「おくんち」の日である。景晋は、在勤奉行の土屋と鳥居内に設られた桟敷に座り、踊りと神輿《みこし》通行を見物した。桟敷前を通る社人や地役人らが平伏すると、土屋が彼らの一部に「能《よい》天気」、町年寄へは「能天気大儀《たいぎ》」と声をかけた（この詞《ことば》は定例）。土屋の名代を務める家老が通ったさい、景晋は「能天気御大儀」と声をかけた。その合間に土屋と御用談をし、景晋の賄いで、桟敷に詰めかけた末々の者にまで赤飯や料理が振る舞われている。それから大波止《おおはと》に設けられた御《お》旅所《たびしょ》に行って拝礼し、神酒を頂戴して「おくんち」初日の行事を終えた。一一日には、桟敷に座って踊りと神輿の還輿《かんよ》を見物。その後、諏訪神社内陣に上がり拝礼、御神酒を頂戴し、大宮司から湯立《ゆだて》神事の笹の葉をいただいた。一三日は神事能。能舞台に連なる回廊に桟敷を設け、能八番と狂言二番を見物した。帰りの急な下り坂では駕籠から降り、徒歩で鳥居下まで歩いている。

長崎奉行事務引継ぎ

九月一〇日は、土屋とともに長崎警衛態勢を熊本藩手配の船で見分した。まず、西泊番所と戸町番所、ついで神崎台場と高鉾島増台場を見分。だが、工社騒動の件もあるので唐船への乗移りは止め、遠望に留めた。一二日は、芝増上寺に葬られた歴代将軍の位牌を安置する浄土宗大音寺（長崎市鍛冶屋町）に土屋とともに参詣。一四日は新旧奉行の事務引継ぎが、双方の家来、代官高木、支配勘定らが列席して西役所で行なわれ、引継物を受領した。西役所に牛皮を盗んだ二名を引き出し、景晋も白洲に同席して土屋の裁判に立ち合った。長崎奉行は行政官であるとともに裁判官なので、土屋は裁判を実見させたのだろう。事務引継ぎを終えた景晋は、在勤奉行としての業務を開始した。

長崎聞役を置く西国諸大名による、新任奉行への表敬訪問が続いた。九月一七日に平戸藩主、一八日が佐賀藩主、一九日は大村藩主、二一日には島原藩主が西役所を訪れ、その答礼に景晋は各藩蔵屋敷に赴いている。前在勤奉行の土屋が長崎を出発した九月二三日、景晋は立山役所を受け取り、翌日に引っ越して業務を開始した。高木代官や支配勘定、そのほかの奉行所勤務役人と、日々相談しながら業務を遂行する長崎奉行として、本格的に始動した。

その後、市中巡見、関係諸施設・台場などの長崎防備施設の見分、寺院参詣などが続いた。一〇月六日には、寛政四年（一七九二）閏二月に長崎奉行在勤中に死去した兄永井直廉の墓所、曹洞宗皓台寺《こうたいじ》に参詣している。

一〇月七日は、一一町、四七七竈《かまど》を焼く大火になった。出島まで危険な状況になったため、商館長以下の保護と建物や諸道具の保全に万全を期すよう指示し、商館長ヘンドリック・ドゥフから感謝の念が伝えられた（『長崎オランダ商館日記』五、二四〇頁）。

長崎奉行所年中行事

長崎奉行所の年中儀礼は、一日・一五日・二八日の月並礼、年始礼、五節句、八朔、玄猪《げんちょ》、具足開き、煤払いなど、江戸城とほぼ同様だった。例えば文化九年一一月一五日の月並礼は、一六二名にものぼる。御用日は、四日・七日・一三日・一八日・二三日・二七日が定例日、同日に白洲（裁判）もあった。白洲は御用日以外にも不定期に開かれ、文化九年一〇月は八回、一一月は七回、一二月は八回と頻繁だったが、翌文化一〇年には月に一、二回程度になっている。事務引継ぎが済むと、年中儀礼も御用日も白洲も景晋の責任のもとで開かれ、長崎会所調役や町年寄と毎日のように会い、用事のある者とは奉行所書院で相談している。

長崎には目安箱《めやすばこ》があり、訴状箱と呼ばれた。文化九年は一一月、同一〇年は正月・三月・五月、二回目の長崎在勤である文化一一年一〇月のいずれも一一日（正月は一三日）に、「訴状箱出ス、無別条《べつじようなし》」などと日記にあり、二ヵ月に一回訴状箱を開き確認している。

寺社参詣

景晋は在勤中、定期的に寺社に参詣している。天台宗安禅寺には、毎月八日（一〇代将軍家治《いえはる》の月忌）と一七日（初代将軍家康の月忌）の二回、正月一〇日（五代将軍綱吉《つなよし》の祥月命日）と四月二〇日（三代将軍家光《いえみつ》の祥月命日）、五月八日（四代将軍家綱《いえつな》の祥月命日）、六月二〇日（八代将軍吉宗《よしむね》の祥月命日）、および正月二日に安禅寺御宮御霊屋、浄土宗大音寺には毎月一二日（九代将軍家重《いえしげ》の月忌）と正月二四日（二代将軍秀忠《ひでただ》の祥月命日）、および一〇月一四日（六代将軍家宣《いえのぶ》の祥月命日）に参拝している。

つまり、徳川家康と先代将軍家治、および先々代将軍家重の月忌と、七代将軍家継《いえつぐ》を除く歴代将軍の祥月命日に参詣するのである。月に三、四回、徳川将軍の月忌、祥月命日に寺詣りをしているのである。将軍への忠節を表すとともに、将軍の御威光による長崎奉行の権威づけなのだろう。

諏訪神社へは、毎月九日と正月二日に参拝している。「一己の立願」「別願の子細」があり参拝したというが、何を願掛けしたのだろうか。

唐船対策の強化

九月一五日に、遅れていた唐船船主の八朔礼を受け薬種《やくしゅ》を進上され、翌一六日は、唐人が新地《しんち》で会所下役人を殴打した事件の処理、一七日は、新地南門を損壊した工社の吟味、二〇日に、佐賀・福岡・大村藩および高木代官へ、密貿易取締まりのため、唐船が出帆後にどこかへ上陸しないよう警戒し、上陸の場合は捕らえて奉行所に通報するよう指示した。二一日には、唐船主を呼び、長崎出立二日前の前在勤奉行土屋廉直が、騒動を起こした工社たちへ再入国を禁じる国禁などを申し渡した。

ついで景晋が、清国の官商汪氏と官許の民間商人である額商一二家の船主たちに、江戸で承認を得た申渡書を渡し、唐通事が通訳し口頭で承諾させた。以前は事前に唐通事に中渡書の下書を渡して漢文に直させていたが、当日に書院で下書を渡し漢文に直させる方式に変更した。奉行所の政策や方針が、唐通事から唐船主に事前に漏洩するのを防ぐ目的だろう。

二二日は、出帆する唐船二艘の船主二名を白洲に呼び出して信牌《しんぱい》を渡し、日本の国法を守り、積荷に念を入れ、期限内に来日するよう申し渡した。その申渡書は唐通事に渡さず、通訳させて口頭で承諾させ、用人から信牌二通（前日に向井玄仲が作成し、当日、奉行所書院で玄仲が押印）を唐通事を介して船主に渡した。唐船主へのこの一連のやり方から、唐人と唐通事の癒着を是正しようとする幕府・長崎奉行所の意図が見える。

長崎永続仕法の策定

貿易不振、とくに日蘭貿易の不振は、長崎の存立に関わる大問題だった。幕府は対策を講じるため、長崎貿易を熟知する勘定吟味役の松山直義《まつやまなおよし》を長崎に派遣した。松山は文化九年一二月二七日に一〇度目になる長崎に着き、翌年九月一九日に出立するまで、景晋との協議を繰り返した（鈴木康子「一八世紀後期―一九世紀初期の長崎と勘定所」）。仕法は、文化一〇年六月六日に松山と読み合わせて調印し、江戸に送付して七月一三日に許可された。松山の任務は、景晋によると「当地相続方ならびに当節の商買出割進み方など」、商館長ドゥフによると、貿易の実態を調査し、中国貿易だけで長崎の地役人や住民の生活を成り立たせる方法を協議するため（『長崎オランダ商館日記』五、二六五頁）と説明されている。事実、長崎会所には、オランダ貿易はないものとして歳入歳出計画を提出させている（中村質『近世長崎貿易史の研究』三八六〜三八七頁）。

景晋は、帰府後の文化一〇年一二月五日、長崎永続仕法を立てることに尽力した、と老中牧野《まきの》忠精《ただきよ》からお褒めの書取を与えられた。

キリシタン探索―天草今泉村宗旨一件

長崎奉行の重要な職務に九州全体のキリシタン探索がある。寛政二年には浦上一番崩《くず》れ、文化二年には天草崩れと呼ばれる、潜伏キリシタンの疑いで摘発した事件が起こっている。景晋在勤中には、天草今泉村（熊本県天草市）の事件がある。

文化一〇年二月四日、島原藩がキリシタンの疑いで、今泉村の村民を長崎奉行所に差し出してきた。同村内の浄土真宗西運寺の一部門徒による在家法座の講（新後生組と団子組）が、キリシタンの嫌疑をかけられたのである。二月七日、奉行所は今泉村の一八人を受け取り、吟味のうえ入牢させた。景晋は六月二四日、取調べについて、公事方勘定奉行の曲淵景露に相談書を送った。文化一一年二月一九日、在府奉行の景晋は宗旨一件について取調べを止め、キリシタンと認定せず、赦免するよう老中の牧野貞精に伺い出た。その結果、老中から赦免が伝えられ、今泉村宗旨一件は落着した。この一件は、浦上一番崩れの取調べが参照され、「異宗」、すなわちキリシタンではなく浄土真宗の異端的なものと判定された（大橋幸泰『近世潜伏宗教論』）。

漂流民の受領と送還

長崎奉行の重要な役務に、外国へ漂流し送還されてきた日本人の受取りと、日本近海に漂着した外国人の送還があった。

文化九年一〇月晦日に琉球に漂着し、薩摩藩が長崎に送還してきた松前奉行所の水主《かこ》同心と水主を受け取った。この場合、琉球は薩摩藩領同様という理由で、宗旨吟味や踏絵などを省略した。同年一一月七日、朝鮮へ漂流し対馬《つしま》から送還された薩摩藩領の船員に対し、白洲で漂流の状況、宗旨、年齢などを尋問している。結局、疑わしい点はないと判断し、薩摩藩の家来に引き渡した。

翌月の一一月二四日、五島藩領分へ漂着した朝鮮人の男女二〇人を受け取り、白洲で尋問した。尋問の箇条書を対馬藩聞役から朝鮮通詞に渡し、それへの回答を通詞から直接聞き取る形式だった。奉行所の対面所で五島藩の家来に会い、疑わしい点はないので、朝鮮国へ戻すよう申し渡した。その際、漂流民の回答などを書面にして差し出すよう指示している。

文化一一年一〇月二八日に長州藩から、一一月二〇日に松江藩から、同月二四日に筑前藩から、一二月五日に平戸藩から、それぞれに届けてきた漂流朝鮮人を同じように処理している。

三　イギリスによる出島商館乗っ取り未遂事件

商館長ドゥフの景晋の印象

景晋在任中のオランダ商館長は、ヘンドリック・ドゥフだった。ドゥフは、寛政一一年（一七九九）商館書記として来日、いったんバタフィアに戻り、翌年に荷倉役として再来日し、享和二年（一八〇二）商館長に就任した。在任中、オランダ本国はフランス、植民地ジャワはイギリスに占領され、長崎にオランダ船が来ない苦難の時期が続いた。文化五年（一八〇八）には、前述したフェートン号事件で、部下の商館員をイギリスに人質にされることも体験した。ナポレオン戦争が終わってオランダが独立を回復し、ジャワもイギリスから返還され、ドゥフは、やっと文化一四年一二月に長崎を去ることができた。初来日から一八年、商館長在任は一五年に及んだ。

文化九年九月二九日（『長崎オランダ商館日記』では三〇日）に、景晋は出島を訪れ、商館長宅で出された茶菓を食べ、ドゥフの息子丈吉（後述二〇二〜二〇五頁参照）を紹介された。その後、ビリヤードを見物し退去した。ドゥフは、景晋の印象を次のように書いている。「閣下は非常に友好的で話し好きで、他の者はめったにやらないことだが、彼に出された菓子を食べた。そしてまた私の息子に非常に親切であった。一般的に言って、見掛けたところ外見は頼りになりそうなので、私は閣下がわれわれに好意的であるものと信じている」(『長崎オランダ商館日記』五、二三四〜二三五頁)。景晋は、ドゥフに友好的な態度で接し、よく会話し、出された菓子を興味津々に食べ、子供に親切に接して好意的で頼りに

ドゥフ画像
(川原慶賀筆，神戸市立博物館蔵，
Photo: Kobe City Museum/DNPartcom)

なりそうだ、という印象を与えた。

文化一二年九月二〇日には「おとなしく気立てのよい長崎奉行遠山左衛門尉様」(同前六、一〇一頁)、同年九月二一日には「温厚だが廉直な長崎奉行遠山左衛門尉」(同前六、一四一頁)と好印象を持たれている。在任中、ドゥフあるいはオランダに好意的に対応したことが、このような印象になったのだろう。

文化九年一一月二九日の紅毛元日(オランダ正月)に、ドゥフから祝いの菓子四箱と銘酒五徳利を進上され、返礼にかす漬け・たいらぎ・鯛索・鮑串・海鼠などを贈っている。

最大の危機—ワルデナール事件

文化一〇年六月二七日、白帆二艘が見え、オランダ船らしいとの注進があった。翌二八日、オランダ船に疑わしいところはないが、景晋は、乗船している商館長格(「かぴたん格」)が今一つわからないのでただすよう通詞に申し渡した。すると、以前渡来したことのある前商館長は商館長調役(「かぴたん調役」)、もう一人は新商館長と回答があった。二九日、通詞が風説書下書《ふうせつがき》を提出したさい、三年も船が渡来しなかった理由と「べんがら舟」を利用した理由を、詳しく書き出すよう、景晋は通詞に指示した。さらに、二艘渡来しても商売を認め、また借船でも構わない先例を調査し、「惣呈書並申上書・御用状」および清書された風説書などをその日の夜、江戸に至急便で送った。

三年ぶりのオランダ船二艘の渡来と思われた。しかし実は、イギリスがオランダの植民地ジャワを占領し、副総督になったトーマス・ラッフルズ（一七八一～一八二六）が、出島のオランダ商館を接収して日本貿易をオランダと替わるため、前オランダ商館長ワルデナール（一七六五～一八一六）らを派遣した偽装オランダ船（イギリス船シャルロッテ号とマリア号）だった。フェートン号の悪夢を思い出させる事件で、景晋に深刻な危機が起こっていた。

ドゥフは、このときまで本国オランダがフランスに併合された情報を知らなかったが、ワルデナールの商館引渡し要求を拒否し、バタフィアはイギリスに占領され、渡来船はイギリス船、と真相を奉行に報告するよう大通詞らに求めた。大通詞の石橋助次右衛門・中山作三郎・名村多吉郎・本木庄左衛門と小通詞馬場為三郎の五名は、奉行に報告すれば、奉行は二艘のイギリス船を焼き払って乗員を皆殺しにし、奉行は切腹し通詞らも切腹しなければならなくなり、オランダ人も追放される事態になる、とドゥフに思い留まるよう説得した。一方でドゥフは、フェートン号事件以来、日本がイギリスを警戒しており、真相を伝えれば命に危険があることを告げて、ワルデナールらに偽装を続けさせた。結局、ドゥフと大通詞らの合作で奉行に真相を隠し、オランダ船であるかのように偽装して、粛々と貿易業務を進めた。そして、何ごともなかったかのように、二ヵ月半を経た九月一八日と一九日に、二艘の偽装オランダ船は長崎を去った。

オランダが日本に伝える世界情報である風説書は、新任商館長らがオランダ通詞に口頭で伝え、通詞が和文の風説書を作成して商館長に署名させてできあがる。盛りこむ情報のうちで伝えると不都合なものは、商館側と通詞の相談で秘匿された（松方冬子『オランダ風説書と近世日本』）。オランダ風説書は、このように商館側と通詞の相談により作成されたので、伝えると不都合な内容のワルデナール事件の真相も、秘匿されたのである。

景晋は真相を知らなかったか

景晋はまったく真相を知らず、騙され続けたのだろうか。ドゥフと大通詞らとで隠蔽工作が合意された翌六月二九日、大通詞らは、オランダ風説書などを提出した際の奉行と属僚たちの様子を、「非常に喜んでおり、そして何の疑いも懐いていない」（『長崎オランダ商館日記』五、三二三頁）とドゥフに伝えた。だが景晋は、「かぴたん格」とは何か、三年も渡来しなかった理由、「べんがら舟」借用の理由を詳細に説明するよう求めるなど、まったく疑念を抱かなかったわけではない。そして、七月一〇日から晦日まで二一日間も、症状は不詳だが体調不良（「不快」）になり、日記の記事も極端に少なくなった。八月四日には、江戸からなにがしか内偵する件（「紅毛内探の一件」）について連絡があった。おそらく、渡来船について何らかの疑念を感じた景晋が江戸に問い合わせ、内偵することになったのではないか。

八月六日には代官の高木作右衛門と大通詞の石橋助次右衛門、七日には通詞目付の茂伝之丞と大通詞の本木庄左衛門、八日には大通詞の中山作三郎に、それぞれ「紅毛内探りの事直《じか》に申し含め」た。具体的な内容は不詳だが、景晋が何らかの疑いを持っていたことを示すのだろう。ただ、代官高木と通詞目付茂以外の大通詞三人は隠蔽工作の共謀者なので、どこまで内偵の実があったのかわからない。真相が明るみに出たら、景晋は大通詞たちが予想した通りの行動を取ったかもしれない。

八月二三日に景晋は出島を訪れ、ワルデナール、新任商館長になるはずだったカッサ、そしてドゥフの三人に面会し、おかしな点はなかったと日記に記している。九月一九日の新任長崎奉行の牧野成傑《まきのしげたけ》との事務引継ぎに、「八月八日付主膳《しゆぜん》（柳生久通）自書別紙の探方の儀」とあり、勘定奉行柳生久通《やぎゆうひさみち》と連絡を取り合いながら探っていた様子がわかる。幕府は、フェートン号事件以来イギリス船に対する警戒を強めており、不審な動きをイギリスと結び付けて考える発想がある。ドゥフが文化一〇年一〇月に、幕府側の質問に内密で答えた文書の中で、近世のイギリスと日本の貿易関係とその断絶の歴史を述べるのもその表れである（鈴木康子「一八世紀後期―一九世紀初期の長崎と勘定所」）。

また、帰府し老中の牧野忠精に面会した一一月五日、景晋が長崎から送ったオランダ船の件についての隠密書で事情がわかり、将軍が安心した様子だと聞かされている。これによると、老中への報告は真相を捉えた内容ではなかったらしい。景晋は真相を知っていたとする説もあるが、ここでは、疑念は持ったが真相を知るに至らなかった、と推測しておきたい。

偽装オランダ船は、三年間渡来しなかったにもかかわらず、寛大に扱われたことへの感謝のしるしとして、将軍へピストル・オルガン・卓上時計など七品のほか、象一頭を特別の贈物として運んできた。江戸時代二回目の来日になる象は、七月五日にシャルロッテ号から出島に陸揚げされ、八月三日に立山役所にやって来た。この象は、セイロン生まれの五歳の牝象、高さ六尺五寸（約一・九五メートル）、頭から尾まで七尺（約二・一メートル）、前足三尺、後ろ足二尺五寸、足の回り二尺五寸、鼻の長さ三尺五寸という（『通航一覧《つうこういちらん》』第六、二四三頁）。なお、景晋は高さ五尺位と書き留めている。

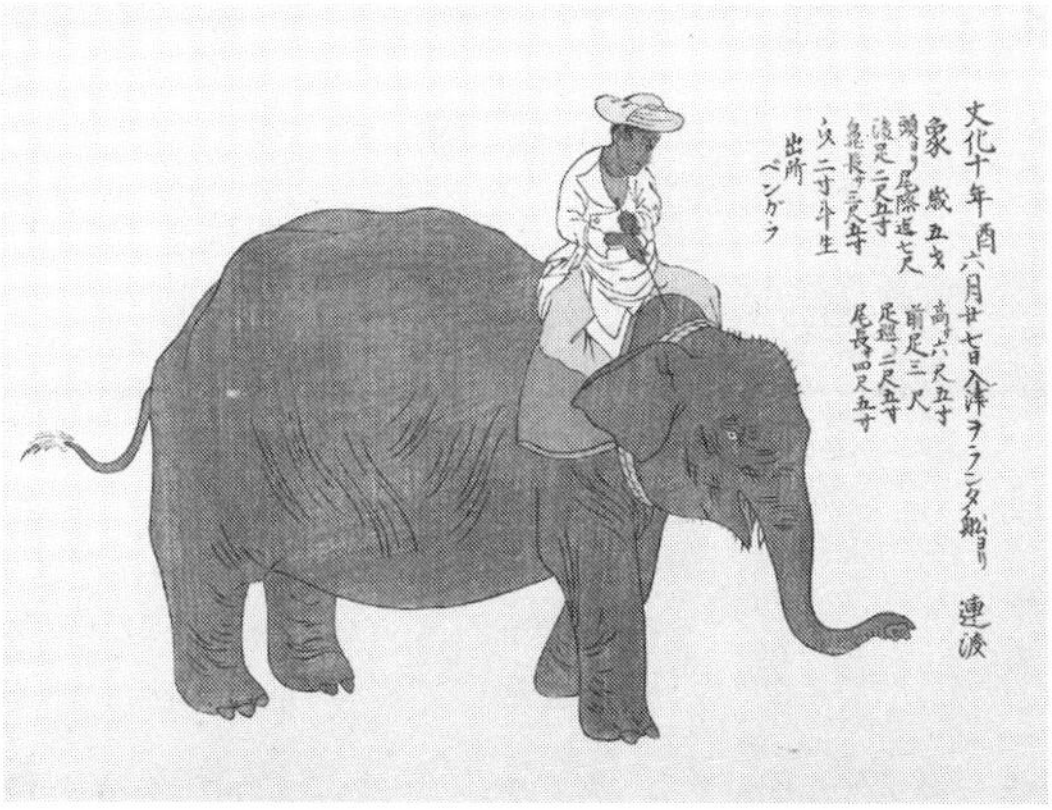

オランダから来日した象（長崎歴史文化博物館蔵）

象は奉行所役人らが警備する中、ベンガル人象遣いを背に乗せ、船長二人と船員二人、オランダ通詞を伴い、立山役所の門をくぐって馬場に到着した。初めて見る象に興味津々の景晋は、日記に詳細な観察を次のように書き、「生写絵図」は別にあるというからスケッチもしたらしい。

沿道は諏訪神社の「おくんち」より多くの群集だったという。馬場前の馬見所に座った景晋ら奉行所役人、町年寄、長崎会所や奉行所出入りの人々、さらに見物を希望した者たちが居並ぶ前で、象は象遣いの鞭に促されて馬場を四、五回、馬でいう並足より早い早地道で廻った。象遣いが蛮語で命じるとよく聞き分け、四本の足を折って伏したり立ったりする芸を見せた。その間に、好物のトウモロコシ・瓜・スイカ・梨などを、象遣いから鼻を頭の上にあげ巻き取って口に入れ食べた。鼻で青草をむしり取ったり、前足で根を踏みつけ鼻で草を引き切って食べ、水も鼻で巻き込んで飲み、蠅や虫も鼻を振り回して追い払うなど、いっさいを鼻でやっている。性格は温順だが怒ると大声で吠えて鼻を振り回して暴れ、その鼻で打たれるとどのような者でも打ち倒されてしまうそうだ。牙が上歯の両脇に小さく生えているのは牝象だからで、成長すると長くなり上へ反り上がるらしい。竹は禁物で、象は竹藪のあるところは通らないという。（現代語訳）

景晋の好奇心の強さをよく示す観察記である。幕府は象の受取りを拒否し、景晋は八月二八日、象の積戻しと飼料小麦一〇〇俵の支給を申し渡した。

文化九年一一月三日、逮捕した唐人を収容する牢が大村に完成するなど、工社対策を進めていた。初回在勤中の事件は、文化九年九月一八日に、工社鄭蘭使らが新地南門の戸の板を破壊したくらいだった。この事件は、鄭が酒狂により不法を働き後悔していると詫びたが、不届きの至りと叱責して入牢を申し渡し、二六日に国禁を申し付けた。

文化一〇年三月二〇日には、最近は唐人がはなはだおとなしく、勝手に上陸する行為もないことから、乙名の見回りを中止している。六月二〇日には、昨年冬以来、入牢した工社がいないという。新任長崎奉行の牧野成傑との引継ぎの際、「当年は工社取〆《しま》りよろしく」と書くように、工社に関しては比較的穏やかな一年だった。

景晋が文化一〇年八月二三日に唐人屋敷を訪れた際、船主たちが差し出した願書を用人が受け取った。唐船船主たちの奉行への直訴だった。景晋は、願書を唐通事に下げて翻訳させ、越訴《おつそ》なので通常の手続きで提出するよう指示し、下げ渡している。これは、同年四月五日に中国貿易の何らかの改正（「唐船荷組等改正の評議相決、今日調役年番へ書付申し渡し候」）があったことと関係があるのだろう。

なお、文化一〇年二月三日には、土地神《とちかみ》祭が行なわれる唐人屋敷に招かれ、景晋は船主棟二階から、土神堂の前に造られた舞台の踊り狂言（唐人踊り・唐人芝居。江戸で「かんかんのう」）を見物した。

四　第二回目の長崎在勤

新任長崎奉行の牧野成傑《しげかた》が文化一〇年（一八一三）九月七日に長崎に着き、一九日に事務を引き継いだ。景晋は偽装オランダ船の出港を見届け、二二日、到着時と同じ見送りを受け長崎を出立。帰途は、太宰府天満宮に参詣し、小倉（福岡県北九州市）の宗玄寺《そうげんじ》（曹洞宗）に立ち寄り、下関から江戸まで陸路を通行した。一〇月三日に宮市天満宮（山口県防府市）に参詣、九日に神辺（広島県福山市）で長崎勤務に向かう勘定の村田林右衛門に会い、長崎永続仕法はもちろんのこと、あまり穿鑿《せんさく》し過ぎないようにして今年は注意深く見守り、駄目だとはっきりしたこと以外、毎年いろいろ施策を変えると人々の気分が落ち着かないので、そのあたりをよく考えてやるよう指示した。これは、景晋の行政の考え方だろう。

一〇日に吉備宮、一二日は書写山《しょしゃざん》（円教寺。兵庫県姫路市）、一五日には摩耶山《まやさん》（天上寺。兵庫県神戸市）に参詣し、一六日に大坂銅座、一八日には大坂城代、二〇日に京都所司代に面会した。二九日に駿府浅間社に参詣し、帰府を急いで一一月四日に江戸に到着した。

翌五日には登城し、返上物・提出物を済ませ、老中らに面会し将軍御用の伽羅《きゃら》を差し出した。一五日の帰府の御目見《おめみえ》の際には、老中牧野忠精を介して将軍よりお尋ねがあり、替わることはない旨を答えている。一七日からは四奉行による交代詰番が始まった。二一日、老中松平信明《のぶあきら》から、届けたオナガザルと狆《ちん》を留め置くとの挨拶があり、二二日に「唐彫り印石三ツ筥入」を老中牧野に見せ、二八日にその代金三両を受け取り、二九日に「鳥獣図」を若年寄《わかどしより》の水野《みずの》忠韶《ただてる》に見せている。景晋は、江戸出立前に入手を頼まれた品々を依頼主に届けたのである。

年が明けて翌文化一一年二月二一日、江戸参府の商館長ドゥフが江戸に着いた。誕生した継嗣家慶《いえよし》の息竹千代への贈物を景晋が要求し、ドゥフは慣例にないと拒否したためもめたが、ドゥフの主張が通った(『通航一覧』第六、二二〇〜二二一頁)。将軍と継嗣に拝謁し贈物を献上するのは恒例だが、継嗣の子は先例になかったのである。ドゥフの江戸参府は、二月二八日に将軍と継嗣(西丸)への謁見、翌二九日は老中・若年寄・寺社奉行・勘定奉行宅へ廻勤《かいきん》(挨拶と進物贈呈)、三月二日にはお暇《いとま》謁見を済ませ、ドゥフ一行は一三日に江戸を出立し、長崎へ帰って行った。

金四郎景元の縁談

江戸滞在中の商館長らの世話は、宗門改兼任の大目付・作事奉行と長崎奉行の役割だったので、在府奉行としての景晋の役目は無事終わった。

この頃、二二歳になった悴金四郎景元《かげもと》の縁談を進めていた。相手は、百人組の頭《かしら》堀田伊勢守一知《かずとも》の妹けい（?～一八五四）である。この堀田家は、景善《かげよし》の子景寿が養子に行った旗本堀田彦三郎一長《かずなが》家と、堀田一継《かずつぐ》を共通の祖とする家である。そのような縁からの縁談であろうか。

景元については、若いうちは放蕩無頼《ほうとうぶらい》の暮らしを送り、血気盛んで刺青をし、木挽《こびき》町《ちょう》森田座のお囃子《はやし》方で芳村金四郎という名で笛を吹いていたとも言われる。放蕩無頼も刺青も笛を吹いていたことも、事実としては確認できない。いくぶんかの事実があったとしても、大身旗本の娘と結婚するとなればもはや許されなかっただろう。

オランダ商館長が江戸に着いた二月二一日に、遠山家の家老宮島鉄右衛門を、初めて堀田の屋敷に使者として送り、同二五日には幕府に縁組願書を提出した。三月一八日は遠山家から堀田家へ結納を送り、同二〇日には幕府から縁組みが許可された。そして、金四郎景元は同月二八日に結婚した。知行四二〇〇石という大身旗本堀田一知が、妹を知行高では釣り合わない五〇〇石の長崎奉行遠山景晋の悴金四郎に嫁がせるのは、景晋の悴だから将来有望だ、という判断があったのではないか。のちに景元が北町奉行の頃、妻の兄が将軍家慶の側衆《そばしゅう》を務めていたことは、景元が家慶の信任を得るうえで大いに意味があっただろう。

五月二二日、村垣定行（作事奉行）・柳沢聴信《あきのぶ》（普請奉行）・小島正苗《まさみつ》（日光奉行）と景晋の

四人で安立院（増上寺御霊屋別当寺）内陣を開扉して徳川家康の束帯木像に拝礼、さらに内陣の壁に描かれた徳川家光筆の鷹彩色図を拝観している。

二回目の長崎在勤

文化一一年七月二二日、景晋は二度目の在勤のため、長崎に向け江戸を発った。中山道を進み、八月八日に大坂銅座に到着。一七日に吉備宮、二二日に厳島神社、二四日に宮市天満宮に参詣。一昨年より多い人数の出迎えを受けながら、九月六日に西役所に到着した。在勤奉行の牧野成傑が長崎を発つ二二日まで事務引継ぎを行ない、二九日には立山役所に移って本格的に二回目の在勤奉行の仕事を始めた。諏訪神社の祭礼、安禅寺と大音寺への参詣など、多くが前回と同じ繰り返しなので、以下、在勤中の主な出来事を上げるに止めたい。

唐物相場引立て策

景晋は長崎への途上の八月一一日、大坂で唐物《からもの》問屋から、唐物相場を上昇させるため触書を出して欲しい、との願書を受け取っていた。幕府は、九年前の文化二年二月と同年一二月に触書（『御触書天保集成《おふれがきてんぽうしゅうせい》』下、六五一七〜六五一九号）を出し、唐物抜荷《ぬけに》の摘発と取締りを強化した。その結果、唐物取引きが危ぶまれて価格が下落したため、大坂唐物問屋たちが打開策を要望したらしい。

景晋が勘定所と交渉した結果、文化一一年九月に触書（同前、六五二〇号）が出された。触書は、唐船持渡りの薬種や荒物《あらもの》の購入者と抵当の唐物の所持者が、売買を躊躇したため流通が滞っているので、たとえ訴訟中でも支障なく取引きするよう指示し、また所持者が仕置きになっても、その唐物は犯罪と無関係の妻子に下され、さらに、吟味中に家財を封印しても、抜荷ではない正銘の唐物はその対象外にするので安心して売買するよう命じた。同じ触書が、一七年後の天保《てんぽう》二年（一八三一）二月にも再び出されている（同前、六五二二号）。

二度目の出島乗っ取り策謀

景晋は文化一一年九月一八日、帰帆するオランダ人に面会した際、ドゥフに対して、前年に続き今年も長崎にやってきたが、病気を理由にこの面会に出てこなかったカッサと、来年秋に商館長を交代するよう申し渡した。なお、ドゥフは、今年バタフィアに帰るよう命じられるのではないかと懸念していたが、それはなくほっとしている（『長崎オランダ商館日記』五、三六七〜三六八頁）。何ごともなかったかのように、「オランダ船」は長崎を出港した。だが、裏面はそれほど平穏なものではなかった。

景晋がまだ江戸から長崎への途上にあった、六月二三日に長崎に入港した「オランダ船」は、実はイギリスが出島乗っ取りのために再び派遣したシャルロッテ号で、新商館長としてカッサが乗船していた。前年のワルデナール事件と同じ構図だった。ドゥフは前年と同じ対応を取り、出島引渡しを拒絶した。しかし、今度はカッサと組んだ二人の大通詞の策謀により、ドゥフは危地に追い込まれそうになったものの、真相を奉行に伝えるという例の脅しを交えて巧みに切り抜けた経緯があった。景晋は、もちろんその真相を知るよしもなかったが。

砂糖価格引上げ要望

日蘭貿易最大の輸入品である砂糖の価格は、国産品に押されて値下りし、長崎会所と長崎住民、そしてオランダにとって深刻な事態となっていた。砂糖で利益を上げられなくなった長崎会所は、幕府に国内砂糖の生産禁止を求めたが、なしのつぶてだったという（同前六、七四〜七五頁）。大通詞から要望を受けたドゥフは、文化一二年三月八日付で景晋に、砂糖価格下落の原因を取り除くことを要望する手紙を書いた（同前、七五〜七六頁）。

一八世紀中頃、人参博士とも称された田村藍水《たむららんすい》に、甘蔗《かんしゃ》（サトウキビ）砂糖の製法を学んだ武蔵国大師河原村（神奈川県川崎市）の名主の池上幸豊《いけがみゆきとよ》が、田沼意次《たぬまおきつぐ》の後援を得てその製法を畿内各地に広めた（落合功「国益思想の形成と池上幸豊」）。各地で甘蔗栽培と国産砂糖（和砂糖）の製造が盛んになり、一九世紀に入ると国産砂糖が輸入砂糖を圧倒していった。国産生糸が一八世紀に入ると輸入生糸を圧倒したのと同様に、和砂糖が約一世紀遅れで同じ事態になったのである。

勘定の橋爪頼助と普請役が文化一四年三月頃、和砂糖調査のため大坂に派遣された。これは、景晋がドゥフらの要望に応えて取り組んだ結果だろう。幕府は、甘蔗を本田畑に栽培するほどになったため、文政《ぶんせい》元年（一八一八）一二月、近年、諸国で砂糖生産が盛んになって大坂そのほかへの出荷が多く、本田畑に甘蔗を栽培し砂糖製造ばかりしている者がいてけしからん事態なので、今後、本田畑の甘蔗栽培を禁止する、ただし、荒れ地や野山を開発し、米穀ができない土地で作ることは構わない、と命じた（『御触書天保集成』下、六一九三号。天保五年〈一八三四〉正月再令、同六二〇二号）。これも、景晋が働きかけた結果だろう。

五　ドゥフと道富丈吉

ドゥフの子　道富丈吉

ドゥフは、寄合町の遊女園生との間におもんという女子をもうけたが、おもんは文化九年（一八一二）頃に病死した。これより先、文化五年一〇月、寄合町の遊女瓜生野《うりうの》との間に男子が生まれ、のちに道富《みちとみ》《どうふ》丈吉と名乗らせた（道富はドゥフの当て字）。

文化一二年秋の帰国を命じられたドゥフは、連れて帰りたいが幕府が混血児の出国を許さないため、残される七歳の丈吉が、オランダ人の子なので養子の貰い手（女子は長崎市中や在方に引き取られる事例がある）もなく、元手金を遺《のこ》しても商売が成り立たず、母親は病身、祖父は病死、祖母は老年のため、そのうちに孤独になり、日本社会で生きられなくなるだろうと行く末を案じた。

ドゥフの嘆願書

ドゥフは、文化一一年一二月頃に景晋に嘆願書を差し出した。オランダ通詞の訳文によるとその内容は、①丈吉をオランダ人や通詞らと関わらない地役人、例えば薬種目《め》利《きき》・端物《たんもの》目利などに任用されること、②ドゥフが今年別枠でバタフィアから送ってきた砂糖三〇〇籠の代金を長崎会所に預け、それを運用した利子から毎年銀四貫文を生活費として丈吉に与えること、③願いが認められれば、帰国後はドゥフ自身も貿易などの御用に出精すること、だった。「親子の愛情」「愛憐の情」など情緒的な語句を用い、親の子への愛情は万国共通（「親たる愛情は何国も同様にて、子に不幸は発《おこ》るまじきやと思いながら一生その子に引き離れ候親、如何してござ有るべくや」）と訴えた。

オランダ通詞たちは一二月、訳文とともに、ドゥフの異例の功績を讃えて、丈吉を薬種目利や端物目利などの地役人に任用することを願う添書を、会所調役と町年寄に提出した。奉行から評議を命じられた調役と町年寄は、オランダ人や中国人と遊女の間に生まれた子を地役人に任用した先例はないが、①ドゥフの多大な功績、②ドゥフが提案した砂糖の代銀一三一貫余（二一八〇両余）を長崎会所に預けて運用すれば、会所の負担なしで受用銀四貫文を年々丈吉に支給することは可能、という二点から、ドゥフの嘆願は会所にとって支障はない、と回答している。

景晋の老中宛伺書

景晋は同僚牧野成傑と連名で文化一二年三月、ドゥフの願書、通詞の添書、調役と町年寄の評議を踏まえて、老中牧野忠精に伺い出た。伺書は、①先例のない新規のこと、②地役人に任用しても長崎会所の負担増にならない、③調役と町年寄から「蛮国書物目利」抱入れ案もあるが、新規役名なので採用できない、④丈吉は今年八歳と幼年のため、まだ役儀を務められないので、砂糖代金の貸付利子を受用銀にして地役人に抱入れ町年寄の支配とし、相応の年齢に達したら目利などの役儀を与え、それに準じた身分にする、⑤ドゥフには前例のない功績がある、⑥今年秋に帰国するので、オランダ船入港の頃までに指示が欲しい、という内容だった。

さらに、伺書《うかがいしょ》が認められた場合のドゥフへの申渡案も作成した。その内容は、伺書の④と同じである。また、会所調役と年番町年寄への申渡案も添付し、丈吉は地役人の一員になるので、今後は地役人として扱うよう強調している（「丈吉儀、地下役人の列に加わり候儀につき、向後は諸事地下役人の取扱いに候条」）。

景晋は三月一七日付で、勘定奉行の柳生久通と肥田頼常、在府長崎奉行の牧野成傑、勘定吟味役の松山直義に宛て、同様の文書を添付して経緯を詳細に説明し、伺書への添削を含めて老中牧野への取りなしを依頼している（以上、長崎歴史文化博物館所蔵「御請言上並脇々へ之書状留」）。

景晋の伺いは許可され、文化一二年九月三日、丈吉は奉行所に出頭して、幕府の決定を伝えられた。それは、新規抱入れ、貸付利子から受用銀四貫文支給、役儀は相応の年齢に達した際任命、その際に受用銀のほか役料を支給、という内容だった（『通航一覧』第六、二五〇〜二五一頁）。役料は景晋の伺書にないので、老中たちが付加した恩典だろうか。ドゥフは、道富丈吉が「将軍の奉公人」に採用され、役儀につけば「奉公から金を得る」ことを知り、「破格な好意」「予期せぬ好意」と受け取り、「古今比類なき」御仁恵と感謝した。ドゥフは翌日、感謝の念を伝えるため奉行所に出向き、五日には、幕府宛の感謝の書状を乙名らに渡した（『長崎オランダ商館日記』六、八六〜八八頁）。

ドゥフが破格の厚遇を得た理由は、一六年も出島に在留し、レザノフ一件、フェートン号事件の際の貢献など、その功績が比類ない商館長と認められたからである。加えて、「ほどなく交代帰国のうえは再渡のほども覚束《おぼつか》なく候は、私（丈吉）身分片付け法見届け安気仕りたし」、「親子の愛情」「愛憐の情」など、幼い息子の行く末を心から案じるドゥフの子への愛情に対する景晋の強い共感があったのではないか。景晋の実子金四郎景元への溺愛ぶりからすると、ドゥフの願いを実現しようと、熱心に幕府に働きかけたことも大きかったのではないか。景晋が長崎奉行だったことは好運だった。

なお、道富丈吉は文政四年（一八二一）八月一六日に唐物目利に任命され、幕府はドゥフとの約束を守った。だが、丈吉は同七年正月一八日に一七歳で死去した。

景晋は、丈吉の新規抱入れを伺うと同時に、今秋帰国する予定のドゥフへの褒美を、老中の牧野忠精に願い出ている。①出島在留一六年と江戸拝礼三回、②国法を理解し、レザノフ一件、フエートン号事件のさい幕府のために尽力、以上の功績は比類ないので、帰国にあたり褒美として銀五〇枚を下賜するよう願い出た。そうすれば、今後来日する者の手本となり、オランダ本国でも幕府の措置を「御仁恵の御沙汰」と称賛するだろうという(以上は、前掲「御請言上並脇々へ之書状留」)。

ドゥフへの褒美

ドゥフは、実際には文化一二年でなく同一四年に日本を去ったが、一八年間の功労に対して銀五〇枚が下賜された。それは、景晋の願書が通ったからである。

長崎版「人足寄場」の創設

長崎では享保《きようほう》一六年(一七三一)、浦上村山里馬込郷に、病気の囚人を収容する溜《ため》が設置された。景晋は新任奉行として文化九年に赴任すると、溜の囚人に手仕事を身に付けさせる施設の創設を構想した。一回目の在勤中は実現しなかったが、文化一〇年九月に交代の在勤奉行の牧野成傑へ、「溜入の者仕業《しわざ》の目論見《もくろみ》」を申し送っている。そして、第二回目在勤中の文化一一年一一月二五日、溜の囚人に縄筵《なわむしろ》などの手仕事をさせる細工所《さいくじよ》が開設された。江戸の人足寄場《にんそくよせば》の長崎版だった。

オランダ通詞の不正

ドゥフは、カッサと組んで自身を排斥しようとした大通詞の名村多吉郎・本木庄左衛門との軋轢もあって、この二人の不正を告発した。本方《もとかた》荷物ではない脇《わき》荷物、本方荷物からの除き物をめぐる不正、後ろ暗い行為を告発したのである。景晋は、二度目の在勤奉行を終えて江戸に戻る間際に、この件を処理しなければならなかった。結局、二人の大通詞の解任、小通詞並《なみ》や稽古《けいこ》通詞だった二人の息子たちは職にそのまま留める、という巧みな処置で事態を収拾した。

第一〇　作事奉行時代

一　作事奉行に就任

作事奉行の職掌

遠山景晋《とおやまかげみち》は二回目の長崎在勤を終えて江戸に戻り、在府奉行を務めていたが、文化《ぶんか》一三年（一八一六）七月二四日、勘定奉行に昇任した土屋廉直《つちやただなお》の後任の作事奉行《さくじぶぎょう》に就任し、文政《ぶんせい》二年（一八一九）九月二四日に勘定奉行に昇進するまで三年二ヵ月の間務めた。同役の先任は、蝦夷地《えぞち》政策で関係の深かった村垣定行《むらがきさだゆき》だった。

作事奉行は、普請奉行・小普請《こぶしん》奉行とともに下三奉行とも言われ、土木・建築関係の業務を担った。普請奉行が土木を、作事奉行と小普請奉行が江戸城内外の建築物を担当した。小普請奉行が本丸や西丸御殿の奥向き殿舎と上野寛永寺《かんえいじ》などを扱い、作事奉行は表向き殿舎と芝増上寺《ぞうじょうじ》の営繕を分担した。享保《きょうほう》以降は、役高二〇〇〇石で定員二名、うち一名は大目付一名とともに宗門改《しゅうもんあらため》を兼ねた。配下には、作事吟味役、作事下奉行、畳・材木石・植木・瓦・小細工《こざいく》の各奉行、大工頭、大工棟梁《とうりょう》、京都大工頭《がしら》、鋳物師《いもじ》、翠《み》簾《す》屋《や》など多数いた。奉行二人が、一ヵ月おきに月番、一日おきに江戸城詰番をしている。

具体的な動きを景晋の『文化日記《ぶんかにっき》』から見てみよう。七月二五日に、二月と八月が恒例の江戸絵図改め、御畳蔵の見分、八月一八日に増上寺の見回り、閏八月四日には、増上寺桂昌院《けいしょういん》廟所が大風雨で被災したため、以後修復にあたる、閏八月一二日に定小屋へ行き、寛永寺根本中堂の翠簾《みす》見分、九月三日には、勘定奉行・目付とともに新橋の出《で》来栄《きば》え見分（以後、昌平橋・一橋・牛込橋など）、一〇月六日は増上寺の文昭院《ぶんしょういん》（六代将軍家宣《いえのぶ》）御霊屋《おたまや》御装束所の畳見分をした（以後、各所の畳の見分）。一〇月二三日には、御簾中《れんちゅう》（家慶《いえよし》の妻有栖川宮楽宮喬子）出産の姫君（最玄院）が逝去し、西丸老中《ろうじゅう》の松平乗保《のりやす》から増上寺に廟所造営を指示され、準備作業に着手したが、結局は寛永寺凌雲院に葬られた。一一月八日には、将軍の駒場御成《おなり》につき、腰掛けと膳所の新造見回り、一二月二四日は、惣勘定に出席し、読上げを聞き「相違なし」と返答している、

文化一四年正月一一日には、定小屋の釿《ちような》始めに出席、正月一七日に増上寺三御霊屋・廟所・御装束所を残らず見分し、二月一四日に増上寺の修復所を見回り、以後頻繁に見分している。四月二七日には、城内外の修復必要な箇所を見分し報告、七月一〇日に修復が終わった紅葉山の文昭院御翠簾の見分、同月一九日に学問所の破損場所を見分、八月三日は西丸の膳所、大手御門の見回り、九月二二日には、頒暦所《はんれきしょ》の見回り、一〇月

四日に六番町火消屋敷の見分、一二月四日に作事終了の清水御番大番所を目付と見分、同月八日は、作事終了の桜田大番所の見分、同月一〇日に、御台所・御賄所の修復を命じられた。また、江戸市中の火災発生時に、風向きにより増上寺に駆けつけている。

宗門改加役

文政元年（四月二二日に文化一五年を文政元年と改元）一〇月八日、宗門改加役《かやく》に任命された。作事奉行の一人が宗門改を兼ねるきまりで、同役村垣定行が九月晦日に勘定奉行に昇任したため、その役が回ってきた。宗門改は、長崎奉行を務め、キリシタン取締りも職務であった景晋にとって、馴染みのある役だったのではないか。

文政元年一〇月二二日に、前年八月に着手した西丸膳所向き梅茶屋とそのほかの修復作事を監督したことにより時服《じふく》三、一二月二七日には、前年一二月に命じられた御台所・御賄所そのほかの修復作事が終わり、時服三を拝領した（『続徳川実紀』二、一一・一五頁）。

二　大猷院廟ほか修復工事の調査

日光山諸堂社修復の調査

景晋は文化一五年（一八一八）正月一九日、「日光御霊屋并諸堂舎御修復見分」（『文化日記』）、「日光山霊廟其他諸堂社修復の事」（『続徳川実紀』二、一頁）を命じられた。勘定吟味役の服部専蔵保定《やすさだ》とともに、輪王寺《りんのうじ》大猷院《たいゆういん》（三代将軍家光《いえみつ》）廟、そのほかの修復工事の事前調査を指示された。

景晋は翌正月二〇日、大工頭の金田藤七郎と下奉行の鎌田作左衛門に担当を命じた。御用を命じられてからの景晋は、準備に忙殺され一日も自宅にいることがなかったという（『文化日記』）。江戸出立の前日二月二五日に老中の青山忠裕《あおやまただひろ》と面談し、①来年正遷座《せいせんざ》のため、なるたけ九月中に計画を立案すること、②遷座が今年できるなら、それは都合次第であること、③材木の調達などは現地日光奉行と相談のこと、などを指示された。

二月二六日に侍と徒士《かち》・引馬《ひきうま》（鞍覆《くらおお》いをかけて飾り立てた馬。千住宿まで）を従えた行列で江戸を発ち、二九日に七里村（栃木県日光市）に着。勝手用達《かってようたし》の大和屋丹左衛門の世話を受け、鉢石《はついし》（同上）辺で支配向き役人と日光方職人たちに出迎えられた。仮橋からは神職らに案内され、宿舎に入った。寛政一一年（一七九九）に蝦夷地からの帰途に拝礼した際に世話になった教光坊と面談、さらに日光奉行と組頭、千人頭《せんにんがしら》（日光火の番をする千人同心の頭）がご機嫌伺いにやってきた。

景晋は二月晦日、大紋《だいもん》を着して御宮、御霊屋《おたまや》へ「到着拝礼」を済ませた。この日に勘定組頭以下の諸役人、翌三月一日に勘定吟味役服部保定が到着し、調査関係役人が揃った。四日から、現地事務所である仮会所の道了坊において、諸役人と寄合《よりあい》を始めた。五日から一二日にかけて御霊屋以下の諸堂社を見分、それ以降は連日、会所で寄合。二三日から再見分を四月三日まで繰り返し、その後また寄合を持っている。四月一五日、日光に到着した日光門主《もんしゅ》（輪王寺宮《りんのうじのみや》公澄法親王）に対顔、同日に日光例幣使《れいへいし》の参議《さんぎ》高倉永雅《たかくらながまさ》も到着したが面会はなかった。一六日に将軍名代の高家肝煎《こうけきもいり》の中条信義《ちゅうじょうのぶのり》に会い、御機嫌伺い。一八日から会所で寄合、二〇日には「御用談書物并評議物」など、老中に提出する文書を作成した。

四月二二日に御《お》暇乞《いとまごい》の拝礼を済ませ、二三日に日光を出立して二六日に帰府した。千住宿で引馬を加え、行列を整えて帰宅した。翌二七日には登城し、老中の青山忠裕へ「御霊屋諸堂社見分仕候趣」「同断荒増仕様書」など調査報告書七冊を提出した。

修復工事をめぐる勘定所との対立

ついで工事計画を策定する作業に入ったが、勘定奉行・同吟味役との間で調整は難航したらしい。五月五日に、事業計画について勘定奉行の服部貞勝から掛合いがあり、一四日には老中青山から、景晋と服部定勝、勘定吟味役の服部保定に書取が渡された。それは意見を求める内容だったらしく、景晋はそれに答えている（「御答并御書取返上」）。

六月六日、景晋は老中青山へ、申し上げた事業計画通りにしないと不都合な理由を、以下のようにこまごまと説明した。それは主に、勘定所への批判だった。

大猷院廟本殿西側の門である皇嘉門《こうかもん》修復の際は「一式渡し」だったが、今度の工事は本格的な修復なので大工頭が関係しなくてはならない事情を、勘定所の実務担当者は本当のところを理解していないし、それでは勘定吟味役が加わっている意味もない。勘定所の考え方では、本来の姿の維持を第一とし、下々の者が難儀しないようにという主意が薄くなり、「今日の利益は明日の損」になる。しかしながら、勘定所と論争になることは、この御用にとって好ましくないので、勘定所と何度も事実について私の担当分を話し合ったうえで、意見が折り合わなかったことについては、私の意見をそのまま申し上げますので、内々の事情をお耳に入れておこうと思い、詳しく申し上げました。

勘定所は、簡易な修理に留め総額いくらと決めてやる方式を主張し、景晋は、大工頭に現場を見せて工事計画案を作る本格的な修復を主張したらしい。勘定所は財政的配慮から簡易な修理で当面を凌ぎ、景晋は本格的な修復により本来の姿を維持させる、という意見対立だろう。結果はわからないが、大工頭たちが七月二八日に日光へ出発し、一〇月二四日に帰府しているので（『文化日記』）、景晋の意見が通ったのではないか。

三 大猷院廟ほか修復工事

修復工事の開始

文政元年（一八一八）一〇月一二日に、老中土井利厚《どいとしあつ》が「日光御修復惣奉行」（『文化日記』）、「日光山　霊廟修復総督」（『続徳川実紀』二、一一頁）、同月一五日には景晋と目付《めつけ》の牧義珍《まきよしたか》

と勘定吟味役の服部保定《はっとりやすさだ》が「日光　御霊屋御修復奉行」（『文化日記』）、「日光山　霊廟修復の奉行」（『続徳川実紀』二、一一頁）を命じられ、老中をトップとする体制ができた。一二月二四日に下奉行の鎌田作左衛門らが日光へ出立した。

景晋は、年が明けて文政二年正月一一日に江戸を発ち、一四日には七里村の大和屋丹左衛門宅で小休止し、教光坊に着いた。翌一五日に到着の拝礼を済ませ、一六日は代参使を務める高家の宮原義周《みやはらよしちか》に御機嫌伺い、一九日には日光門主に対顔、二〇日に日光に着いた惣奉行の老中土井利厚に御機嫌伺い、二二日は釿《ちような》始め、二六日には龍光院で、宝蔵に納められていない宝物（家光の遺墨《いぼく》や具足《ぐそく》など）を拝見した。

景晋は正月二六日、御宮拝礼と見分を済ませた惣奉行の土井に、次のような決意表明を申し上げた。

本殿向き、御別当向きその他をとくと見分のうえ評議し、修復工事方法を申し上げてから工事に着手します。必ず九月までに工事を終わらせる計画を大工頭以下、大棟梁《とうりよう》はじめ一同へ申し含め、いずれも精励する心づもりでいます。天候不順で日延べが多いと順調に進みませんが。日程に余裕のない工事なので、油断なく申し渡し力を尽くします。

以後、景晋は連日、修復工事の現地事務所である会所に出勤し、精力的に工事現場を

輪王寺大猷院廟（栃木県日光市山内）

見回っている。二月二二日には日光門主から、慰労のため餅・煮しめ・樽が下された。合間を縫って、二三日に含満《がんまん》清滝遠足、三月二〇日に大谷川向観音山遊び、同月二九日に鴻巣山遊覧、四月一〇日にカケナシ并龍門寺遊覧、四月一一日に久次良《くじら》山山居と唱える山上で一望と大日堂遊覧などの遊びもあり、文化八年（一八一一）の第二回対馬《つしま》行のような「殺風景なる在勤」にはしなかった。

修復工事の終了

工事は着々と進み、四月一二日には三仏堂の出来上がりの様子を日光奉行が見分し、問題なしとの返答があった。ところが閏四月二八日に、二五日に妻死去の悲報が伝えられ（後述二一九頁参照）、二九日から五月一六日まで忌中になった。景晋が忌中のため出勤しない間も工事は進捗し、五月一日に本宮の正遷座、一〇日に慈眼堂の正遷座。七月二五日に御霊屋の出来栄え見分があり、日光奉行から問題なしと返答があった。二七日に新宮の正遷宮、二八日に御仮物出来栄え見分、二九日に仮引渡し、八月一日から一一日まで御霊屋の見回りを繰り返した。八月九日には、日光門主から修復が済んだということで、紗綾《さや》三巻と昆布一箱を下された。

修復工事終了の褒賞

八月一二日に惣奉行である土井利厚の見分があり、景晋は絵図を渡して詳しく説明した。そして、出来栄えについて土井のお考えの有無と引渡しの可否を、用人を通して尋ねると返答があった。景晋は返答について何も書いていないが、土井にとくに出来栄えについて意見はなく、引き渡すようにという内容だったらしい。その後、土井と面会すると、工事関係者に下される御手当を記した書付《かきつけ》を渡された。景晋は本坊に行き、惣奉行の見分が済んだので引き渡すと伝え、翌一三日には、学頭《がくとう》はじめ日光山中から市中の者に至るまで御手当を下さる、と申し渡した。

景晋は、八月一九日に日光奉行そのほかへ暇乞《いとまごい》、同二〇日には御宮・御霊屋へ暇乞の拝礼を済ませ、二一日に日光を出立し、二四日午前四時過ぎに上野を経て帰宅した。

翌二五日に老中・若年寄ら宅へ挨拶に回ったうえで登城。関係各所へ挨拶し、そのつど悴景善《かげよし》の御番入（後述二一八頁参照）の御礼を述べている。二七日にも登城して惣奉行の土井に面会し、日光山中での苦労をねぎらわれた。また、勘定奉行の服部貞勝を通して、「修復の出来がよい、費用を減らすことだけに拘《こだわ》らず、全体として手堅く荘厳で、出来上がりの形も至極よく大いに喜ばしい」（『文化日記』）と、老中のお褒めの言葉が伝えられた。

九月二日から作事奉行の勤めを再開したが、二四日に公事方勘定奉行を拝命した。その際、日光の御作事方の件は、これまで通りに心得える旨を同役を通して申し上げている。日光修復奉行としての日記の末尾に、このあとのことと三仏堂の銅の一件は、通常の日記（現存しない）に記すと書いているので、勘定奉行として修復事業と何らかの関わりを持ち続け、また三仏堂の銅で何か問題が生じていたらしい。

一〇月一六日には金一〇枚と、見分段階からの苦労に対し、別に時服三（服部保定も同じ、服部貞勝は時服四、日光奉行の初鹿野《はしかの》信政《のぶまさ》は黄金五枚、同土屋正備《まさよし》は黄金七枚、『続徳川実紀』二、二九頁）を拝領した。なお、八月三〇日に、御霊屋は熊本藩細川越中守斉樹《なりたつ》、諸堂社は伊予松山藩松平隠岐守定通《さだみち》に助役（お手伝金上納）が幕府から命じられ（同前、二六頁）、熊本藩は合わせて七万四〇九六両の負担になった（『熊本藩年表稿』）。細川斉樹は一二月二八日に、助役の褒賞として時服三〇を賜った（『続徳川実紀』二、三三頁）。

四　養子景善の就職と妻の死

養子景善の御番入

景晋が目付在職中に、養子景善は御番入のため、しきりに面接を受けていた。文化五年（一八〇八）七月二六日に、若年寄《わかどしより》の堀田正敦《ほったまさあつ》宅で将軍の側《そば》に仕える中奥《なかおく》役人を採用するための面接、九月三日には、御側《おそば》御用取次の高井清寅《たかいきよとら》宅での面接、同七年三月二九日は、若年寄の水野《みずの》忠成《ただあきら》宅で部屋住《へやず》みの者の面接、同一〇年一一月一六日に、吹上《ふきあげ》で小納戸《こなんど》採用の吟味、同一四年三月一四日には、若年寄の小笠原貞温《さだあつ》宅で部屋住みの者の面接、同年八月二三日にも江戸城内の植溜《うえだめ》で部屋住みを対象にした弓術見分があり、景善はこれらに出たものの、就職は実現しなかった。

景晋が日光御霊屋向見分のため日光に出張していた文化一五年三月二〇日に、槍と剣術の見分で景善は剣術を評価された、という嬉しい知らせが届いた。それから約一年一ヵ月後の文政二年四月一四日、景善は学問と武技の出精を理由に、書院番《しょいんばん》か小性組《こしょうぐみ》番のどちらかへの番入と、切米《きりまい》三〇〇俵の支給が決まった（『文化日記』）。知行に換算すると三〇〇石にあたり、養父景晋の知行五〇〇石とは別に支給される。景善は、一五日に西丸書院番の佐藤美濃守信顕《のぶあき》組に番入した。長らくなかなか番入が実現しなかったので、景晋の喜びと安堵感が察せられる。

妻の死去

そうした喜びの中、景晋の妻が、文政二年閏四月二五日に死去した。景晋は妻の病気を、実際には妻が死去した当日に日光に届いた書状で知り、心痛のためか二七日には「頭痛気」で休んでいる。江戸の留守宅に家来を送った二八日に、二五日の午後一〇時頃に亡くなったと伝える急便が届いた。妻の享年などは記していないが、景晋は日光出張中のため臨終に立ち合えず、六七歳で妻を喪った。これは、養子景善の御番入が実現した慶事のすぐあとの悲しい出来事だった。

閏四月二九日から五月一六日までの忌中の間には、所々から弔意の品が贈られ、配下の者が夜になると代わる代わる話し相手にやって来ている。妻を喪った景晋は、かなり落ち込んでいたのかもしれない。

亡き妻は、遠山家の菩提寺本光寺に葬られた。現在、遠山家の墓のある本妙寺に、夫景晋とほぼ同じ形式と大きさで景晋が建てた墓が現存し、手厚く葬った様《さま》が見える（二七四頁写真参照）。墓石の正面は「文政二己卯年閏四月廿五日　豊世院殿恵光妙善日賢大姉」、向かって左側面は「遠山左衛門尉室　光命婦之墓」と読める。

第一一　勘定奉行時代

一　勘定奉行に昇進

勘定奉行就任

遠山景晋《とおやまかげみち》は文政《ぶんせい》二年（一八一九）九月二四日、六八歳で勘定奉行に昇任し、七八歳になる同一二年二月七日に辞職するまで九年五ヵ月間在職し、引退した。

勘定奉行の定員は四名で、三ないし五名のときもあった。役高は三〇〇〇石、役料は七〇〇俵、手当金は三〇〇両支給だった。その主要な職務は、幕府財政の運営、幕府領の支配行政（年貢収納と裁判）、交通（一名が道中奉行を兼務）、司法（幕府評定所《ひょうじょうしょ》のメンバー）など多方面に渡った。さらに、寺社奉行・町奉行とともに三奉行と称され、幕府の重要政策について老中《ろうじゅう》から諮問を受ける重職だった。勘定奉行は、裁判を担当する公事方《くじがた》と、財政を担当する勝手方《かってがた》に分けられていた。役職上の格式は町奉行に次ぐが、幕臣が就任する最高位の幕府役職の一つだった。景晋は、六八歳で幕臣としての頂点に上りつめたのである。

就任時の先任勘定奉行は、文化《ぶんか》一三年（一八一六）七月就任の勝手方の古川氏清《ふるかわうじきよ》（六五歳。在任中の文政三年六月に死去）、文政元年九月に就任した勝手方の村垣定行《むらがきさだゆき》（五八歳）、それに、景晋就任の一九日前の文政二年九月五日に再任された、公事方の石川忠房《いしかわただふさ》（七三歳）の三名だった。

文政の貨幣改鋳と景晋

景晋が勘定奉行になる前後の勘定所の最大の課題は、運営困難になった幕府財政の打開だった。幕府が取った策は、元文《げんぶん》元年（一七三六）からの元文金銀鋳造以来の貨幣改鋳で、文政元年の真文二分判《しんぶんにぶばん》の鋳造から始まった。文政の貨幣改鋳は元禄と同じく、流通貨幣を金銀の含有量を減らした質の劣る貨幣に造り替えるものだった。現行の貨幣と質の劣る新貨幣を同額面で交換し、その差額を利益として幕府の財政収入を増やす策である。この貨幣改鋳策を推進したのが勘定所であり、実際に貨幣を鋳造したのが金座御金改《あらため》役《やく》の後藤三右衛門光亨《みつあきら》だった。

後藤は、文化年間（一八〇四〜一八）の幕府財政について、天保《てんぽう》一三年（一八四二）に老中水野忠邦《みずのただくに》の諮問に答えた文書の中で、文化初年に老中に就任した牧野忠精《まきのただきよ》の初めの頃は、年貢収入分で財政のやり繰りができたが、その半ば頃から困難になり、年貢と年貢外収入をあわせた金一〇〇万両ほどでは足りなくなった、その頃から将軍家斉《いえなり》に関わる支出が増加し、さらに世間一般に華美の風俗が流行したため支出が増加した、と説明している（『後藤家記録』東京大学史料編纂所所蔵、現代語訳）。その打開策が貨幣改鋳策だった。

後藤はさらに、文政元年（一八一八）に水野忠成《ただあきら》が老中になった頃、さらに支出が増加して財政運営はいっそう困難になり、水野忠成の極秘の指示を受けて、二分金《にぶきん》（二枚で一両）の新規鋳造と元文《げんぶん》金銀を文政金銀に改鋳する貨幣改鋳計画を内々で上申した、これは、一年に約三〇万両を目当てに益金《えききん》（「出目《でめ》」）を幕府に上納し、それにより財政収入の不足を補填するという主旨だった、と先と同じ文書の中で語っている。

実際、幕府は文政年間（一八一八〜三〇）、金銀貨幣の改鋳により、毎年三〇万両もの利益を上げて財政を運営していた。景晋は、文政三年六月二二日に死去した古川氏清に代わり、二四日に公事方から勝手方に移ったので、勘定奉行として貨幣改鋳策を担ったのだろう。だが、勘定奉行在任中は日記も残っていないため、具体的な関わりはよくわからない。文政一〇年三月二七日、貨幣改鋳の功労に対して、町奉行の榊原忠之《さかきばらただゆき》と筒井政憲《つついまさのり》が時服《じふく》を拝領し、勘定奉行の村垣定行と景晋は時服のほか黄金を賜っている（『続徳川実紀』二、一六二頁）。実務を担当した勘定奉行の方が、町奉行より褒美を厚くされた。景晋は、淡々と職務をこなしたのだろう。

このほかでは、文政六年二月一六日に教宮《みちのみや》（伏見宮邦家親王女）と三卿《さんきょう》の一つ清水家の徳川斉明《なりのり》との婚儀が済み、三月一〇日に、教宮下向と婚姻を担当した留守居の石河貞通《さだみち》、広敷用人の中島信由、納戸頭の小栗正勝とともに、景晋も時服を拝領している（同前、八六頁）。

さらに、文政一〇年二月二〇日には将軍家斉の実父、一橋家の徳川治済《はるさだ》が死去し、景晋は寺社奉行の太田資始《おおたすけもと》とともに葬送と法会の担当を命じられ、三月一四日に法会が済むと、太田とともに将軍に拝謁し、三月二〇日には、太田、目付の金森可充《ありみつ》・小田切直熙《おだぎりなおひろ》とともに、時服を賜っている（同前、一六一頁）。

蝦夷地政策転換の後始末

幕府は、寛政《かんせい》一一年（一七九九）に東蝦夷地仮上知を始め、文化四年にカラフト・松前領を含む全蝦夷地を直轄したが、文政四年にすべてを松前家に返還し、二三年間に渡った蝦夷地《えぞち》直轄政策を大きく転換させた。

景晋は、長崎奉行・作事奉行の間、まったく蝦夷地経営に関わらなかった。文政二年に勘定奉行公事方に昇進し、翌年勝手方に移って再び関わることになったが、一年足らずで直轄政策は中止になり、後始末を担当する役目になった。景晋は、幕府が直轄政策を始めた初発の寛政一一年から、蝦夷地に出張して直轄政策に関わり、その政策を放棄した後かたづけをしたことになる。景晋は、直轄して約七年になる文化三年に、自身二度目となる東蝦夷地の現状を視察した際、「公領は公領なり」（幕府領になっただけのことはある）と直轄政策を賞賛していたので、その中止をどのように受けとめたのか何もわからないが、内心思うところはあったろう。

勘定奉行として課された役割は、政策中止の後始末（「蝦夷地御用跡調べ」）だった。景晋は文政六年八月、事後処理の報告書と寛政一一年から文政六年までの蝦夷地経営の収支報告書（「蝦夷地御用金元払《もとばらい》仕訳書《しわけしょ》」『日本財政経済史料』一〇、一三四頁）を老中の水野忠成に提出した。この文書は、『蝦夷租金録《そきんろく》』の書名で多数の写本が残されている。

大雑把に収支を紹介すると、次のようになる（一万両未満は省略）。

【収入】御金蔵からの下げ金三〇万両（A）（うち、御用地に下され金二七万両（B））
産物代や諸収納金など一七九万両（C）。合計（（A）＋（C））二〇九万両（D）

【支出】諸渡し金・松前家への下され金など一五二万両（E）

【残金】残金（（D）－（E））五七万両（F）。立替金の回収など約一〇万両（G）を加えて残金（（F）＋（G））六七万両（H）。最終残金（（H）－（B））四〇万両

結局、約四〇万両が幕府の利益として計上された。景晋は文政六年一〇月二一日、松前家に松前領と蝦夷地を返還する作業の労苦に対して、時服を賜った（『続徳川実紀』二、九六頁）。

二　異国船打払令を主導

異国船の頻繁な渡来

一八世紀末になると、日本の港や周辺海域に渡来する外国船が増加し、幕府はそれへの対応に苦慮するようになった。その背景には、北太平洋北米海岸産の毛皮貿易、イギリスやアメリカによる捕鯨船の活発化があった。寄港地あるいは避難港として、ハワイ諸島、小笠原諸島、そして日本列島が注目されるようになった。イギリスやアメリカの捕鯨は北太平洋に漁場を広げ、日本の太平洋岸が好漁場であることを知られた。長期に渡る海上操業のため不足する食糧や水、そして鯨油を煮る燃料を求めて寄港したり、三陸から常陸沖で操業する日本漁船や沖合を航行する廻船と、しばしば接触した。

文政元年（一八一八）五月一四日には、イギリス船ブラザース号（ゴルドン船長）が浦賀（神奈川県横須賀市）に渡来し、貿易を求める事件が起こった。江戸で貿易を試みようとしたが、幕府に拒絶され、出帆した。また同五年四月二九日には、イギリス捕鯨船サラセン号が浦賀に渡来して薪水《しんすい》を要望、五月八日に供与を受けて出帆した。

幕府の対応

幕府は、渡来する異国船への対処方針と海岸防備（海防）策を、寛政の改革から打ち出した。相手の出方次第では戦闘もあり得るという姿勢を保ちつつも、交易は拒否するが異国船が求める物を供与する穏便な対応により退去させる方針が基本だった（『御触書《おふれがき》天保集成《てんぽうしゅうせい》』下、六五二五～六五二八号、六五三三～六五三五号）。寛政の改革では頓挫した江戸湾防備策は、文化七年、会津藩に相模、白河藩に上総・安房の海防を命じて具体化した。しかし、文政三年一二月に会津藩、文政六年三月に白河藩の防備を免除し、海防態勢を縮小した。要港である浦賀《うらが》は、五〇〇〇石の預かり地を支配する浦賀奉行所を中心に、小田原藩と飛び地領一万五四〇〇石を与えられた武蔵川越《かわごえ》藩の援兵を組み合わせた防備態勢になった。防備に動員する沿岸漁民や住民を組織し、名主六名を「浦々船水主《かこ》差配《さはい》役《やく》」に任命して統率させた。

景晋はこの浦賀防備態勢の再編に関わり、文政四年一二月二七日、大目付《おおめつけ》の中川忠英《なかがわただてる》、目付の花村正彬《まさあや》とともに褒美として時服を賜った（『続徳川実紀』二、六八頁）。景晋は勘定吟味役の館野《たての》勝詮《かつのり》とともに、全国的な海防態勢を統括する「浦々《うらうら》御用掛」に任命され（針谷武志「文政期の海防報告書と一揆鎮圧法」）、勘定奉行として海防策に深く関わることになった。

この時期の海防は、サラセン号の事例に見るように、たった一艘の捕鯨船が渡来しても大規模な警備行動が取られ、大名以下の経済的な負担は大きかった。それは浦賀だけではなく、海岸線を持つ大名にとっても事情は同じだった。

大津浜事件と宝島事件

このような情勢の中、文政七年五月二八日、イギリス捕鯨船二艘が常陸多賀郡大津浜

（茨城県北茨木市）に渡来、上陸した一二人を水戸藩士らが捕らえた事件（大津浜事件）、また同年七月八日、イギリス船一艘が薩摩藩領吐噶喇列島《とかられっとう》宝島（鹿児島県十島村《としまむら》）に渡来し、上陸した乗員が牛一頭を殺して二疋を奪い、同島目付役が一名を射殺した事件（宝島事件）が発生した。とくに大津浜では、長年に渡り沿岸漁民と捕鯨船が馴れ合い、「交易」まがいの行為のあったことが露顕した。

海防策の提言

大津浜と宝島の事件を直接のきっかけに、それまでの異国船取扱い法と海防策を見直そうとする気運が高まり、いくつかの意見書が提出された。

大学頭《だいがくのかみ》の林述斎《はやしじゅっさい》は文政七年六月、大津浜事件の迅速な処理を勧告し、先例に従い「国字《（日本語）》の御大法」を書いた文書を渡して帰帆させるのが基本で、中国・朝鮮・琉球などの船は別として、西洋人はキリシタン国なので取り調べるまでもなく追い返せ、と主張した（「御書付并評議留」天理大学天理図書館所蔵『徳川法制資料』第一七〇冊）。

天文方《てんもんかた》の高橋景保《たかはしかげやす》は七月、渡来船は捕鯨船なのだから、いちいち厳重な警備行動を取る大名の経済的負担が大きいので、沿岸要所に砲台を設け、空砲を放って威嚇して渡来を阻止する打払い策を提言し、異国船打払令発令に大きな影響を与えた（上原久『高橋景保の研究』二八八〜二九五頁）。

目付の大草高好《おおぐさたかよし》は閏八月、貿易立国のロシア・イギリスなどに穏便な対応を続ければ渡来は止まず、沿海の領主は警備のため疲弊するので、ポルトガル船を焼討ちした寛永《かんえい》一七年（一六四〇）の先例に従い、日本の武威に恐怖させるべきであり、一部で主張されている交易許可策は論外、と主張する意見書を上申した（「御書付并評議留」）。

このような状況下で、景晋は海防策『籌海因循録《ちゅうかいいんじゅんろく》』を執筆した。これにより、異国船打払令の議論を主導した景晋の考え方を知ることができる。

『日本海防史料叢書』所収「海防彙議《いぎ》」の写本（『文鳳堂雑纂』一所収にほぼ一致）の奥書によると、執筆は「文政七歳次甲申秋八月」、その下に「澹静真人揮筆於監瀾楼上南窓下」と記されている。「海防彙議」の編者塩田順庵《しおたじゅんあん》によると、「澹静真人」は景晋の別号という。本書ではこれに従い、景晋の著作として叙述を進める。なお、別写本（国立公文書館所蔵本一八九—三六八）は、「澹静真人」とだけで年月の記載はない。

二〇〇年以上も続いた平和により、人々の気力は萎《な》え国力は奢侈により弱りはて、軍備はことごとく廃《すた》れきった、と現状認識を語る。外国との紛争どころか、内乱が起こったら手の施しようがない、と識者が憂えるのが現状ともいう。ついで明国《みんこく》の海防策に触れ、広大な海岸線に大軍を配備し、すき間なく備えたが、多額の経費を浪費しただけで効果がなかったのは、実用的な海岸防備策ではなかったからだと指摘する。

『籌海因循録』

渡来する外国船には、戦争により日本を併呑《へいどん》する意志はなく、そもそも、いかに蛮人でも数万里の波濤《はとう》（「波瀾《はらん》」）を越えて戦争しようとするわけがない、と断言する。近年渡来するのは海賊船なので略奪するだけで、蝦夷地や長崎で味を占め、しばしば来るようになったと推測する。このようになった理由に、①林子平《はやししへい》を筆頭とする蘭学者が流す虚言に人々が恐怖したこと、②幕府が穏便を第一にして、相手が望む品を与える政策を取ってきたこと、をあげる。

なお、松浦静山《まつらせいざん》が書き留めた、オランダ商館外科医ハーゲンの話がある。それは、日本には外国から攻撃、侵略される心配はない、その理由は、日本の地形が西洋人の戦争方法に不向きだからである、だが、イギリスが中国を手に入れるならば、日本を攻撃する恐れが出てくる、というものだった（『甲子夜話』一、三一〇頁）。文政年間（一八一八〜三〇）には、外国とくに西洋諸国から侵略される危険性はない、という認識は景晋以外にもあったらしい。

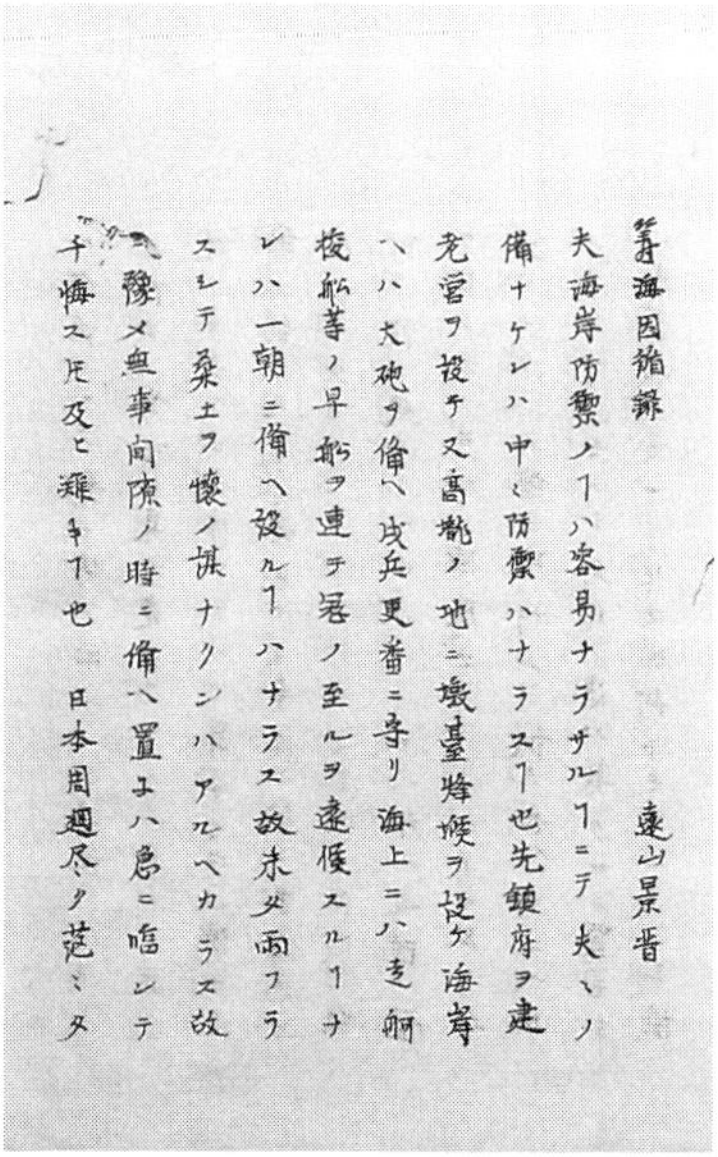
籌海因循録　遠山景晋
夫海岸防禦ノヿハ容易ナラサルヿニテ夫々ノ
備ナケレハ中々防禦ハナラスヿ也先鎮府ヲ建
屯営ヲ設テ又高櫓ノ地ニ墩臺烽堠ヲ設ケ海岸
ヘハ大砲ヲ備ヘ戍兵更番ニ守リ海上ニハ逵舸
按船等ノ早船ヲ連テ寇ノ至ルヲ遠候スルヿナ
レハ一朝ニ備ヘ設ルヿハナラス故未タ雨フラ
スシテ桑土ヲ懐ノ謀ナクンハアルヘカラス故
予メ無事間隙ノ時ニ備ヘ置子ハ急ニ臨シテ
千悔スモ及ヒ難キヿ也　日本周廻尽ク茫々タ

『籌海因循録』
（『海防彙議』所収，国立公文書館蔵）

ついで、時勢を踏まえた海防策を提案する。その主眼は、刀も火薬も使わず蛮人を生捕りにし、船を乗っ取ることで、そのために漁師や海士など現地住民を編成し動員する。異国船船長には、中国・オランダ以外と交易をせず、渡来異国船は焼き沈め、乗員全員を殺害するのが国法と申し渡す。この海防策は「下策」「拙策」だが、ないよりましと言う。書名を『籌海因循録』にした理由は、二〇〇年も太平が続いた結果のやむを得ない状況（「敵国外患無き者は国恒《つね》に亡ぶ」『孟子《もうし》』）における因循姑息《いんじゅんこそく》な海防策だから、と説明する。やむを得ない下策とはいえ、沿岸住民を主体に編成した力で外国船を撃退する、まことに簡易な海防策である。渡来のたびに望む品を与える穏便策では渡来が止まないので、要路の人は時勢を理解し、領内に海岸のある大名を疲弊させず、異国船の渡来を断ち切る海防策を講じなければとんでもないことになる。当面の少々の費用を惜しまず、飲食や衣装の経費を減らし、「護国保民」を基本にして海防策を立てるべきだと論じる。

なお、秋田県立文書館所蔵『海防の弁』は景晋の著作とされているが（『国書総目録』）、これは、赤松則陽の『海防弁』（例えば、国立公文書館所蔵「海防彙議」二篇六所収）と景晋の『籌海因循録』を続けて写したための錯誤であり、『海防の弁』は景晋ではなく赤松則陽の著作である。

異国船打払令の議論を主導

幕府は、大津浜事件・宝島事件の翌年の文政八年二月に、異国船打払令《いこくせんうちはらいれい》（無二念《むにねん》打払令）を発令するが、これに景晋は主導的な役割を果たした。老中は、大目付の石谷清豊《いしがやきよよし》、目付の羽太正栄《はぶとまさひで》、勘定奉行の景晋、勘定吟味役の館野勝詮の四名に意見書と風聞書を下げ、異国船対策の評議と答申を命じた。四名は評議を重ね、一〇月二六日に答申書である「浦々評議書」を老中に提出した（「御書付并評議留」）。

海防策（①）、打払策（②）をめぐり、目付系と勘定系の意見は対立し、答申を一本化できなかった。目付系は、①海防策として、房総半島には一〇万石以上の大名四家に三万石の飛び地領を与え、上総富津《ふっつ》（千葉県富津市）に三〇〇〇石以上の奉行二名、三ヵ所に「御備御番所」を設け、三〇〇〇石以上の奉行を配置、浦賀は武蔵川越藩に三万石の飛び地領を与えて防備する、という構想で、大規模な領知替えを伴う江戸湾防備策だった。②打払策は、打払い後に異国船が渡来しなくなればよいが、廻船への報復攻撃や妨害があれば全国の物流が混乱するので反対、日本の国法を乗員に諭して帰国させ、その国内に伝えさせる、という穏便策だった。

景晋ら勘定系は、①海防策としては、基本は現状の手直しで、川越藩に飛び地を浦賀周辺に与えて軍勢を増強させ、房総半島側は富津周辺に佐倉藩と久留里《くるり》藩に四、五〇〇〇石の飛び地を与えて警備させる、という軽微な海防態勢だった。②打払策は、文化四年（一八〇七）年一二月のロシア船打払令（『御触書天保集成』下、六五四〇号）を拡大し、渡来した異国船を見かけ次第に打ち払う策を採用し、それをオランダを通じてイギリス政府に通告する措置を取る、という簡易な海防態勢で異国船を打ち払う強硬策だった。

景晋は「浦々評議書」の提出から二ヵ月後の一二月二三日に、老中の大久保《おおくぼ》忠真《ただざね》に打払い策を補強する意見を上申した。オランダ商館長ドゥフが、①文化六年に伝えた内密情報と、②文化一四年のオランダ風説書《ふうせつがき》（『和蘭風説書集成』下、一二九～一三二頁）から、異国船打払い策を補強したのである。

景晋は、①の中で、イギリスとロシアが同盟してフランスと戦っているが、平和が回復すると、両国が協力して日本に軍勢を派遣してくる可能性があり、イギリスは文化五年にマカオ居住を要求して、軍艦五艘を中国に派遣し兵隊を上陸させた、②の中で、文化一二年にヨーロッパに平和が回復した、という情報に着目した。景晋のドゥフへの信頼感から、ドゥフの内密情報を重視したようである。そこから、異国人はさまざま謀略をめぐらすので、たとえ漂流日本人を送還しに来た船でも、あるいは漂着船でも、見かけ次第に打ち払うべきだと主張した（「御書付并評議留」）。景晋の主張は、簡易な海防態勢で異国船を打ち払い撃退する、という策だった。

異国船打払令の発令

老中は、景晋らの評議や意見書を、寺社奉行・町奉行・勘定奉行の三奉行に下げて、異国船対策について意見の提出を求め、そのうえで異国船打払令（『御触書天保集成』下、六五四一～六五四三号）を発令した。この打払令には、西洋諸国の船が渡来しないようにする処置が必要、渡来船は漁船で、しかも海岸へは小舟で接近するので特別な防備態勢は不要、領主と領民の疲弊を避けるため大規模な海防は無用、浦賀・富津は今まで通りの態勢、それ以外は、その地の領主がその場のありあわせの人数で、異国船を見かけ次第に躊躇なく打ち払うこと（「見かけ次第有無を論ぜず一図に打ち払い」）、異国船が逃げたなら追撃は無用、上陸してきたら殺害または捕縛、大名以下の平常の備えは銘々の考え次第、異国船とオランダ船の区別がつかず誤って打ち払っても処罰なし、打払令をオランダを通じてイギリスに通告、大名は異国船渡来について正直に幕府に報告すること、漁船は洋上で異国船と親しくしてはならないこと、などが盛りこまれた。無差別に打ち払う強硬策だが防備態勢は軽微、という矛盾した政策だったが、景晋と勘定吟味役勝野の意見が採用された内容だった。

こうして、文政八年二月に三つの触書《ふれがき》からなる異国船打払令が発令された。それまでの異国船対処法を大きく転換させ、空砲を放つ威嚇ではなく、異国船をたとえ漂流船であっても無差別に砲撃するよう命じた、かなり乱暴で危険な政策を採用した。

三　養子景善の死と景元の出仕

景元嫡孫となる

景晋が異国船打払令の発令に向けて評議を重ねていた真っ最中、文政七年（一八二四）一二月二五日に養子の景善《かげよし》が、五五歳で死去した。法名は真善院。景善は、遠山家の家督を継ぐことなく亡くなり、この結果、景善の養子で景晋の実子景元《かげもと》が、嫡孫《ちゃくそん》として家督を継ぐことになった。これは嫡孫承祖《しょうそ》と呼ばれる。

景元の出仕

景元は文政八年三月一五日、将軍家斉《いえなり》に景晋の孫金四郎として初御目見《はつおめみえ》し、後継ぎに認知された（『続徳川実紀』二、一二二頁）。その年の一二月七日、部屋住《へやず》みながら家斉の小納《こなん》戸《ど》に召し出されて初出仕し（同前、一三五頁）、ついで同月一三日に世継の家慶《いえよし》付の西丸小納戸に移った（同前、一三五頁）。父とは別に俸禄三〇〇俵を支給され、『武鑑《ぶかん》』によると住居は景晋と同じ「あたごの下」なので、同居していたのだろう。景元の初御目見、初出仕と喜ばしいことが続き、安堵する景晋の心中が察せられる。

第一二　信仰・趣味・教養

一　信　仰

菩提寺

遠山景晋《とおやまかげみち》の実家永井家の菩提寺は、江戸三田（東京都港区）にあった曹洞宗龍谷山功運寺（現在は東京都中野区。萬松院功運寺）で、永井《ながい》尚政《なおまさ》（一五八七～一六六八）の開基である。なお、斎藤《さいとう》月岑《げっしん》『江戸名所図会』に聖坂《ひじりさか》（東京都港区三田四丁目）の上に描かれている。実父の永井直《なお》令《よし》は天明《てんめい》二年（一七八二）九月六日（享年七五。法名源水）に、その六年後の天明八年四月二日に実母の鈴木氏（法名永昌院）が亡くなり、埋葬された。景晋は、毎年正月と実父母の祥月命日や年忌には墓参し、公務で都合がつかないときは代参させている。

養家遠山家の菩提寺は、江戸下谷（東京都台東区）の日蓮宗長源山本光寺である。景晋は、養父母への感謝と供養を怠らなかった。養父景好《かげよし》は、天明六年八月六日に亡くなった（享年六九。法名久遠院。なお、『寛政重修諸家譜《かんせいちょうしゅうしょかふ》』の忌日は八月一四日）。第一回蝦夷地《えぞち》出張の寛政《かんせい》一一年（一七九九）八月六日、養子として受け入れ、遠山家を譲ってくれた養父の祥月命日に、蝦夷地行役を報告し、旅先のため簡略ながら供養している。「萩の餅」を供え、残りを従者や宿舎の全員に配った（『未曽有記《みぞうき》』）。養父景好の命日、例えば文化《ぶんか》五年（一八〇八）八月六日は、同僚に用務を代わってもらい、墓参している。文政《ぶんせい》元年（一八一八）八月六日には、三三回忌法要を執行した。

養父の妻、つまり景晋にとって養母は、享和《きょうわ》三年（一八〇三）六月二七日に亡くなった（法名久成院）。文化一一年四月二七日に、一三回忌を一年早めて本光寺で執行した（『長崎奉行遠山景晋日記』一六八頁）。

文政二年閏四月二五日に妻（榊原弥平兵衛忠寛の娘）を亡くし、その五年後の文政七年には、養子とした景善《かげよし》が亡くなり（享年五五。法名真善院）、本光寺に葬っている。景晋までは本光寺に葬られたが、子の景元《かげもと》が菩提寺を本郷丸山（東京都文京区）徳栄山本妙寺に代えた。現在の本妙寺（東京都豊島区巣鴨）墓域に、「天保十三年七月　遠山景元建　遠山氏先塋《せんえい》之碑」があるので、天保《てんぽう》一三年（一八四二）前後に本光寺から本妙寺に墓地を求め、その石碑を建てたのだろう。そして、全面的な改葬は嘉永《かえい》二年（一八四九）のことで、おそらく本光寺が天保七年に類焼し、また墓域が狭いため、景晋以来の遠山家の隆盛に伴い手狭になったことから、本妙寺へ移したのではないか。

正月の寺社参詣を見ると、文化一三年正月三日に愛宕神社《あたごじんじゃ》（東京都港区）、その近くの芝神明《しばしんめい》(現芝大神宮)、五日に本光寺、七日に功運寺、文化一四年正月一日に愛宕神社・円福寺(景晋宅から至近距離にある寺社)、二日に本光寺、三日に芝神明、文化一五年正月二日に本光寺・神田明神、四日に愛宕神社・芝神明・功運寺、文政二年正月二日に愛宕神社、三日に神田明神・本光寺、六日に芝神明・功運寺、神田明神へは二月一五日にも参詣している。このように景晋は、実家と養家の菩提寺、および居住地にほど近い愛宕神社・芝神明によく詣っている。

愛宕神社は、江戸市中でもっとも高い標高二六メートルの愛宕山に鎮座し、徳川家康が慶《けい》長《ちょう》八年(一六〇三)に京都から勧請《かんじょう》して創建されたと言われ、徳川将軍家の信仰が篤かった。また、芝神明は、創建は平安時代と言われ、古来より武家の信仰が篤く、家康が関ヶ原の戦や大坂の陣に際し、戦勝祈願を行なっており、徳川将軍家の庇護を受けてきた。景晋が両社に詣るのは、将軍家の篤い信仰とも関わっているのだろうが、年一回、正月に参詣しているので初詣なのだろうか。

家康への信仰と増上寺

景晋が、朝鮮訳官使との交渉のため対馬《つしま》に出張した際、徳川家康《とくがわいえやす》の月命日である毎月一七日に、現地の東照宮に参詣したこと、また、長崎奉行で在勤した際も、毎月一七日に家康の位牌を安置する安禅寺に参詣したことはすでに紹介した(一三〇頁・一八三頁参照)。

景晋は、増上寺《ぞうじょうじ》にある徳川家康の霊廟安国殿と、家康の念持仏《ねんじぶつ》である黒本尊を奉安する護国殿に頻繁に詣っている。日記で確認できる初見は、文化一〇年一一月一七日の早朝に、安国殿と護国殿に参詣した記事である。徳川家康の月命日である一七日を定日に、同年一二月、文化一一年二月・四月・五月・六月と参拝し、七月二二日に長崎へ出立する前に、所持の団扇を安国殿において方丈《ほうじょう》（住持）の実海に加持を依頼している。文化一四年は、元日に安国殿・護国殿、正月・二月・四月・五月・八月・九月・一〇月・一一月・一二月の一七日に参拝している。これ以降も、やむを得ない事情のあるとき以外は参詣している。これは、徳川家康への景晋の篤い信仰と言える。徳川将軍の御恩を深く感じ、忠節を尽くす景晋の心性を支えるものだろう。なお、安国殿前に浅黄桜を献備している。

増上寺方丈の実海とは、管弦の交流を含めて親しい関係を持っている。文化一三年閏八月二六日には家族同伴で訪れ、方丈に面会している。このように家族を伴って方丈を訪れたことは、文化一三年一〇月二一日、文化一四年三月九日、同年五月六日などにも確認できる。文化一四年五月七日は、「内願供養経木流しの事」を内密に相談し、内仏間で供養があり、家族が布施を持参し焼香している。

二　教養・趣味

1　能・謡曲と船歌

景晋は、「墓碑銘」によると琵琶と謡曲を好んだ。

文化二年（一八〇五）一〇月から翌年三月まで松前に滞在し、西蝦夷地に出発する前日の三月一五日、梅の花はまだ散らず、桃と桜も咲き出したので、庭を眺めているだけではもったいないと、同行者のうちの「すき者」を誘い、木の下に筵《むしろ》を敷いて酒を酌み交わし、謡《うたい》（「諷謡」）を楽しんでいる。ゆったりした気分にひたり、翌日の出発に備えている。

謡については、自ら書いたものに出てこない。前に触れたが、易地聘礼《えきちへいれい》を朝鮮訳官と交渉するため、対馬に出張した文化六年六月一五日、対馬府中にある八幡宮神社（厳原《いずはら》八幡宮《はちまんぐう》）境内の熊野権現に神事能の見物に出向いた記事から、景晋は喜多流《きたりゅう》の能を学んだことをすでに紹介した（一三二頁参照）。景晋が楽しんのは、喜多流の謡曲だったろう。

喜多流は、江戸初期に幕府によって認められた新興の流派で、徳川秀忠《ひでただ》・家光《いえみつ》の贔屓を受け、能を好んだ綱吉《つなよし》の指南役も務めた。九世喜多古能《ふるよし》のときの安永《あんえい》五年（一七七六）、喜多流の謡本《うたいぼん》が刊行されて隆盛を極め、諸大名の能の流儀に喜多流が少なくなかった。

船歌への関心

文化二年四月三日、レザノフとの会見を終えて長崎から江戸へ戻る途上、小倉から下関への関門海峡では、飾り立てた乗船を曳く周辺領主からの船や警固船が多数出て、太鼓を打ち鳴らし、水夫たちが漕ぐリズムを合わせるために歌う船歌を聞き、景晋は「蓬《ほう》莱《らい》」と「皇帝」の歌詞を書き留めている（『続未曽有記』）。「歌はエイ、蓬莱山をかさる事、亀は万歳よわいにてエイ」などと、御代を寿ぐ歌詞に「エイ」というかけ声が入る長い歌詞（『御船唄留』所収の歌詞と類似しているが、景晋が書き留めた歌詞の方が詳細。『近世文藝叢書』第一一「俚謡」）を書き留めたのは、船歌への強い関心からだろう。

文化三年七月二四日、二度目の蝦夷地出張の復路で、陸奥松島を船で遊覧した際、漕ぎ出した船頭が歌う「皇帝」を聞き、去年下関で聞いたものと「文句も音節も大同小異」だったという。「皇帝」は、各地の船頭が歌ったようである。景晋が「いま一曲」を所望したところ、船頭は「松島くどき」（一般的には「島くどき」らしい）という口説き歌を声張り上げて歌った。「我は都の者なるが、今年初て東下りを仕り、名所旧跡尋るにシヤ、音に聞へし松島は、ききしにまさる名所かな」で始まり、所々に「エイヤイヨイヤエイ」などのかけ声が入る歌詞を書き留めている（『近世文藝叢書』第一一「俚謡」参考）。

文化四年一〇月六日、三度目の蝦夷地の復路で再び松島を遊覧した際も、船歌を楽しんでいる。まず「鎧《よろい》くどき」(「やや目出たやな、はつはるの……富貴の国となりにけり」)を、越《こっ》調《ちょう》(雅楽の壱越調《いちこつちょう》のことか)で声を張り上げて歌うのを聞き、いま一曲に、「松島くどき」は昨年聞いたし、「皇帝」は何回か聞いたので珍しいのをと所望し、「秋の夕ぐれ」(「秋の夕おもい立すこしもしれず……夕ぐれをよそに聞たやわがこころ」)、「源氏そろへ」(「いつれの御代のことなるに、光る源氏の物がたり……言の葉をおもへいつれはなつかしや」)の船歌(このいくつかは前掲『近世文藝叢書』第一一「俚謡」所収)を聞き、これも歌詞を書き留めている。

2 アイヌの音楽

アイヌ女性の歌

寛政一一年(一七九九)五月二五日、第一回目の蝦夷地出張の際に、サル(沙流)からニイカップ(新冠)への道中で、アイヌ女性の歌を聞いた体験を書き残している。景晋らの荷物を運ぶアイヌ女性たちが、手拍子を打ち、同じ音で同じ事を言って楽しんで歩いているので、荷物運送を監督しアイヌ語を知る足軽に何の歌かと問うと、何を言っているのかわからない、と答えたという。景晋には、三言《みこと》ほどを一〇〇回も繰り返しているように聞こえ、いっこう聞き取れなかった。アイヌ女性の歌に関心を示したものの、よくわからなかったらしい。

音楽と踊り

その三日後の五月二八日に、蝦夷地浦河場所《うらかわばしょ》の砂地に筵を敷き、アイヌが唄って踊るのを見物したときの様子を次のように書いている。

酔《よい》て後、皆起て、両手を揚て歌いながら踊る、中には太刀を抜て踊るもあり、後にはメノコも、手拍子打てうたう也、凡その曲節は、分別かたき蛮夷の楽律にても、音声の高低緩急はあるべし、手の舞、足の踏も転換あるべし、うたう事は始終同じ調子にて、手は広げたる、また足は跟《かかと》を上下して、腰少し屈伸するのみ、誠に鳥鳴虫語、何等の情態弁えがたし、初めこそ見ず聞ざる事なれば、めづらしとも思いしが、須臾《しゆゆ》に興尽《きようつき》て見るべき事なし、躍《おどり》ては呑、呑ては躍り、数刻をうつし、夜に入て其座を退きても海岸に群居し、木を燃して、其側にてくり返しくり返し同じ事をうたい踊りて、深更迄寝ず、囂《かまびす》しく厭はし、或は酔狂じて口論するも多しとぞ、酒呑ざる時も、多く終夜海辺に火を焚て群居し、物食て倦たるものは火辺の砂地に臥也、

景晋は、アイヌの歌には、彼らなりのリズムや音階の高低はあるのだろうが、ずっと同じ調子で、踊りも手を広げたりかかとを上下したり、腰を少し屈伸したりするだけで、鳥が鳴き虫が語っているようで、何がなんだかわからない。初めて見聞きするので珍しいと思ったが、すぐに飽きたという。初めてのアイヌの歌と踊りに関心を持ったものの、単調に思え飽きがきたらしい。

文化三年五月一一日に二度目の蝦夷地出張で北端ソウヤ《宗谷》に到達した景晋は（八九頁参照）、雨降りで休息になった翌日に聴いた楽器の演奏について書いている。楽器の形状、演奏法と演奏について、「五弦にて形はいれ《（や）》しけれども、びわ《琵琶》と箏《こと》とを兼たる趣也、右は肩に持せて両手の肉爪にて本トの所をかきならす、微音にて節奏《せっそう》（リズム）なし、歌もなし、其形は別に図す」と記し、「凡《およ》そ人に礼楽《れいがく》は必有《ある》べきものにて、是《これ》夷中の楽《がく》とも云べし、酒酣《しゅかん》に声を発し、物（楽器）の音を楽しむ情は易《かわり》なし、聖人の礼楽は益《ますます》尊むべき事万々不尽不窮」と指摘している（以上、『未曽有後記』）。

これは、「トンコリ」と呼ばれる楽器のことだろう。それは、カラフトアイヌの楽器で、「ソウヤ」「テシオ」などに流布していたという。磯谷則吉『蝦夷地周廻紀行』（国立民族学博物館名誉教授大塚和義氏のご教示による）の図に説明があり、五弦で苧《からむし》（苧麻《ちょま》）をより合わせた糸を弦にし、アイヌはこれを「カ」と呼び（「五弦ニシテ苧ノヨリ糸ヲ用ユ、夷人是ヲカと云」）、全長約一三〇・五センチ（「四尺五分」）という。その図を見ると、形状は景晋が言う「琵琶と箏」を兼ねたものと言える。楽器を肩に持ち、指の腹を弦にあてて奏し、「微音」すなわち小さな音だという。

秦檍丸《はたあおきまろ》の『蝦夷島奇観《えぞとうきかん》』には、蝦夷地西北地域にある五弦の楽器で、俗に蝦夷三味線と言われ、長さは四尺で、東蝦夷地にはまったくない、曲は三〇曲余りあるが、唄は

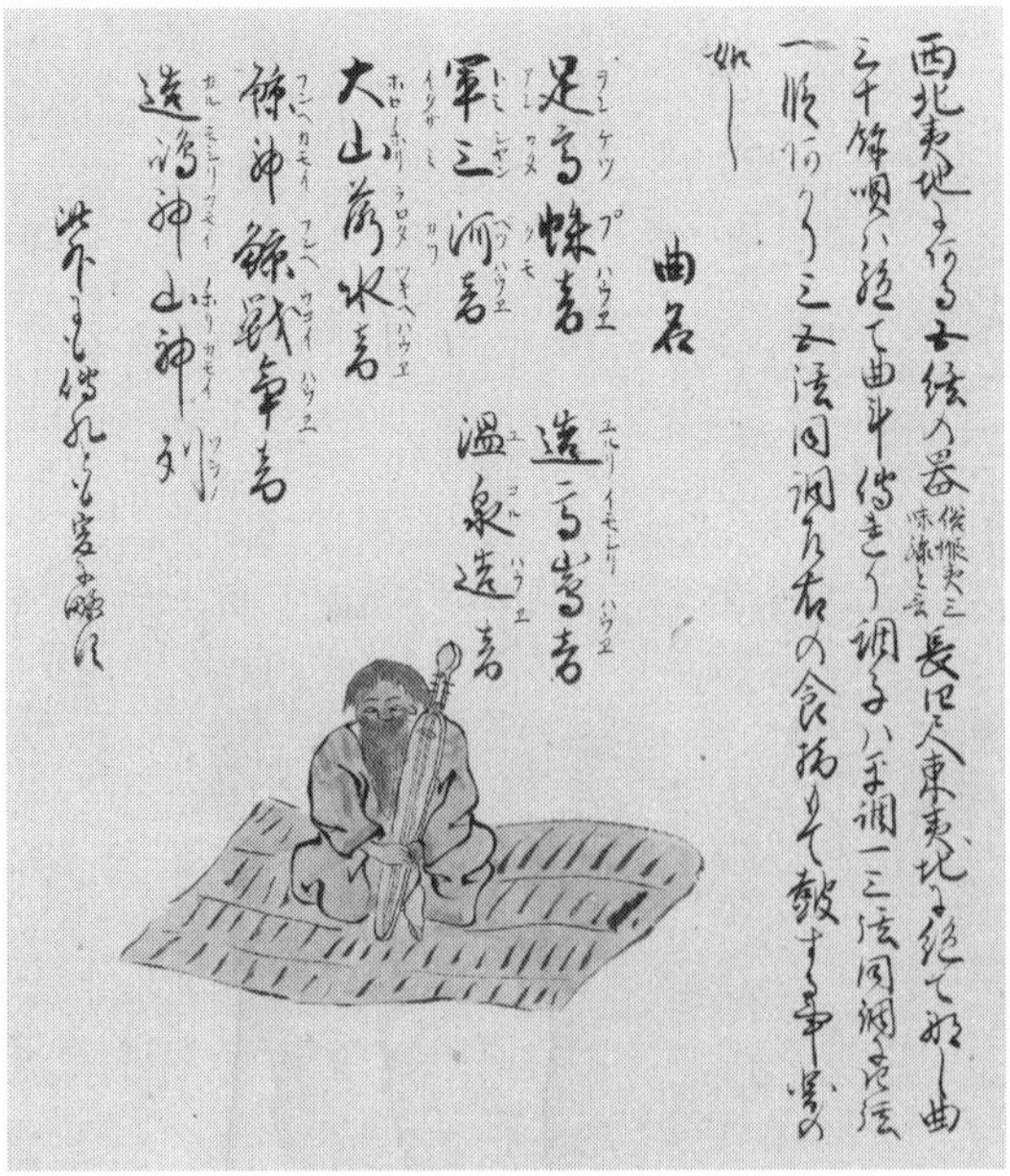

トンコリを奏でるアイヌ
（『蝦夷島奇観』より，国立国会図書館蔵）

なくなってしまい曲だけが伝わり、調子は平調《へいちょう》、一と三弦は同調、四弦は一段あがり、三と五弦は同調、左右の食指《しょくし》で鼓《こ》する事は図の如し、と解説があり、曲名として、七曲を書き上げている（国立国会図書館デジタルアーカイブズ）。

トンコリの演奏を聴いた景晋は、人に礼楽《れいがく》（中国儒教の根本的規範である礼儀と音楽）は必ずあるもので、これはアイヌの「楽」だと言う。景晋は、儒教で言う礼楽の楽をアイヌも備えていることを認めている。宴会の最中に歌を唄い楽器を楽しむ人情は、アイヌも自分たちも同じなのだとも言う。アイヌの独自の音楽に、礼楽の「楽」を認識するのは、琵琶に親しむ景晋ならではのことである。

3 琵琶

琵琶の演奏

景晋が最も傾倒したのは琵琶だった。いつ誰から学んだのかなどはまったくわからないが、そうとう入れ込んだらしい。文化二年正月一九日に長崎に向け江戸を出立する前夜、送別にやってきた今大路《いまおおじ》中書《ちゅうしょ》（幕府の医薬をあずかった典薬頭《てんやくのかみ》で中務大輔《なかつかさたいふ》の今大路正庸《まさつね》）の笛に合わせ、景晋は琵琶で『太平楽《たいへいらく》』を合奏している。『太平楽』は、舞人が戦いに臨む姿で舞う「武の舞」の代表曲とされ、ロシア使節との交渉という「ロシアとの戦い」に臨む景晋にふさわしい曲だった。同年五月八日に長崎から帰宅した日にも、今大路の笛に合わせて琵琶を弾いている。

文化二年から三年の第二回目の蝦夷地行では、思い立って三井直記という者に「断続」の琵琶を作らせ、「飛龍」と名づけて携行した。京都の楽器師神田家の値段帳によると、琵琶一面《いちめん》の価格は、材料により五両から一五両位らしい（岩淵令治「近世後期における雅楽の伝播と楽器師」。楽器師神田家については同論文による）。五ヵ月以上にわたる松前滞在の間、景晋はこの琵琶を取り出して楽しみ、「旅思」を慰めている。公務を処理した余暇に、日中は読書、夜は琵琶だったという。

文化三年二月二日、松前三燈稲荷社の神職佐々木大和が雅楽に心ひかれる者だと聞いた景晋は、招くと嫌疑を受けるのを恐れ、往来で従者とともに盃をとらせ、障子ごしに琵琶の一、二曲を聞かせている。その際、佐々木大和は、松前藩主所蔵の琵琶を修理のため江戸に送る際に見たことはあるが、琵琶全体ではなかったので、絵では見たが実物は初めてで、「古雅の物」を熟視できたと大喜びし、仮名の文章と和歌を贈ってきた。景晋は琵琶を奏し、同行の従者らに聞かせることもあった。

文化六年に対馬に滞在し、なかなか到着しない朝鮮訳官使をじりじりしながら待つ日々を送っていた景晋は、昼夜炎暑に苦しめられ、持参した琵琶「飛龍」を弾いて極暑（「三伏《さんぷく》の夏」）を凌いでいる。「飛龍」は景晋愛用の琵琶だったらしい。

このほか、増上寺方丈《ほうじょう》の実海と管弦の交流がある。作事奉行《さくじぶぎょう》時代の文化一四年一一月一八日に、方丈へ良碩（幕府の坊主か）を連れて管弦、同一五年六月一三日に方丈と閑話し、ついで管弦を楽しんだ。また、同年一二月一四日に、岡島宇八郎という人物を初めて屋敷に呼び、琵琶を合奏している（『文化日記《ぶんかにっき》』）。

レザノフ一件の処理を終えて長崎からの帰途の文化二年三月二七日、留守宅から手紙が届いた（『続未曽有記』）。「四の緒の所作を執心の旨」を懇願した手紙への西園寺《さいおんじ》中納言寛季《ひろすえ》の返事で、譜面一帖を贈られたことを知り、大喜びしている。景晋は、琵琶を家職《しょく》とする西園寺家当主寛季に、琵琶の四の糸の弾き方だろうか質問し、譜面を贈られたのである。西園寺家との関わりは、この頃からなのだろうか。

西園寺家との交流

文化六年二月二三日、朝鮮訳官使との交渉のため対馬へ向かう道中、伏見の旅宿へ西園寺家諸大夫《しょたいふ》の西村出羽守正邦が訪れ、「雅俗の談話」をし、満足したという。西村とは、以前から書状のやり取りをしている「好身《よしみ》」というが、文化二年の「四の緒」に関する寛季との書状の往復を仲介したのだろう。

対馬での朝鮮通信使易地聘礼《えきちへいれい》を終えて帰途にあった同八年八月のことだが、その西村正邦は主人西園寺寛季を諫《いさ》め、職を辞し出家して東山に閑居しているという。景晋は、三度諫めたうえで辞職した西村の忠義の潔さに感動し、感涙にむせんだ。詳細は不明だが、寛季が文化八年は朝廷儀礼の何の役務も果たさず、翌九年一二月一日にまだ二七歳で中納言を辞しているので、何か関係がありそうである。

箙の梅

ところで、景晋はレザノフ一件のため、長崎に向かう途中の文化二年二月九日、生田《いくた》大神宮《だいじんぐう》（神戸市中央区）に立ち寄っている。境内の梅、「箙《えびら》の梅《うめ》」（梶原景季《かじわらかげすえ》が、生田の森における源平合戦の際、箙に梅の枝を挿して奮戦した故事。能『箙』）が一本あるらしいと関心を示したが、そのときは楠正成の石碑の方に関心が強かった。「箙の梅」の方に関心が移るのは。その四年後である。

日朝外交儀礼の転換交渉のため対馬に向かう途中、大津に止宿した文化六年二月二二日、「楽器の名匠」神田大和大掾《だいじょう》定祥（岩淵令治「近世後期における雅楽の伝播と楽器師」）が伶《れい》工《こう》安倍加賀守（安倍家は京都方あるいは天王寺方楽人《がくにん》で篳篥《ひちりき》の家）を伴って旅宿を訪れ、初めて閑談している。生田神社の「箙の梅」はとっくに枯れて幹だけが残り、今の梅は一〇〇年以前に植えたものと教えられた。枯れた古い幹を掘り取って持っていた者が神戸に住んでおり、去年神田定祥と相談して、その古幹で琵琶を造ったという。見事な琵琶ができ、伏見宮から「えひら」と銘書を下されたという。このとき景晋は、その琵琶を製作した際の切れ端で造った矢立《やたて》を贈られている。

その二年後、易地聘礼のため二度目の対馬行きの途上にあった文化八年閏二月四日、「箙の梅」の古木で造った琵琶を所有する神戸の醸造家、米屋藤右衛門が兵庫の休所まで景晋に見せに来た。「聞しにたがわぬ名木の一面、誠に目を驚し心酔せり」と、景晋はその琵琶の見事さに心を奪われた。それを抱えて、景晋の「面影」と比較する。神田

楽器師神田定祥との交流

定祥が「手を尽し」造っただけあり、「何一つ不足なき琵」と感服、伏見宮が「生田」と揮毫した短冊も見せられた。所蔵者は琵琶を弾かないらしいので、「名木二つなきにほこりて秘蔵に過る」と、やっかみも込めて批判げに記している。

易地聘礼のため対馬に向かう文化八年二月二七日、伏見で楽器師神田定祥と会っている。西村正邦も同伴するはずだったが、歯痛のため来ることができず、手紙と贈物を託してきた。景晋は、神田が笛や琵琶に堪能な光格天皇《こうかくてんのう》による「楽道再興」のありがたさを語るのを聞いている。定祥の父の代、五〇年前からこの一〇年前まで、新しい笛や笙《しよう》などの管楽器は、音の高さを一律ずつ低く造ってきた。それは、楽人が好んだことにもよるらしい。光格天皇は、これを古器に戻させ、今は正律に復古したという。

易地聘礼を終えた帰途の八月一六日にも、神田定祥が大津の旅宿を訪れ、景晋が注文しておいた琵琶の袋を届け、談話を楽しんでいる。袋の下絵は住吉内記《すみよしないき》広行《ひろゆき》（土佐派の幕府奥絵師）、琵琶の銘「面影」の二字は、大師流（賀茂流）という書の流派の書博士加茂甲斐守胡保（俗称岡本甲斐守）の筆という。一流の絵師と書博士の揮毫による琵琶袋である。神田家の値段帳によると、笙の本袋は銀五〇から八〇匁なので、景晋の琵琶「面影」の袋はもっと高価だろう。

以前の琵琶は「飛龍」だったので、「面影」は神田定祥から新たに購入したものか。

なお、神田定祥と住吉広行は、寛政一二年に神田が琵琶「白鳳」を修復した際、住吉が撥《ばち》面（琵琶の表側の腹）の絵を描いたというつながりがある。

江戸時代中期以降、武士層で雅楽を学ぶことが普及し、幕府では、将軍吉宗《よしむね》、子の田《た》安宗武《やすむねたけ》、孫の松平定信《まつだいらさだのぶ》の雅楽実践があったという（山田淳平「近世武家雅楽の普及と展開」）。文政年間（一八一八〜三〇）には、文政六年、八年など、江戸城中において管弦が催されるようになった。大学頭林述斎《だいがくのかみはやしじゅっさい》は、「何にも好事なる人なり。年来楽箏を好み、四辻家《よつつじけ》へ入門し、年を逐ひ……順々伝授すみ……（文政八年の許状写し）関東の武門にて、この伝授までに深入したるは稀なる由」（『甲子夜話《かっしやわ》』五、九九頁）とあるように、朝廷雅楽を管掌し楽所《がくしょ》奉行《ぶぎょう》の公家四辻家に入門し、箏《そう》の許状まで受けたという。雅楽への関心は、幕臣にも広まっていたのである。

景晋の場合、雅楽の武家層への普及という背景と、深く学んだ儒教の根本的規範である「礼楽」の楽を、教養として身につけようとしたのかもしれない。

4　文雅・風雅の人

土地の文人との交流

寛政一一年三月二九日、初めての蝦夷地出張の往路で仙台国分町に止宿した折、宿の主人が、老父が若い時分にどこかの国の人が泊まった際、駒ヶ岳の朴の木で桃の形を作り、それに文字を書き付けて贈られたという物を持ってきた。景晋を「風雅を好ませ給う」と人々が語り合うのを聞きつけ、老父がそれを贈りたいという。景晋は、それを受け取り籠の中に入れたまま宿を発ち、職務が忙しく何の御礼もできなかったことを残念がっている。景晋は、同行の人々から「風雅」を好む人と評されていた。その翌日の三月晦日、陸奥古川宿（宮城県大崎市）入口には「緒絶《おだえ》の橋」と言われる橋があり、宿の主人がそれに関わる「古歌」（右大将源通雅・藤原定家・藤原長秀・久明親王ほか）を書き付けて贈ってくれた。この頃には、景晋は、周囲の人々から「風雅の人」と見られていたのである。

桑折の熊坂宇右衛門

二度目の蝦夷地行き途上の文化二年閏八月二二日、桑折宿《こおりしゅく》（福島県桑折町）に止宿した際、景晋の「文雅の声」を聞き、通行を待ち受けていた近隣の高子村《たかこむら》（福島県伊達市）熊坂（阪）宇右衛門が、父の著述『西遊記前録青葱編』を景晋に贈りたいと旅宿を訪れた（七三頁参照）。父宇右衛門は富裕で学問も優れ名を知られた者だが、一昨年亡くなり、その子も父の志を継いで文筆に励んでいるという。景晋はそれを讃えて本は受け取り、面会は「思う子細」がありまたの機会にと伝えさせた。景晋の「文雅の人」という評判は、この地にも伝わっていたらしい。

熊坂宇右衛門は、元文《げんぶん》四年（一七三九）に生まれ享和《きょうわ》三年（一八〇三）に没した。号は台州、名

松前三燈稲荷社神職佐々木大和

は正邦、通称宇右衛門。高子村の豪農の子で、江戸に出て初め入江南溟《いりえなんめい》に師事して詩文を学び、ついで松崎観海《まつざきかんかい》に入門した儒学者・漢詩人であり、儒学としては徂徠学《そらいがく》に傾倒した。主著は、故郷から京都への旅行記『西遊紀行《さいゆうきこう》』であり、詩文を介して江戸の文人多数と交流があった（青野誠「熊阪台州の思想形成と地域社会」）。なお、天明三年（一七八三）八月、勘定所から窮民救済などにより褒美と一代帯刀《たいとう》、子孫の名字名乗りを許可された（大田《おおた》南畝《なんぽ》『一話一言』六、『日本随筆大成』別巻二〇一〜二〇八頁）。宿舎を訪れた子の宇右衛門は、号盤谷、名は定秀である。

　同じく二度目の蝦夷地行で、松前に滞在していた文化二年一一月のことである。三燈稲荷社の神職の佐々木大和は、学問を好み古風の和歌に心がけていた人物という（長く若年寄を務めた堀田正敦の『観文禽譜』に、佐々木大和の善知鳥《うとう》の説が紹介されている）。また、松前の故事に造詣が深く、同行の徒目付《かちめつけ》の野中新三郎がときどき会話するというので、その内容を野中から聞いた景晋は、それを冊子にするよう勧めた。そして、「野中の学」と題して序文を和文で書き、野中に与えている。これは徒目付野中と佐々木大和の交流で景晋が直接ではないが、土地の文人との間接的交流でもある。

　景晋が、その折りの文化三年二月二日に、障子越しに琵琶を弾いて聞かせ、さらに琵琶その物も見せると、初めて琵琶の実物を見て喜んだ佐々木大和が、仮名文字の文章と和歌を贈ってきたことは先に述べた（二四六頁参照）。文化四年の三度目の蝦夷地行でも、八月二〇日に三燈稲荷社に参詣した（一〇六頁参照）。しかし、大和は前年九月に死去したことを知った景晋は、大和の「雅情・献歳神楽の歌舞の事」などを思い出し、沈み込んでいる（「ひとり鬱陶せり」）。

5 土地の名所・由緒への関心

役務関連書籍の閲読

景晋は出張の際、目的・任務に応じた事前知識の収集を兼ねて、関連する書籍を読んでから出かけている。例えば、蝦夷地出張の際は、荻生《おぎゅう》徂徠《そらい》『南留別志《なるべし》』、新井《あらい》白石《はくせき》『蝦夷志《えぞし》』、本多利明《ほんだとしあき》『蝦夷拾遺《えぞしゅうい》』（寛政元年。青島俊蔵ら『蝦夷拾遺』〈天明六年も同書名〉）、松宮観山『蝦夷談筆記《えぞだんひつき》』、橘南谿《たちばななんけい》『東遊記《とうゆうき》』（寛政七年。平秩東作《へずつとうさく》『東遊記』〈天明四年〉も同書名）、湯浅常山《ゆあさじょうざん》『東行筆記』（明和四年）、林子平《はやししへい》『三国通覧図説《さんごくつうらんずせつ》』（景晋は「人物、器物の図は尽くせり、地図は大に謬る」と評している）・『海国兵談《かいこくへいだん》』など。

長崎・対馬などへの出張の際は、司馬江漢《しばこうかん》『西遊旅談《さいゆうりょだん》』（天明八年）、長久保赤水《ながくぼせきすい》『長崎行役日記』（明和四年）、貝原好古《かいばらこうこ》『八幡宮本紀』（元禄二年）などを読んでいる。このほか、『東海道名所図会』『都名所図会』などの名所図絵、大坂では「寛政五年官許梓行の指掌図」などの地図を携行している。

歌枕の名所と由緒

蝦夷地行の旅では、『歌枕名寄』などを参照しているのだろうか、白河関・阿武隈川・浅香山・信夫山・岩手山などを見て、それを詠んだ順徳院・左代弁親家・僧都印性・能因・頼政の歌、武者小路公望・高階経重・左京大夫顕輔などの古歌を、『万葉集《まんようしゅう》』『古今和歌集《こきんわかしゅう》』『千載和歌集《せんざいわかしゅう》』などから引き、『大和物語《やまとものがたり》』『無名抄《むみょうしょう》』『奥義抄《おうぎしょう》』などを挙げている。このほか、平沢旭山『漫遊文草《まんゆうぶんそう》』、成島筑山『藻塩草《もしおぐさ》』、藤原顕昭『袖中抄《しゅうちゅうしょう》』などの書名が見える。

長崎・対馬方面の旅でも、『東鑑《あずまかがみ》』『山家集《さんかしゅう》』『源平盛衰記《げんぺいじょうすいき》』『太平記《たいへいき》』『玉葉和歌集《ぎょくようわかしゅう》』『源氏物語《げんじものがたり》』『古今和歌集』『万葉集』『いざよひの記』『土佐日記《とさにっき》』『木曽路の記』『伊勢物語《いせものがたり》』『異本平家物がたり』などの書名が出てくる。

たんに景色・風景を眺めるだけではなく、その名勝を詠んだ古歌に思いを馳せながら旅を続けている。景晋自身が詠んだ歌は書き留められていない。

第三回目の蝦夷地出張では、文化四年七月二四日に行なわれた、箱館奉行羽太正養《はぶとまさやす》との「贈答歌」は、すでに紹介した（一〇五頁参照）。

文化三年元日のことだが、松前で、室《むろ》で暖めて咲かせた白い八重桜を盆に植えて贈られた。松前の元日に、八重桜という季節はずれの花を見たのである。そこで景晋は、「都にて語らば人のいつわりといはむ睦月の花の盛りを」と詠んでいる（『未曽有後記』）。

この歌の本歌は、慶長《けいちょう》一四年(一六〇九)に猪熊《いのくま》事件(公家と女官の密通事件)で松前に配流された花山院忠長《かざんいんただなが》が、松前を去る四月に藩主送別の宴が催され、松前では梅の花の盛りだったので詠んだ(京都では二月頃が盛り)、「都にて語らば人のいつわりといはむ卯月の花の盛りを」である。景晋は鸚鵡返しに詠んだのである。

6 寺社縁起・拓本・写本の蒐集

景晋の好古趣味

景晋は、寺社の縁起、古碑などに強い関心を持ち、縁起の刷物や石碑の拓本を機会あるごとに入手している。好古趣味の一例としてあげておこう。

第一回目の蝦夷地行き途上の寛政一一年三月二六日、二本柳宿(福島県二本松市)にある「善問寺」(真言宗安達太良山円東寺の誤りか)に、「安達太良山の額」はあるが、版行された縁起がなかったので、門前町家のあるじに、帰路に通る頃までに縁起を写しておく約束を取りつけた。

レザノフ一件の処理を終え、長崎から江戸へ向かう途中の文化二年四月三日には、下関で阿弥陀寺(真言宗。現赤間神宮)に詣り、所蔵の『平家物語』(長門本あるいは阿弥陀寺本)を見た。その模写を庄屋に依頼したが、帰府後すぐに西蝦夷地出張を命じられ繁忙のあまり忘れていたら、一二月二三日に松前の宿舎に留守宅から、『平家物語』全部の模写が届けられたとのことで送ってきた。長門本は流布本も少なく、あっても誤字も多いので、「真誠の元本にてうつしたれば、よきたからなり」（『未曽有後記』）と小躍りして喜んでいる。そして、文化三年正月八日にそれを読んでいる（「長門本よむ」）。

二度目の蝦夷地行きの途中にあった文化二年八月二一日には、郡山（福島県郡山市）から八間町の間で、東勝寺（廃寺）の松浦佐世姫《まつらさよひめ》に関わる縁起を見ている。同月二五日には三本木（宮崎県大崎市）で、節婦の墓碑銘を所望して入手、同月二八日には水沢と花巻の間、八幡村（岩手県花巻市）の鎮守八幡の縁起と、安永年中（一七七二～八一年）に仙台の文人田辺良介が縁起を漢文にした碑を見て、その写しを入手している。

一年がかりの任務を終えて、蝦夷地からの帰路の文化三年七月二六日、松島から仙台国分町への途中市川村（宮城県多賀城市）で、多賀城址および多賀城碑を見物。昨年秋の往路で、里正に多賀城萩沢の碑の拓本を所望すると、摺るには藩の許可が必要なので役人に願い出ると約束された。国分町の宿舎に仙台藩主の使者が来て、容易には摺らないのだが「厚く御所望」なので特別に、と演説して渡された。世上にあるのは木版で、「正真の摺には非ず」なので、拓本を入手できたことを喜んでいる。

七月二八日には、石母田村《いしもだむら》（福島県国見町）の里正久保里右衛門勝直から、享和三年に掘り出した寧一山の古碑碑文の木版と拓本、そして瀬上村《せのうえ》（福島市）にある古碑の拓本の三枚を贈られた。八月一日に止宿した須賀川（福島県須賀川市）で、往路に安藤辰三郎（庄屋）が約束した白河の碑の拓本を受け取り、返礼として西蝦夷地行を記した漢文の『巡辺行』の草稿を写して贈っている。

7 漢詩

景晋の漢詩は残っていないようだが、渡海の船中や名所旧跡で漢詩を詠むなど、詩作自体はよくしていることが紀行文に出てくる。そしてそれを他人に贈ったりもする。

第一回蝦夷地行きの寛政一一年四月一七日に青森で、松平忠明《まつだいらただあきら》の宿舎の庭の桜が咲くのを見て絶句を作り、翌一八日には、近藤重蔵に漢詩を贈っている。蝦夷地からの帰路、八月一三日に松前から三厩《みんまや》に渡海した船中で漢詩を作り、観音堂の庵主に贈っている。同月一五日の満月の夜に「幽興をかたらう友もなく、古郷を思い使君をもおもい、ぜく（絶句）つらね、筆放て枕引よせつ」と月を眺めながら絶句を作っている。また、一七日には青森の旅宿で寂寥の中、師榊原卮兮《しけい》の漢詩「月不解飲」を朗詠している。

文化二年の長崎行の折は、大田南畝と詩の贈答を行なった。また、第二回蝦夷地行の文化三年に松前に長期逗留した際は、同行の徒目付の野中新三郎、普請役の最上徳内《もがみとくない》および従者一、二名が集まり、漢詩の会を不定期で開いている。

なお、文政四年（一八二一）の「詩仙堂修復諸家御寄附口々金銀員数惣御名前帳」に「金三百疋　遠山左衛門尉様」（『甲子夜話』六、七頁）とあり、漢詩人石川丈山《いしかわじょうざん》の居宅・山荘である詩仙堂《しせんどう》（京都市左京区）の改修に寄附をしている。また、林大学頭述斎が、文政六年の楽人豊原時元七〇〇年忌、同統秋三〇〇年忌にあたり募集した詩歌の中に、「御勘定奉行　左衛門尉遠山景晋」の漢詩「星霜七百正当辰、長想夏天孤月輪、短夜清光無問処、古之人也古之人」が収められている（『甲子夜話』五、二二九頁）。

8　著作物

記録・随筆・詩文を著す

林述斎撰の景晋の「墓碑銘」（後述二七三～二七六頁参照）に、「前後干役《かんやく》記及び随筆詩文稿百余巻有り」と刻まれ、職務上の記録や随筆・詩文の草稿が百巻以上あったという。文政年間（一八一八～三〇）の幕臣中の「三傑の一人」と讃えられた有能な役人だが、それにとどまらず、江戸時代後期に数多く登場する文人的、あるいは教養豊かな役人の一人だった。著作の多くは散逸したが、主なものとして、遠隔地への「干役」のたびに著した紀行文『未曾有記』五部一二巻の写本、目付・長崎奉行・作事奉行を務めた文化年間（一八〇四～一八）の自筆日記が伝存している。

紀行文『未曾有記』

景晋は、幕命により蝦夷地・長崎・対馬へ公務の旅を繰り返し、そのおりおりに紀行文を遺した。寛政一一年の第一回蝦夷地出張は『未曽有記』、文化二年の長崎出張は『続未曽有記』、文化二年から三年の第二回蝦夷地出張は『未曽有後記』、文化四年の第三回蝦夷地出張は『続未曽有後記』、文化六年の第一回対馬出張は『津志満日記《つしまにっき》』上、文化八年の第二回対馬出張は『津志満日記』下で、全体が『未曽有記』と一括される。

残っている『未曽有記』に景晋自筆のものはなく、すべて写本である。国立公文書館には、『未曽有記』全一〇冊（『未曽有記』上下二冊、『続未曽有記』上中下三冊、『未曽有後記』上中下三冊、『続未曽有後記』上下二冊）が二種類、『津志満日記』上下二冊が所蔵されている。板坂耀子氏の研究によると、『未曽有記』は一四点、『続未曽有記』『未曽有後記』『続未曽有後記』は各五点、『津志満日記』は一点の写本が確認されている（『近世紀行文集成』第一巻・蝦夷篇）。

『未曽有記』の写本の経緯は、『続未曽有記』に記された吉見《よしみ》義方《よしかた》の奥書に詳しい。吉見は、通称儀助で大田南畝《なんぽ》の甥である。寛政九年の第三回学問吟味に乙《おつ》及第し、文化二年に支配勘定、同年に評定所留役《とめやく》、そして文政四年に勘定組頭に昇進した、景晋配下の勘定所役人である。

『寛政重修諸家譜』編集のため、寛政一二年春（『おくの日誌』にある勘定の山木《やまき》三保助《みほすけ》清房《きよふさ》の奥書によると閏四月一〇日）に若年寄《わかどしより》堀田《ほった》正敦《まさあつ》の屋敷に係員が集まったところ、景晋の旧友で考証家の和書蔵書家、大久保忠寄《おおくぼただより》（西山。元西丸書院番士《しょいんばんし》）が、『未曽有記』を持参して堀田に見せた。その席にいた星野正範（郡兵衛）・望月有信（源左衛門）・小田彰信（又蔵）・吉見義方が、堀田から一冊ずつ（もとは四冊からなっていたらしい）借り受け、その夜のうちに筆写、その翌日、原本を堀田に返却し、さらに四人はおのおの筆写した冊を相互に貸借して筆写、結局、四人が写本を四冊ずつ所蔵することになった、という。

これによると、景晋は、寛政一一年九月一四日に蝦夷地から帰府したので、それから半年くらいの間に『未曽有記』を執筆し、故友の大久保忠寄に見せたことになる。

吉見義方は、文化九年に勘定奉行で松前奉行を兼任した小笠原長幸《おがさわらながゆき》が松前に赴くにあたり、これを貸したところ、小笠原が現地で死亡（九月三日）し、文化一一年春に嗣子小笠原三九郎から返却されたものの、一二年九月に吉見宅が火災にあって蔵書を焼失してしまった。

小田の本は人に貸して行方不明、望月はすでに死亡し嗣子は幼少のため不詳、星野は困窮から蔵書を売却、このため吉見は再入手できなかったが、文政六年二月に望月の嗣子新八郎から借りて筆写できたという。なお、小笠原長幸が松前に持参した写本を、文化九年七月に松前で勘定の山木清房が筆写したのが『おくの日誌』（国立公文書館所蔵）である。これは一冊本だが、『未曽有記』と書名が違うだけで内容に大きな異同はない。

『未曽有記』は、幕臣の間で筆写され、それが現存する写本のいくつかなのだろう。なお、国立公文書館所蔵『未曽有記』（一七七―一三八）全一〇冊には、「川路氏印」の蔵書印が捺されている。これは川路《かわじ》聖謨《としあきら》の蔵書だったことを示し、景晋を尊敬してやまない川路が、幕臣から流出した写本を収集したのだろう。

景晋は、『未曽有記』の書名の由来を、将軍が蝦夷地の調査を命じること、多くの幕臣が蝦夷地に赴くこと、番方の番頭が調査責任者になること、小性組番士《こしょうぐみばんし》が調査に関わること、遠山家では景晋の二代前景信の駿府在番《ざいばん》を除き遠隔地へ旅行した者がいなかったこと、景晋にとっても初めてのこと、そして往復千里に及ぶ旅行をすること、すべてかつてなかった未曽有のことだったので、書名を『未曽有記』にしたという。

『未曽有記』と『続未曽有記』は、板坂耀子氏により『叢書江戸文庫』一七（『近世紀行集

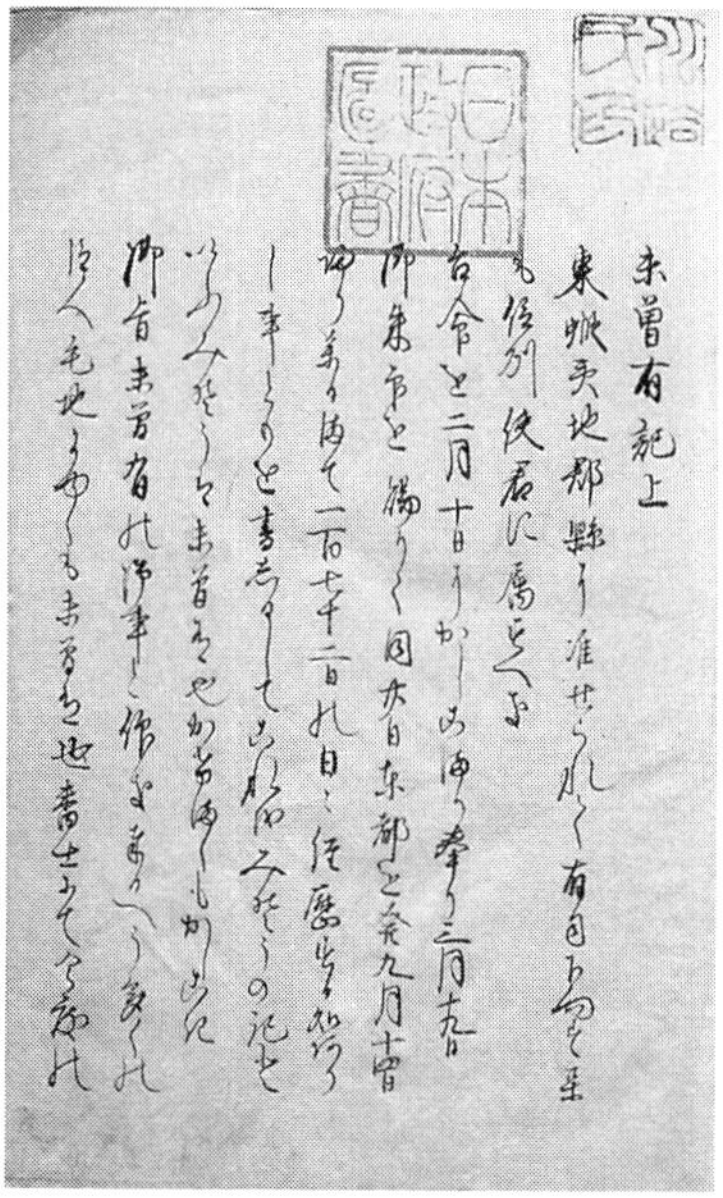

『未曽有記』上（国立公文書館蔵）

成』)、『未曽有後記』も同じく板坂氏により『近世紀行文集成』第一巻・蝦夷篇に収録されている。

景晋の自筆日記は、東京大学法学部法制史資料室に「遠山家記録残闕」の一部として、『文化日記』の表題で八冊に綴じられ所蔵されている。内表紙に記された原題は「日記」で、通し番号がつけられている。日記の性格は職務日記である。

『文化日記』一から三は目付時代の日記。『文化日記』一は「五　御目付日記」で、文化二年元日から九日まで(空白期は長崎出張で『続未曽有記』あり)、五月二五日から閏八月一〇日まで(空白期は第二回蝦夷地出張で『未曽有後記』あり)、文化三年九月四日から同四年六月四日まで(空白期は第三回蝦夷地出張で『続未曽有後記』あり)、同年一〇月二二日から一二月晦日までである。

伝存の日記は「五」が最初なので、おそらく第一回蝦夷地出張頃からの日記が四冊あったのではないか。

『文化日記』二は「八　御目付日記」で、文化五年正月から同六年二月一九日まで(空白期は第一回対馬出張で『津志満日記』上あり)、同年一〇月五日から一二月二八日までである。

『文化日記』三は表紙が虫損のため不明だが、おそらく「十　御目付日記」で、文化七年元日から同八年二月一一日まで(空白期は第二回対馬出張で『津志満日記』下あり)、同年九月三日から一二月晦日までの記載がある。

『文化日記』四から六は長崎奉行時代の日記。『文化日記』四は「十二　長崎奉行日記」で、文化九年二月一七日から一二月二九日まで、『文化日記』五は「十三　長崎奉行日記」で、文化一〇年元日から一二月晦日まで、『文化日記』六は「十四　長崎奉行日記」で、文化一一年元日から一二月二九日までの記事がある。この日記は、荒木裕行・戸森麻衣子・藤田覚編『長崎奉行遠山景晋日記』として刊行されている。

『文化日記』七と八は作事奉行時代の日記。『文化日記』七は、虫損のため不明だがおそらく「十六　御作事奉行日記」で、文化一三年七月二三日から同一五年二月二六日まで（空白期は第一回日光出張）、同年五月一日から文政二年正月七日まで（空白期は第二回日光出張）、九月一日から二日まで、『文化日記』八は「十七　御作事奉行日記」だが、日光御霊屋修復奉行としての日記で、文化一五年正月一九日から文政二年九月までの記事がある。

第一回対馬出張中、および帰府後の休暇期間（文化六年二月四日から一一月六日まで）は、「九下　御目付　訳官使面会対州御用日記」が現存している（国立国文学研究資料館所蔵「上総国山辺郡清名幸谷村飯高家文書」）。「八　御目付日記」の一一月六日条に、「休中□之日記旅中日記に付ク」との記述があるので、この「九下」がそれに該当するだろう。通し番号がなぜ「九下」なのか、その理由はわからない。

そのほかに、頻繁な出張の間は、「別帳」「右の分、別帳」「奉職簿」などの記述が『文化日記』に見えるので、出張中には「旅中日記」などをつけていたようだが、それは「九下」以外は現存しない。

だが、その空白部分は、『未曽有記』全一〇冊、『津志満日記』上・下の紀行文が遺された。景晋は、別帳や旅中日記につけた記録も参照して紀行文を書いたのだろうが、「九下」などの旅中日記は職務日記で、記述の内容も分量も紀行文とはまったく違う。

景晋は、土地の自然・風景・風俗・由緒、参詣した神社仏閣とそれらへの感想、そして職務とは直接関わらない興味・関心からする見聞を手帳などに書き留めておき、それらをもとに紀行文を書き上げたのだろう。おそらく、最初から一種の文学作品として紀行文を執筆することを構想し、その結果、『未曽有記』五部一一巻になったのであろう。

第一三　晩年と死

一　致仕と晩年

幕臣人生を閉じる

遠山景晋《とおやまかげみち》は、自らが主導的な役割を果たした異国船打払令《いこくせんうちはらいれい》が文政《ぶんせい》八年（一八二五）二月に発令されてからちょうど四年後、文政一二年二月七日に、約一〇年間在任した勘定奉行を、墓碑によると老齢を理由（「老を告げ」）に辞職したが、老いてますます盛んな（「老て益壮」）ため、惜しまれての退職という。勘定奉行は、劇職《げきしょく》である。景晋は、その職を七八歳まで務めた。

林述斎《はやしじゅっさい》撰の墓碑銘《ぼひめい》（後述二七三〜二七六頁参照）には、その辞職の仕方が「急流勇退《きゅうりゅうゆうたい》」と表現されている。「急流勇退」とは、きっぱりと職を辞し去ることのたとえであり、述斎により讃えられた辞め方だった。

これにより、四三年間の幕臣としての人生を閉じた。その年の四月一九日に致仕《ちし》し、子（嫡孫《ちゃくそん》）景元《かげもと》に家督を譲り退隠した。その後は楽土と号し、まさに悠々自適な晩年を

林述斎が伝える晩年の景晋

林述斎画像（京都大学総合博物館蔵）

過ごした。

景晋の晩年の姿を伝えるのが、元平戸藩主、松浦清《まつらきよし》（静山《せいざん》）の随筆（『甲子夜《かっしや》話《わ》続編』二、三四六頁）である。それは、静山の友人、林述斎から聞いた話である。

勘定奉行を務めた遠山景晋は、七〇歳をはるかに超えた人だが、病をえて辞職したのちは、ふらりと（「飄然」）あちこち出かけている。長いこと忙しい勤めにおわれて疎遠になっていた親類、友人、知人宅を訪ね、先日、私（林述斎）の家に二度もやってきた。騒々しく落ちつきのない今の世の中で、景晋のように名誉とか利害から超然としている人は稀なことだ（「今の熱閙《ねっとう》世界にかく恬退《てんたい》なる人も稀なり」）。死ぬ間際まであくせくしている俗物の役人（「死に至るまで棲々とする俗吏」）と較べ、その差は大きい（現代語訳）。

いつのことなのか確定できないが、この記事の前後は文政一二年の事柄なので、述斎の話しも同じ年のことだろう。この記事は、景晋が勘定奉行を辞職し、家督を子の景元に譲った頃のことか。

勘定奉行を辞職したのちは、在職中の繁忙に任せて疎遠になっていた親類や友人宅をふらりと訪れ、無沙汰を詫びつつ旧交を温めていたらしい。また、林述斎は景晋のことを、無欲で人と競おうとしない稀な人だと讃える。その飄々《ひょうひょう》とした生き方と「急流勇退」の引き際の潔さは、死ぬ間際まであくせくする俗物役人と比べ、際だって見えたらしい。林述斎は、そのことをのちに景晋の墓碑銘に「急流勇退」と評した（後述二七六頁参照）。

職にしがみつく幕臣

勘定奉行を務めた人で、在職中に死亡した事例を除いて、幕府の役職を完全に退く者はほとんどいなかった。勘定奉行から町奉行や大目付《おおめつけ》などに転任する者が多い。年齢が若ければそれも頷けるのだが、景晋と同じようなかなり高齢の人でも転任している。景晋と同じ頃で、高齢の勘定奉行の例を紹介しよう。

肥田頼常《ひだよりつね》は、文化《ぶんか》一二年（一八一五）に七七歳で勘定奉行から西丸留守居《にしまるるすい》に転任し、さらに旗奉行になり、文政三年の八二歳のときに罷免された。有田貞勝《ありたさだかつ》は、文化九年に七七歳で勘定奉行から大目付→留守居→旗奉行へと転任し、文政八年に八四歳で辞任している。石川忠房《いしかわただふさ》は、文政一一年に八二歳で二度目の勘定奉行から留守居に転じ、在職のまま九〇歳で死亡した。遠山景晋より一歳だけ若い肥田と有田は、大目付や留守居などいくつかの職を転々とし、それぞれ八二歳、八四歳という高齢で退職している。石川などは、八二歳まで勘定奉行を務め、さらに留守居に転任して在職中に九〇歳で亡くなったのである。まさに、死ぬ間際まで在職した人たちである。

遠山景晋の先任勘定奉行だった土屋廉直《つちやただなお》は、文政二年に六一歳で勘定奉行から西丸留守居に、ついで小普請支配《こぶしんしはい》→大目付→留守居と転任し、嘉永《かえい》六年（一八五三）に九六歳で老衰を理由に退職した。この間、弘化《こうか》三年（一八四六）には、老年まで職務に励んだとして五〇〇石の加増を受けている。老衰するまで務めた事例である。林述斎が、肥田・有田・石川・土屋らを指して、死ぬ間際まであくせくする俗物役人と語っているのかどうかわからない。幕臣は、元気なうちは将軍に奉公するのが美徳とされたので、肥田らが非難される謂われはない。しかし、いつまでも職にしがみつこうとしていると、林述斎の眼には写ったのかもしれない。景晋には引き際の美学があったか。

引き際の美学

林述斎は、「此頃（寛文《かんぶん》五年〈一六六五〉）は御役人に古稀の者少かりしと見ゆ、因てかかる特恩（金と服の下賜）もありしならん、今は古稀以上の有司夥《おびただ》しきこととなり、此等は太平の人瑞《ずい》とも云べし」（『甲子夜話』四、二七二頁）と語っている。文政から天保期（一八一八〜四四）には、古稀を過ぎてなお働く役人が多くなっていたらしい。景晋にしても、七八歳まで勘定奉行を務めたので、「古稀以上の有司」の一人だった。

さきほどの林述斎の話しの中に、景晋の「隠居達志」と題する漢詩が留められている。

脱却朝衫身世軽　柴門草閣少逢迎　鳴琴一曲長松下　自得古人風月情

（朝衫《ちょうさん》を脱却して身世軽し、柴門草閣《さいもんそうかく》逢迎《ほうげい》少なし、鳴琴《めいきん》一曲す長松の下、自得《じとく》す古人風月の情を）

宮仕えを辞めて身も軽くなり、家を訪れる人も少なくなった、琵琶を松の下で鳴らし、古人の風流の心を自得した、といったところか。

林述斎は、漢詩としては未熟だが（「未だ乳臭黄吻に近き」）、その志は採るべきだ（其の志しに於いては採る当《べ》し）、と語ったという。これを聞いた静山は、景晋も晩年は不遇らしい（「遠晋も晩年不遇なると覚ゆ」）、と感想を書き、述斎がそれを賞するのも同じだからであり、かく言う私、静山も自分から棄てた者である、という。「不遇」の解釈はなかなか難しいが、「晩年は世間に遇わない」と理解したい。

墓碑銘（後述二七五頁参照）によると、景晋は音楽を好み、老後はいつも雅楽と郢歌《えいか》を悠々と楽しんでいたという（「喜音律、老後毎以雅楽・郢歌自適」）。景晋の場合、雅楽とは琵琶、郢歌とは謡曲を指す。老後は、琵琶と謡曲を思う存分楽しんで、悠々自適に暮らしていたらしい。

『甲子夜話続篇』の話から三年後と思われる、天保《てんぽう》二年（一八三一）のこととして、吉見義《よしみよし》方《かた》が景晋の動向を伝えている。

「白糸瀑」と「亜神居」二図の掛け軸

景晋は、二度目の蝦夷地《えぞち》出張で文化三年に西蝦夷地を巡視した際、その四月に「白糸の滝」と「神威岬《かむいみさき》」のスケッチをしていた。

景晋は、懐紙《かいし》に図と漢詩を書き付けておいたが、多忙な勤務の中でその紙を忘れていた。退職して時間ができたので、たまっていた書き物などを整理している中に、天保二年にその図などを見つけ出した。二〇年も前に書き散らしたものだが懐かしく、また、蝦夷地は文政四年に幕府から松前家に返還され、おいそれと行けなくなったことから、図を家に持ち伝えるのも無益ではないと思い、スケッチをもとに絵師に描かせ、その上に漢詩を自書した。それを二幅の絵図にして、掛軸二つに仕立てている。

その経緯を書いておかないのもよくないと思って、景晋は漢文の記録を作り、吉見に仮名の文章を書いてくれと依頼した。吉見は、景晋が吉見宅を訪れ語ったことをそのまま文章にし、それに吉見の歌三首を添えて天保二年一〇月一日に書いたのが、「しらいとをかむいの国のゆえよしを記し伝えるふみ」だという（『未曽有後記《みぞうこうき》』）。

吉見儀助義方は、前章の「8　著作物」（二五九～二六一頁参照）のところで紹介したように、景晋が書いた『未曽有記』の写本事情を伝える人物でもある。宝暦《ほうれき》四年（一七五四）生まれで景晋の二歳下、大田南畝《おおたなんぽ》の甥にあたる。寛政《かんせい》九年（一七九七）の第三回学問吟味に乙《おつ》合格したときは、清水勤番支配柘植《つげ》長門守正寔《まさたね》組の小普請世話役で御家人だったが、勘定所に異動して評定所留役《とめやく》、文政四年に勘定組頭《くみがしら》に栄進し、天保一二年に辞職、その年に八二歳で死去した。景晋が勘定奉行のときに勘定組頭なので、上司と部下の関係にあった。大田南畝の甥らしく、紀定丸という狂名を持つ文人でもあった。

景晋から二図の題言《だいげん》（題辞）の執筆を頼まれたのが山本鄰で、「白糸瀑・亜神居《おかむい》二図記」を執筆した（「楽土遠山隠君寄二画幅、以索題言於予」）。その題言は、天保二年一〇月一五日の日付で書かれている（『未曽有後記』）。山本鄰は、徒《かち》目付の山本庄右衛門のことで、茜坡と号した。漢詩人で、文政四年の石川丈山一五〇回忌に行なわれた、詩仙堂募集詩に漢詩が録されている（『甲子夜話』六、四九頁）。

景元の出世

早咲きの幕臣人生であらんことを願って、子景元の印文に「好文《こうぶん》」を撰んだことはすでに紹介した（一四頁参照）。景晋が在府の長崎奉行だった文化一一年に結婚した堀田《ほった》伊勢守一知《かずとも》の妹けいと景元の間に、文化一四年八月二三日に国（国太郎。のち景纂《かげつぐ》）が生まれたことが、景晋の日記に記されている。しかし、景元にはそれ以前に、娘（のちに大道寺内蔵助の妻）と長男（のちに植村景鳳）がいるので、国太郎は二男になる。この一男一女について景晋の日記にまったくでてこないので、景元とけいとの間の子ではない可能性がある。

景晋の致仕後のことである文政一二年九月に行なわれた、世継ぎ家慶《いえよし》の子で将軍家斉《いえなり》の孫になる家定《いえさだ》（のち一三代将軍）の紅葉山御宮参詣行列「小人騎馬」に、遠山景元惣領

「遠山国太郎十三歳」（『甲子夜話続編』三、八八頁）の名が見える。眼を細める景晋の姿が浮かぶ。

景元は、文政一二年四月一九日に家督を継ぎ、天保三年に西丸小納戸《こなんど》頭取格《とうどりかく》、従五位下大隅守《おおすみのかみ》に叙爵《じょしゃく》、天保五年五月には格がとれて西丸小納戸頭取、同六年五月二〇日に小普請奉行、同七年には官職名を父と同じ左衛門尉《さえもんのじょう》へ変更、同八年八月二〇日に作事《さくじ》奉行《ぶぎょう》、同九年二月一二日には勘定奉行、同一一年三月二日に北町奉行に昇進した。

勘定奉行に昇進した年齢は、景晋が六八歳で景元が四六歳で、二二歳も若い。そして、父より格上の町奉行に四八歳で就任している。景晋に比べて、まことに順調な出世である。景元は、景晋が願った早咲きの役人人生を歩んだのである。景晋は、景元が勘定奉行に昇進するのを見届けることはできなかったが、その昇進ぶりに願いが叶ったと安心し、さぞ満足したことだろう。

景元の優れた能力もあるが、父親の役職や功績が子の将来に大きな意味を持つ（『父の蔭』）のが江戸幕府の役人昇進の仕組みなので、父景晋が遅咲きとはいえ勘定奉行まで上りつめたことが、景元の順調な昇進を可能にしたのである。

景元は町奉行在職中に、折からの天保の改革を断行した老中《ろうじゅう》の水野忠邦《みずのただくに》と、江戸市中改革をめぐって激しく対立し、将軍の支持もあって強く抵抗した。一時、大目付に棚上げされたが、水野失脚後に町奉行に復帰し、退隠するまで務めた。自身の利害より将軍の命を受けた職務を、全身全霊で果たそうとしたところは、父景晋と重なるところがある。親子のつながりが見えるのではないか。

二　景晋の死と墓碑

景晋死す

景晋は、天保八年（一八三七）七月二二日、泉下《せんか》の客となった（享年八六）。遠山家の菩提寺である下谷（東京都台東区）本光寺に葬られた。戒名は、「静定院殿光善楽土大居士」である。のちに、本郷丸山（東京都文京区）本妙寺に改葬された（二三六頁参照）。

景晋の墓碑銘

景元に比べると小ぶりな墓石の向かって左側面から裏面にかけて、墓誌が刻まれている。この墓碑銘は、林大学頭述斎が、遠山景元の依頼を受け、また生前に景晋と親交があったことから撰文したものである。簡潔にその生涯と事績を述べているので、全文を紹介したい。以下は、原文の漢文全文を書下しにしたものである（『事実文編《じじつぶんぺん》』三、二五七〜二五八頁）。

故左衛門尉、諱《いみな》は景晋、字《あざな》は孟大、遠山氏、致仕し楽土と号す、系は大織冠藤公《たいしよくかん》の裔《えい》に出で、遠祖は加藤次、諱は景廉、美濃遠山荘に居し、よって氏とす、十三世

遠山景晋夫妻と景元の墓
（東京都文京区・本妙寺所在．手前が妻，一つおいて
小さいものが景晋，奥の一番大きいものが景元の墓）

を歴《へ》て、相模守、諱景行《かげゆき》の子、民部少輔、諱利景《としかげ》と曰う、始めて大朝に仕う、子勘右衛門、諱方景《みちかげ》と曰う、その第三子十右衛門、諱景重《かげしげ》と曰う、寛永《かんえい》中、別に俸米を賜わり、小性組番士と為《な》る、景重次子権左衛門、諱景吉《かげよし》と曰う、寛文《かんぶん》中に至り、食邑《しよくゆう》を割《さ》き支族と為し、小納戸に擢《えらば》れ、後に留守居番に遷《うつ》る、これ君の家祖と為るなり、曾祖は七郎右衛門、諱景義《かげよし》、祖は権右衛門、諱景信《かげのぶ》、考《こう》は権十郎、諱景好《かげよし》、景好胤《たね》なく、よって君を鞠《やしな》い嗣と為す、君は永井筑前守、諱直令の第四子なり、天明六年、姓を冒《おか》し禄を襲《つ》ぐ、明くる年小性組番に入り、寛政十二年、徒頭《かちがしら》と為り、享和二年、目付に転じ、文化九年、長崎奉行に陞《のぼ》り、十三年、作事奉行に遷り、文政二年、勘定奉行に任ぜらる、十二年、老いを告ぐ、老いてますます壮《さか》ん、人咸《みな》これを惜しむ、凡そ朝に立つこと四十三年、前後の勲績頗る多し、

初め小性組と為るなり、たまたま官蝦夷地方に事あり、材幹有る者を挙げ、君ともに選中に在り、まさにそれを目付に為さんとするなり、俄羅斯《ろしあ》人長崎に来る、官猝《にわか》に君に命じ往きてこれを監せしむ、後に俄羅斯人蝦夷を侵す、君また往きてその事を執る、また韓使東聘《かんしとうへい》の議あり、命を奉《うけたまわ》り対馬に赴く、特に叙爵《じょしゃく》を為す、後に再び往きて聘事に参《つらな》る、それ長崎奉行と為るなり、赴任は二、清廉をもって称す、それ作事奉行と為るなり、日光山に往くは二、閟宮《ひきゅう》の修理を掌《つかさど》る、すでにして勘定奉行に陞《のぼ》る、昕夕《きんせき》ますます辛勤して懈《おこた》らず、十余年一日の如し、けだしその職を奉じること精励、身を守ること謹厳、多くこれに類す、性墳素《ふんそ》を嗜む、かたがた剣技を善《よ》くす、また音律を喜ぶ、老後いつも雅楽郢歌《ががくえいか》をもって自適す、桑楡《そうゆ》の昃《かたむき》を知らざるなり、平生筆録する所、前後于役記《かんやくき》及び随筆詩文稿百余巻あり、君宝暦十四年正月十四日に生まれ、天保八年七月二十二日に歿す、壽を享《う》くること七十また四、城北下谷郷本光寺の先塋《せんえい》に葬らる、配《はい》榊原氏先に歿す、一男一女を挙ぐ、男は左衛門尉、名は景元、今勘定奉行と為る、女は夭《よう》す、初め景好君を鞠《やしな》い嗣と為す、しこうして後に男九十郎を得る、諱景善《かげよし》、君よって景善を養い、子と為す、景善又景元を養い子と為す、景善蔭仕《いんし》し、西城書院番に入る、先に歿す、景元すなわち孫をもって祖を承《つ》ぐと云う、頃者《ちかごろ》、左衛門尉景元君の碑筆を余に属《しょく》す、余の楽土君に、交《こう》契素《けいもと》よりあり、義拒むべからず、遂に譜牒《ふちょう》を掇《つづ》り、履歴を概叙《がいじょ》す、係るを銘を以てす、銘に曰く、精誠して職を奉じ、節倹して身を守る、時盛世に遭う、克《よ》く豊勲《ほうくん》を建つ、家を伝えて五世、君に至りて大いに聞ゆ、急流勇退、世塵を擺脱《はいだつ》し、維絲維《いしい》竹《ちく》、優遊神《しん》を養う、噫《ああ》君が出処、古人に媿《はじ》ず、

林述斎は、まず遠山家の系譜、景晋の小性組士から始まる幕臣としての履歴の概略を述べ、東奔西走した事績を紹介し、多くの功績をあげたと讃える。さらに、全身全霊で職務に精励し、謹厳実直な生活姿勢を保ちつつ、聖賢の書に打ち込むとともに、剣術に優れ、音楽を楽しんだ、と生前を回顧する。そして、「急流勇退」、すなわちすぱっと公職を辞めて退隠したのちは、いつも雅楽（琵琶）と郢歌（謡曲）を楽しみながら、音楽で心を和らげ豊かにしたと、悠然たるその晩年を讃えた。

幕末に目付や外国奉行を務めた栗本鋤雲《くりもとじょうん》（一八二二〜九七）は、景晋の辞職を墓碑銘にもある「急流勇退」と表現し、職務に精励して功績をあげ、絶頂にあったそのときに、後ろ髪をひかれることもなくきっぱりと勇退したことを讃えた。江戸時代後期に「急流勇退」の四文字にふさわしいのは、景晋とその子景元の二人だけだともいう（栗本鋤雲「獨寐寤言」『匏庵《ほうあん》十種』一三一〜一三二頁）。

よく似た父子

景晋は、自ら晩年の心情を詠んだ歌などを残していないようである。倅の景元は、嘉

永五年（一八五二）に町奉行を辞し、致仕した直後、六〇歳のときに詠んだ次の和歌三首が残っている（藤川貞〈整斎〉『嘉永雑記』国立公文書館所蔵）。

天つ空てらす日かげに雲なく　もと来し山に帰るしら雲

かけてきる冠の紐にひきかえて　かへし給はば老の玉の緒

ちりの世の花すり衣ぬぎかえて　こころすずしき墨染の袖

この歌からは、長い激務の町奉行職を最後に、父景晋と同様に「急流勇退」、すなわち、すぱっと役職を辞した景元の、職務をやり遂げた人間のすがすがしい心情が伝わってくる。「精誠奉職」「精励恪勤《せいれいかっきん》」して幕府役人人生をやり遂げた景晋の晩年の姿と、景元の心境は二重写しになる。結局、景晋と景元はよく似た父子だったのではないか。

おわりに

遠山景晋《とおやまかげみち》が自ら「桑楡《そうゆ》に及て官途《かんと》に栄《さか》ゆ」（『続未曽有記《ぞくみぞうき》』）と書くように、幕府役人として勘定奉行にまで大出世したが、遅咲きの役人人生だった。永井家に生まれて遠山家の養子になり、やや複雑な家族関係の中、学問・剣術・音楽などに励みながら、実父母が願った幕臣として活躍する日を思い描いていた。三五歳になって家を継ぎ、翌年やっと小性組《こしょうぐみ》番士《ばんし》となり幕臣としてのスタートをきった。四三歳で第二回学問吟味に首席合格し、秀才ぶりを発揮したものの、なかなか幕臣としては芽が出ず、五一歳で目付《めつけ》、六一歳で長崎奉行、作事奉行《さくじぶぎょう》を経て勘定奉行に昇進したときは、もう六八歳という高齢だった。幕府役人としてはまさに遅咲きだった。

文政年間《ぶんせい》（一八一八〜三〇）の幕府役人の「三傑」と讃えられたのは、景晋と石川忠房《いしかわただふさ》・中川忠英《なかがわただてる》だった。石川忠房は、俸禄三〇〇俵の養家を継ぎ四八歳で目付、五四歳で勘定奉行に昇進し、加増を受けて知行五〇〇石、のちに勘定奉行に再任され、留守居《るすい》在職中に九三歳の高齢で死去した。中川忠英は知行一〇〇〇石、三六歳で目付、四三歳で長崎奉行、四五歳で勘定奉行と順調に昇進し、のちに旗奉行在職中に七八歳で死去した。景晋は、勘定奉行昇進が中川より二三歳、石川より一四歳遅い。「三傑」とはいっても、景晋の役人としての出世はひどく遅かった。

この間、寛政《かんせい》一一年（一七九九）に、幕府が蝦夷地《えぞち》を直轄するという、蝦夷地政策の大転換のために行なわれた、東蝦夷地調査団の一員に撰ばれて参加。文化《ぶんか》二年（一八〇五）には、通商関係樹立を求めて長崎に来航したロシア使節レザノフに、幕府の拒否決定を伝達するため長崎に赴き、平穏な退去を実現。同年から文化三年にかけて西蝦夷地の調査を命じられて宗谷まで踏破し、幕府の全蝦夷地直轄の実現に貢献。文化四年に、ロシア軍艦によるカラフト・エトロフ島などへの攻撃を受けて三度目の蝦夷地出張を命じられ、帰路三陸から鹿島までの沿岸を巡検。文化六年に、江戸時代の日朝外交儀礼を大転換させる朝鮮通信使の易地聘礼《えきちへいれい》を実現するため、朝鮮訳官との交渉に対馬《つしま》へ出張し、易地聘礼挙行の最終的合意を実現。文化八年に、易地聘礼挙行のため応接使節団の一員として二度目の対馬出張。文化九年から長崎奉行として長崎に二度在勤し、二回に渡るイギリスによる出島商館乗っ取り未遂事件や極度の貿易不振などの困難を抱えた長崎市政を担当。文化一三年に作事奉行になり、日光大猷院《たいゆういん》廟などの大規模修復事業を遂行。文政二年（一八一九）から勘定奉行として、蝦夷地直轄を止め、松前・蝦夷地を松前家に返還する政策大転換の後始末を処理。イギリス・アメリカ捕鯨船の活動活発化などにより異国船渡来事件が多発したため、文政八年に、それまでの穏便な異国船対応策を大転換させ、強硬策である異国船打払令《いこくせんうちはらいれい》の発令を主導した。

景晋は、蝦夷地へ三回、長崎へ三回、対馬へ二回、日光へ二回往復した。主に対外関係に関わる案件を処理するため、文字通り東奔西走した。ロシアの蝦夷地接近、イギリスなど欧米諸国の東アジア進出など、世界情勢の変動の波が日本周辺に及んできた新たな国際環境のもとで、景晋は、幕府の大胆な対外政策の転換を、その先端で担った幕府役人だった。景晋の生涯は、一八世紀末から一九世紀前半の日本を取り巻く国際情勢の変化と、幕府の対外政策のあり方やその転換を体現した軌跡であった。

景晋は、揺るぎない権威を帯びた将軍への奉公、忠節を第一として、職務に邁進する「精誠奉職」、それを自らの生き甲斐、喜びとする江戸時代後期における幕臣の心性や精神構造の持ち主だった。出世それ自体が目的や目標ではなく、遅咲きだったものの景晋の出世は、「精励恪勤《せいれいかっきん》」の結果にすぎなかった。名誉とか利益から超然としている稀な人、という林述斎《はやしじゅっさい》の景晋評（「今の熱閙《ねっとう》世界にかく恬退《てんたい》なる人も稀なり」）は、まことに正鵠を射ている。

職務上の日記のほか、多くは散逸したが繁務のあいまに紀行文と多くの詩文を草し、さらに絵画に造詣が深く、音楽（琵琶）に堪能だった。文政年間の幕臣の「三傑」の一人、と讃えられた有能な役人であるにとどまらず、江戸時代後期に数多く登場する文人的、あるいは教養豊かな役人の一人だった。「三傑」の一人の中川忠英は、長崎奉行時代の『清俗紀聞』『舶載書目通覧』を代表とするたくさんの編纂物を残し、国立公文書館・国立国会図書館などに「旧中川忠英文庫」とされる書籍類が所蔵されているように、蔵書家でもあった。中川も景晋と同じように文人的・学者的で教養豊かな幕臣の代表例である。

大変な秀才であり、超のつく有能な役人であるとともに、父母への敬愛と思慕の念、妻との心の絆、子の溺愛など、人間味の溢れた人物でもあった。

天保《てんぽう》八年（一八三七）六月、日本人漂流民を乗せて浦賀《うらが》に渡来したアメリカ商船モリソン号に対して、浦賀奉行所は、景晋が主導した異国船打払令に従って砲撃を加え、退去させたモリソン号事件は、景晋の死のちょうど前月におこった。蘭学者の渡辺崋山《わたなべかざん》・高野長英《たかのちょうえい》らは、この事件の情報を聞いて、異国船打払令の危険性を厳しく指摘した。幕府内部でも再考しようとする動きが生まれたものの、結局は撤回しなかった。

しかし、天保一一年に、中国とイギリスの戦争であるアヘン戦争の情報、さらに天保一三年六月には、イギリス軍艦来日計画の秘密情報などがオランダから伝えられた。欧米諸国との戦争の危険を回避するため、約一八年に渡って施行された異国船打払令は、ついに天保一三年七月に撤回され、天保の薪水《しんすい》給与令が発令された。

渡来する異国船は海賊船であり、イギリスなどが万里の波濤を乗り越え、日本までやって来て戦争し、侵略しようとするわけがない、とする景晋の世界情勢に関する甘い認識は、アヘン戦争により物の見事にうち砕かれてしまった。

景晋が『籌海因循録《ちゆうかいいんじゆんろく》』の中で、「林子平《はやししへい》を筆頭とする蘭学者が流す虚言」と書くのは、対外的危機を指摘する蘭学への無知、蘭学者への無理解が底流にあるのだろう。それは、儒学を深く学び、その枠の中から出られなかった景晋の知的限界と言えるが、この段階の有能な幕府役人たち一般の限界でもあった。

アイヌの独自の文化を認識できず、生業や生活に対する強い差別と偏見も、景晋の儒学的思考がもたらした限界だった。

さまざま限界はあるものの、出世することが目的・目標ではなく、ただひたすら与えられた職務に全身全霊で打ち込み、課された任務を着実にこなして実績を積み重ね、結果として高い地位を得た。しかし、もうやり遂げた、これ以上はできない、との思いからしがらみを断ち切り、幕臣人生を終えたすがすがしい生き方には、現代から見ても見るべきものがある。

遠山景晋略系図

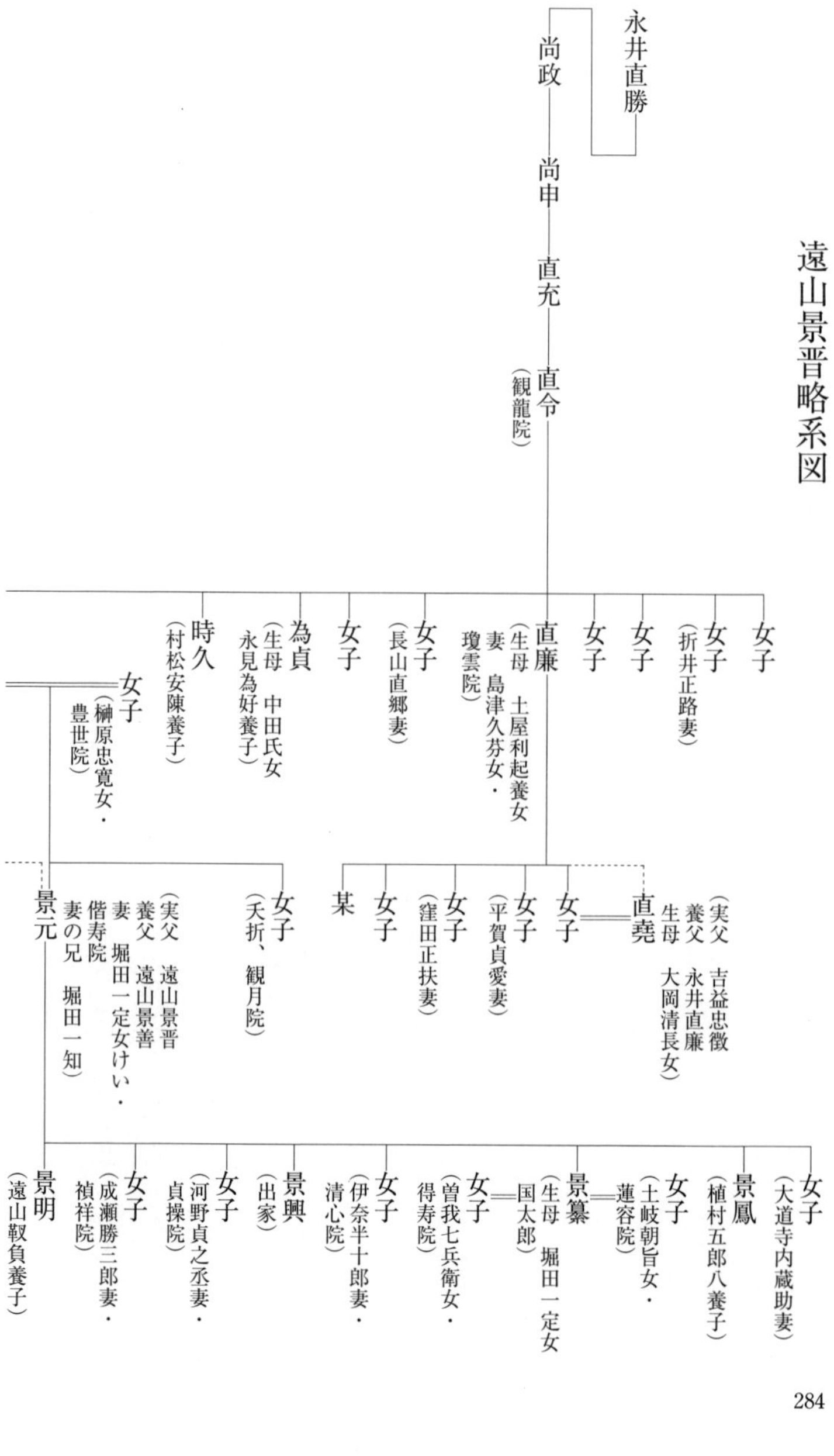

永井直勝
尚政
尚申
直充
直令（観龍院）
女子
女子（折井正路妻）
女子
女子
直廉（生母　土屋利起養女　妻　島津久芬女・瓊雲院）
女子（長山直郷妻）
女子
為貞（生母　中田氏女　永見為好養子）
時久（村松安陳養子）
女子（榊原忠寛女・豊世院）
直堯（実父　吉益忠徵　養父　永井直廉　生母　大岡清長女）
女子
女子（平賀貞愛妻）
女子（窪田正扶妻）
女子
某
女子（夭折、観月院）
景元（実父　遠山景晋　養父　遠山景善　妻　堀田一定女けい・偕寿院　妻の兄　堀田一知）
女子（大道寺内蔵助妻）
景鳳（植村五郎八養子）
女子（土岐朝旨女・蓮容院）
景纂（生母　堀田一定女　国太郎）
女子（曽我七兵衛女・得寿院）
女子（伊奈半十郎妻・清心院）
景興（出家）
女子（河野貞之丞妻・貞操院）
女子（成瀬勝三郎妻・禎祥院）
景明（遠山靫負養子）

遠山景晋略系図

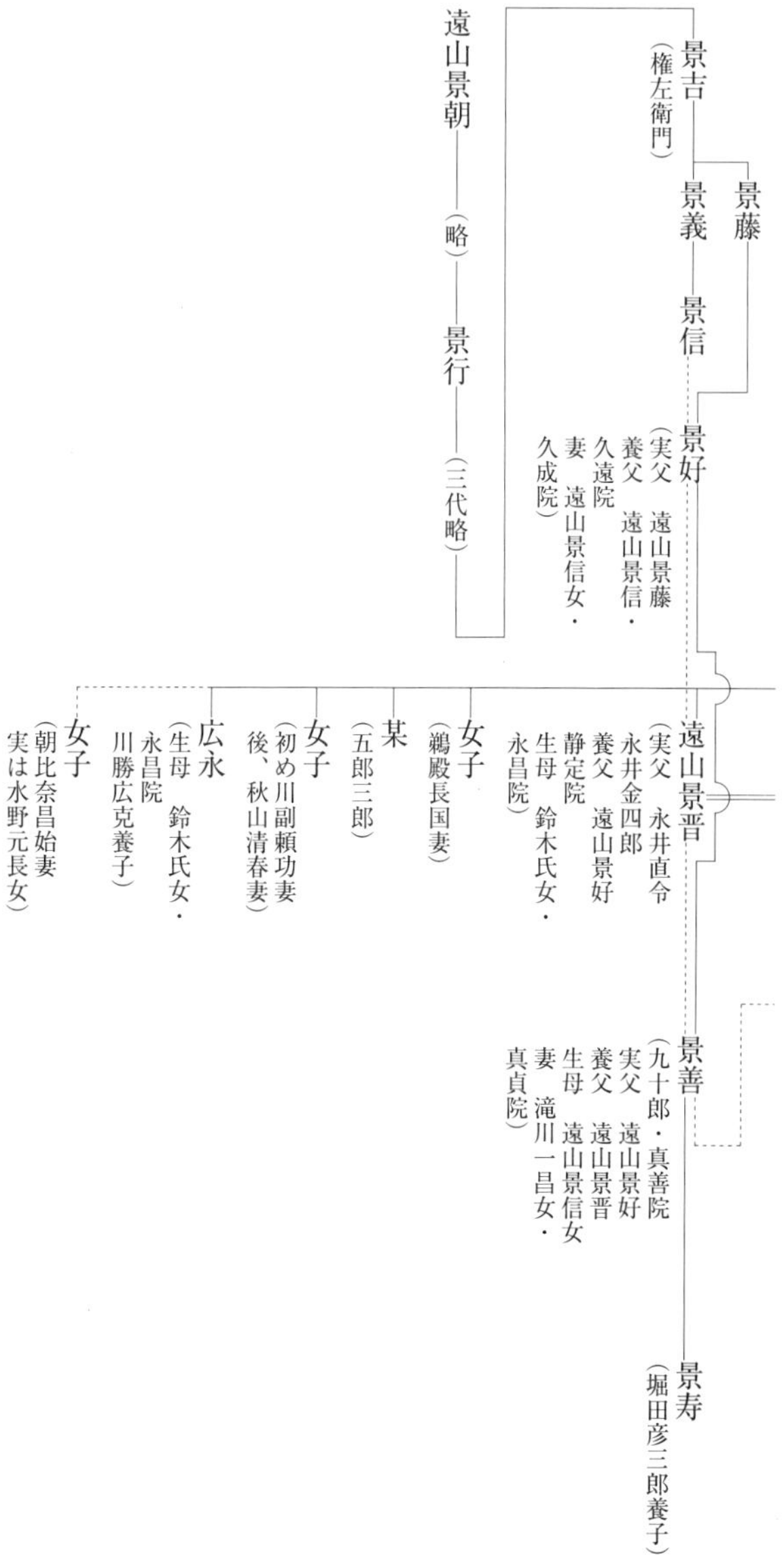

（出典）　岡崎寛徳『遠山金四郎』（講談社、二〇〇八年）、岡崎寛徳編『遠山金四郎家日記』（岩田書院、二〇〇七年）、小川恭一編著『寛政譜以降旗本家百科事典』（東洋書林、一九九七〜九八年）をもとに作成。

（注）　——は親子　……は養子を示す。

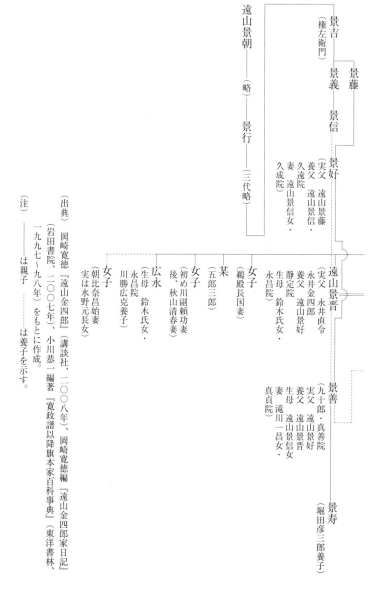

略年譜

年次	西暦	年齢	事蹟	参考事項
宝暦 二	一七五二	一	正月一四日、永井直令の四男として誕生	
七	一七五七	六	前年からこの年にかけて疱瘡罹患	
一一	一七六一	一〇	一一月二七日以後、父直令、金四郎に将軍の御威光の有難さを語り、奉公・忠節に励むことを説く	
明和 四	一七六七	一六	一〇月、剣術の目録を伝授される○一二月、旗本遠山景好の養子に入る	七月一日、田沼意次、側用人となる
七	一七七〇	一九	養父遠山景好の子景善誕生	
天明 二	一七八二	三一	九月六日、実父の永井直令死去	八月、印旛沼干拓開始
五	一七八五	三四		二月、第一次蝦夷地調査団の派遣
六	一七八六	三五	八月六日、養父の遠山景好死去○閏一〇月六日、遺跡を相続	八月二七日、田沼意次失脚○一〇月、第二次蝦夷地調査を中止
七	一七八七	三六	正月、小性組番士に登用○八月、「芸術書付」提出	四月一五日、徳川家斉に将軍宣下○六月一九日、松平定信、老中就任
八	一七八八	三七	四月二日、生母（鈴木氏）死去	正月三〇日、京都大火
寛政 元	一七八九	三八	五月、書院番士榊原弥平兵衛忠寛の娘と結婚	三月、朝鮮通信使来日延期を合意○五月、クナシリ・メナシアイヌ蜂起○この年、フランス革命始まる

二	一七九〇	三九	一二月二九日、女子誕生	五月二四日、寛政異学の禁
三	一七九一	四〇	一二月、小性組番頭諏訪頼寿から漢詩の題を与えられ「除夜」「春暁」を作る○この年、組頭佐野宅で『書経』『詩経』『大学』を講釈	五月、易地聘礼への変更交渉を指示○一二月、江戸の町に七分積金法を命ず
四	一七九二	四一	七月六日、女子没○九月一三日、湯島聖堂で第一回学問吟味を受験し、『貞観政要』の翻訳と『古文孝経』を講釈○一〇月一三日、目付森山孝盛の指示により、学問吟味の清書答案を提出	五月一六日、林子平処罰○九月三日、ロシア使節ラクスマンが根室に来航し通商要求
五	一七九三	四二	八月、景元誕生（届け出は翌年）○一一月二三日、学問吟味につき林述斎と面談	一〇月、第二回学問吟味の触
六	一七九四	四三	二月三日、第二回学問吟味の初場、二〇日に本科開始○三月晦日、甲の状元合格を賞される○七月、義弟景善を、景晋の養子にする願書提出○九月一七日、実子景元の出生を届け出	閏一一月一一日、大槻玄沢、芝蘭堂でオランダ正月を祝う
七	一七九五	四四	この年、景善の将軍御目見・御番入り願書を提出するも成らず	一月、フランスがオランダ本国を占領、バタヴィア共和国成立
八	一七九六	四五	この秋、学問吟味受験手引書『対策則』を執筆○一二月一〇日、西丸小性組に移る	八月一四日、英プロビデンス号室蘭渡来○九月、松前御用掛設置
一〇	一七九八	四七		三月、目付渡辺胤ら蝦夷地派遣○七月、近藤重蔵・最上徳内ら蝦夷地派遣、「大日本恵登呂府」の標柱建立○一二月、松平忠明を蝦夷地御用掛

一一	一七九九	四八	二月一〇日、蝦夷地調査団随行を命じられる○三月二〇日、第一回蝦夷地出張に出立○四月、義経伝説の地を巡る○四月二九日、松前着○五月四日、箱館着○五月一二〜二七日、オシャマンベからアブタへ山越え○五月二八日、アイヌの歌と踊りを見物○六月一六日、ホロイズミ到達、帰路につく○九月一四日、江戸帰着	に任命 正月一六日、東蝦夷地が仮上知○六月八日、道路開削をしていた最上徳内、松平忠明に叱責され解任○七月、高田屋嘉兵衛、エトロフ航路開く
一二	一八〇〇	四九	正月二五日、御徒一三番組徒頭昇任	閏四月一九日、伊能忠敬が蝦夷地測量に出立
享和 二	一八〇二	五一	三月一七日、目付就任	二月二三日、蝦夷地奉行（のち箱館奉行に改称）設置
三	一八〇三	五二	六月二七日、養母没○景善、景元を養子とする	七月、アメリカ船長崎渡来
文化 元	一八〇四	五三	一二月三日、長崎出張を命じられる○一二月二七日、江戸城中竹雁芙蓉三間修復の功により褒賞	六月、易地聘礼挙行を公表○九月七日、ロシア使節レザノフ長崎来航
二	一八〇五	五四	正月一九日、レザノフに幕府の回答伝達のため、長崎へ出立○三月六〜九日、レザノフと会見○三月一一日、諸藩の長崎聞役に異国船来航時の防備態勢の書出しを指示○三月二一日、オランダ商館長ドゥフと面会後、ビリヤードなどを見物○三月二二日、大田南畝と漢詩の応酬○三月二五日、長崎出立○三月、西園寺寛季からの手紙着○四月三	三月一九日、レザノフ出港○六月、関東取締出役設置○九月、奸訳事件○一〇月、朝鮮人来聘御用掛目付の土屋廉直・勘定吟味役の松山直義対馬出張

			日、関門海峡で船唄を書き留める○五月八日、江戸帰着○五月二八日以後、由緒掛○七月一六日、村垣定行とともに松前・西蝦夷地調査を命じられる○閏八月一三日、第二回蝦夷地出張に出立○一〇月三日、松前着、越年。琵琶を携行し楽しむ○この年、道中で熊坂宇右衛門・佐々木大和と交流	
三	一八〇六	五五	三月一六日、松前出立○三月一八〜一九日、江差に滞在中、姥神宮扁額疑惑に苦言○三月二五日、奥尻海峡越え○四月一日、白糸の滝を見る○四月一五日、神威岬越え○五月一一日、ソウヤ到達、翌日、トンコリの演奏を聴く○五月一三日、樺太を遠望○五月一四日、帰路につく○六月二四日、箱館到着○七月六日、下北佐井着○七月二五日、松島遊覧、船唄を書き留める○八月一二日、江戸帰着○この年、浜御殿見回り掛拝命	四月、幕府、南部・津軽藩に西蝦夷地防備も命じる○九月、ロシア軍艦樺太襲撃
四	一八〇七	五六	正月二九日、朝鮮人来聘御用掛拝命○二月一日、勘定勝手掛を命じられる○二月二日、来聘御用掛の寺社奉行脇坂安董邸の寄合に初出席○二月三日、系譜調掛になり『寛政重修諸家譜』の編集に関与○二月四日、老中牧野忠精に来聘御用の相談○二月六日、日記掛拝命○二月七日、武器掛として武器の点検○二月二一日、「来聘次第書」と「絵図」	三月二二日、樺太・松前を含む全蝦夷地を上知○四月〜六月、ロシア船、樺太・択捉・利尻島を攻撃○五月、幕府、奥羽諸藩に蝦夷地出兵を命じる○六月、若年寄堀田正敦・大目付中川忠英ら、蝦夷地巡視に出立○一〇月、箱館奉行所を廃止し松前奉行

			を提出○三月一六～二〇日、上水掛として小金井から羽村・青梅・狭山まで玉川上水分水口を見分○四月一日、易地聘礼の随員を命じられる○四月一九日、大目付井上利泰・目付佐野庸貞と次第書の再調査○四月二一日、『寛永諸家系図伝』写本が完成し若年寄堀田正敦に提出○六月四日、第三回蝦夷地出張を命じられる○六月七日、松前道広と面会、ロシアに内通・謀叛の噂の真偽を確認○六月九日、通称を金四郎から左衛門に改称○六月一二日、蝦夷地へ出立○七月二六日、箱館で堀田正敦と協議○八月一九日、松前着○九月五日、東北地方東岸の要害見分を命じられる○九月一八日～一〇月一七日、八戸～鹿島を見分○一〇月二二日、江戸帰着	所を設置○一二月、ロシア船打払令発令
五	一八〇八	五七	正月二三日、老中土井利厚に伊豆諸島防備に関する意見書を提出○三月一日、東西蝦夷地見分御褒美再願書を堀田正敦に提出○三月二〇日、鉄砲方井上左太夫の台場見分に関する意見書を提出○三月二五日、佐渡防備の上申への意見書を提出○四月～五月、御船手頭向井将監らの廻船訓練に関与○六月四日、山王祭礼取扱いを拝命○七月二九日、服忌の急問い合わせへの対処を若年寄堀田正敦に	正月、対馬在勤の勘定久保田吉次郎らから易地聘礼は幕府の意向と朝鮮に伝えれば実現可能との情報○六月、対馬藩、幕府の許可を得た易地聘礼要請の文書を朝鮮に渡す○七月一三日、間宮林蔵が樺太探検に出立○八月一五日、フェートン号が長崎港に侵入、オランダ商館員を人質に薪水

			求める○九月二三日、来聘御用掛で出発日限の問合せの返答を議論○九月二七日、対馬藩家老大森繁右衛門が朝鮮訳官対馬訪問時に幕府役人との面会を求める書状を提出○一一月一日、朝鮮訳官使との交渉のため対馬出張を命じられる○一一月六日、屋敷焼失○一一月一九日、幕府より屋敷再建のため拝借金二〇〇両許さる○一二月一四日、叙爵、従五位下・左衛門尉	給与を要求○八月一七日、長崎奉行松平康英、フェートン号事件の責任を負い自害○一一月一〇日、佐賀藩主鍋島斉直、長崎警備怠慢により逼塞
六	一八〇九	五八	二月四日、対馬へ出立○二月一八日、伊勢神宮参拝○二月二二日、大津で楽器師神田大和掾、翌日、西園寺家諸大夫西村正邦と歓談○三月三日、吉備津神社御釜殿参拝○三月一四日、箱崎八幡宮参詣。のち、神功皇后伝説の地を巡る○三月二七日、壱岐勝本浦着。途中、海女の働きに驚嘆○四月四日、対馬着○四月五日、対馬藩主の表敬を受ける○四月一一日、易地聘礼関係施設見分○四月二三日、有明山に登り、朝鮮を遠望○五月一三日、対馬藩家老大森繁右衛門の死を悼む○六月一五日、厳原八幡宮境内熊野神社の神事能見物○この頃、持参の琵琶を鳴らし極暑を凌ぐ○七月一五日、朝鮮訳官使と会見、易地聘礼は幕府の意思を伝達○七月二七日、易地聘礼節目の合意成立し安堵○八月一	七月一一日、対馬藩主宗義功の屋敷で礼曹参議の書簡と訳官使の覚書二通が渡される○七月、間宮林蔵、樺太が島であることを確認○一〇月、幕府、オランダ通詞にロシア語・英語の学習を命じる

七	一八一〇	五九	八日、対馬出立○八月二五日、香椎宮参拝○一〇月五日、江戸帰着○この年、御番入り掛正月二五日、易地聘礼旅程調整を老中牧野忠精に伺う○二月一六日、正使小笠原忠固宅で初会合○四月一二日、来聘御用掛寄合で通信使出発延期を伝えられる○三月から四月にかけて徒目付と服忌令調査○一一月一一日、小笠原宅で饗応の予行練習○一二月五日、対馬出張の役人に御目見・賜物あり、金・時服・旅費などが支給○一二月九日、御日記掛精励により金三枚拝領	二月二六日、会津藩に相模、白河藩に上総・安房の海岸防備を命じる○七月、フランス第一帝政、オランダ併合
八	一八一一	六〇	正月八日、来聘次第書と書取を脇坂安董から渡される○正月一二日、次第書の確認がてら易地聘礼の予行練習○正月一四日、脇坂以下五人一同に将軍家斉より下問○正月、『服忌令詳解』『服忌令附録』成る○二月一一日、江戸大火で屋敷付近まで延焼○二月一二日、対馬に出立○二月二七日、楽器師神田定祥と会う○閏二月四日、「篪の梅」で作った琵琶を見る○四月四日、対馬着○四月五日、旅宿焼亡○五月一三日、客館慰労儀に出席○五月二一日、伝命儀に出席○五月二六日、賜宴儀に出席○六月一五日、受答書儀が終了○六月二七日、対馬出立も悪天候で引き返す○七月四日、対馬再	四月三日、対馬藩主居館で易地聘礼開始（〜六月一五日まで）○六月末、勘定奉行柳生久通と勘定吟味役松山直義が長崎調査。ゴロウニン事件起こる○九月、イギリス、ジャワ占領

			出立○七月一五日、博多で亀井南冥より詩稿寄贈○九月三日、江戸帰着	
九	一八一二	六二	二月一七日、長崎奉行に任命される（曲淵景露の後任）○二月二八日、福岡藩主黒田斉清宛の老中奉書を鍋島斉直に渡す○この頃、在府奉行として、目付の引継、長崎在勤奉行留守宅との連絡、勘定所との連絡などを行なう○七月一九日、老中土井利厚から黒印・下知状・覚書を渡される○七月二一日、長崎に出立○八月九日、大坂銅座に入る○八月一一日、銅吹所・俵物役所を見分○八月二六日、下関で俵物集荷請負人らと面会○九月一～五日、黒田斉清・鍋島斉直・大村純昌・長崎地役人らと面会○九月七日、長崎入り○九月八日、立山役所で土屋廉直と用談○九月一〇日以後、長崎奉行事務の引継○九月二一日、唐船主への申渡書を唐通事に当日漢文に直させる形式に変更○九月二九日、商館長ドゥフ宅訪問○一二月二七日以後、勘定吟味役松山直義と長崎仕法を協議	八月一四日、高田屋嘉兵衛、ロシア船に捕獲される○八月一七日、長崎奉行所で唐人騒動起こる○一〇月七日、長崎大火
一〇	一八一三	六三	二月七日、キリシタン嫌疑の島原藩領民に入牢を命じる○六月六日、長崎永続仕法に調印○八月三日、偽装オランダ船寄贈の象を見る○六月～八月、来航オランダ船の内偵○九月一九日、新長崎奉行	六月二七日、英ジャワ副総督ラッフルズ派遣の前商館長ワルデナールの偽装オランダ船、出島オランダ商館接収のため来航○九月二六日、ゴロ

			牧野成傑に引継○九月二二日、長崎出立○一一月四日、江戸帰着○一一月一九日以降、持病の足痛悪化	ウニン釈放
一一	一八一四	六三	二月一九日、島原藩領民の赦免を老中牧野貞精に伺う○三月二八日、子景元結婚○七月二二日、長崎に出立○九月、大坂唐物問屋の願いを受けて勘定所と交渉、唐物取引に関する触書出る○一一月二五日、溜の囚人に手仕事をさせる細工所開設○一二月、ドゥフより子丈吉の将来につき要望を受ける	二月二一日、ドゥフ参府○三月、亀井南溟没○六月二三日、新商館長カッサの乗る偽装オランダ船シャルロッテ号長崎来航
一二	一八一五	六四	三月八日、ドゥフより砂糖価格下落対策を要望する手紙が出される○三月、ドゥフの子道富丈吉の地役人抱入れと褒美下賜を老中牧野忠精に伺い出る○九月頃、帰府直前、ドゥフの訴えを受け大通詞名村多吉郎・本木庄左衛門を解任	四月、杉田玄白『蘭学事始』成る○この年後半、ウイーン体制確立
一三	一八一六	六五	七月二四日、作事奉行に就任○閏八月二六日、増上寺方丈実海を家族同道で訪問、以後も頻繁に訪れる	八月、イギリス、ジャワをオランダに返還
一四	一八一七	六六	正月以降、持病の頭痛で休み多し○八月二三日、孫景纂誕生	三月頃、勘定橋爪頼助ら大坂で和砂糖調査○一〇月、商館長ドゥフ帰国
文政元	一八一八	六七	正月一九日、大猷院廟ほか修復工事の事前調査を、服部保定と命じらる○二月二六日、日光へ出立○	四月、真文二分判を鋳造し、文政貨幣改鋳始まる○五月一四日、ゴルド

			四月二六日、江戸帰着○六月六日、老中青山忠裕に修復計画を説明し、勘定所案を批判○一〇月八日、宗門改加役拝命○一〇月二二日、西丸膳所向き梅茶屋ほか修復作事監督の褒賞○一〇月二五日、日光御霊屋修復奉行に就任○一二月二七日、御台所・御賄所ほか修復作事終り褒賞	ン、英ブラザース号で浦賀に来航し通商要求○一二月、本田畑での甘藷栽培禁止の触
二	一八一九	六八	正月一一日、日光に出立○四月一五日、景善、西丸書院番に番入○閏四月二五日、妻榊原氏没○八月一二日、日光修復惣奉行土井利厚の見分○八月二四日、江戸帰着○九月二四日、勘定奉行（公事方）昇任○一〇月一六日、修復の功により金一〇枚・時服三拝領	この年、『群書類従』正編刊行
三	一八二〇	六九	六月二四日、古川氏清の死去により勝手方に移る	一二月二八日、会津藩の相模海岸防備を免除し、浦賀奉行所・小田原藩・川越藩に防備を命じる
四	一八二一	七〇	一二月二七日、浦賀防備再編に関わり褒賞○この年、浦々御用掛に任命	七月、『大日本沿海輿地全図』成る○一二月七日、松前・全蝦夷地を松前藩に還付
五	一八二二	七一		四月二十九日、英サラセン号、浦賀に渡来して薪水給与を要望
六	一八二三	七二	三月一〇日、教宮下向と清水家徳川斉明との婚儀担当により褒賞○八月、老中水野忠成に蝦夷地経	三月、白河藩の上総・安房海岸防備を免除○七月六日、シーボルト着任

			営の収支報告書を提出○一〇月二一日、松前・蝦夷地返還作業の功により褒賞	
七	一八二四	七三	八月、『籌海因循録』執筆○一〇月二六日、大目付石谷清豊・目付羽太正栄・勘定吟味役館野勝詮と浦々評議書を老中へ提出○一二月二三日、老中大久保忠真に打払策補強の意見書を上申○一二月二五日、景善没	五月二八日、水戸藩士、上陸英捕鯨船員を捕縛○七月八日、英捕鯨船員、薩摩藩領宝島に上陸し略奪○八月、高橋景保、威嚇の打払を進言
八	一八二五	七四	三月一五日、景元、将軍家斉に御目見○一二月七日、景元、家斉小納戸に召出○一二月一三日、景元、世子家慶付西丸小納戸に移る	二月一八日、異国船打払令を発令○会沢安『新論』成る
一〇	一八二七	七六	二月二〇日、将軍実父一橋家の徳川治済の葬送・法会の担当を命じられ、のち時服を拝領○三月二七日、貨幣改鋳の功により褒賞	二月、関東全域に改革組合村結成が命じられる
一二	一八二八	七八	二月七日、老齢を理由に勘定奉行を辞職○四月一九日、致仕し、景元が家督相続○この年、林述斎らを訪ね歩くと松浦静山『甲子夜話続篇』に記事	四月、関東諸村の若者仲間取締を強化○九月、シーボルト、国外追放
天保 八	一八三七	八六	七月二二日、死去（静定院殿光善楽土大居士）、下谷の遠山家菩提寺長源山本光寺に埋葬○景元、林述斎に墓碑撰文を依頼（年月日未詳）	二月一九日、大塩平八郎の乱○六月二八日、モリソン号浦賀に渡来○九月二日、徳川家慶将軍宣下
一三	一八四二		景元、この年前後に菩提寺を本郷丸山徳栄山本妙寺へ移し、「遠山氏先塋の碑」建立	七月、異国船打払令を止め、薪水給与令発令
嘉永 二	一八四九		景元、遠山家菩提寺本妙寺に全面改葬	

参考文献

一　未刊行史料

『蝦夷島奇観』秦檍丸著　国立国会図書館所蔵
『蝦夷地周廻紀行』磯谷則吉著　早稲田大学所蔵
「御請言上並脇々へ之書状留」　長崎歴史文化博物館所蔵
「御書付并評議留」(『徳川法制資料』第一七〇冊)　天理大学天理図書館所蔵
『嘉永雑記』藤川貞著　国立公文書館所蔵
『籌海因循録』遠山景晋著　国立公文書館所蔵
『後藤家記録』　東京大学史料編纂所所蔵
『御府内往還其外沿革図書』八　国立国会図書館所蔵
「芸術書付」(「遠山家記録残闕」)　東京大学法学部法制史資料室所蔵
『巡辺行』(『魯西亜船来一件』)遠山景晋著　国立公文書館所蔵
『対策則』遠山景晋著　国立国会図書館所蔵
『津志満日記』上・下　遠山景晋著　国立公文書館所蔵

「対州にて見及候趣申上候覚」（「特殊蒐書阿部家史料」） 東京大学史料編纂所所蔵
『文化日記』（「遠山家記録残闕」） 東京大学法学部法制史資料室所蔵
『視聴草』 宮崎成身著 国立国会図書館所蔵
『続未曽有後記』 遠山景晋著 国立公文書館所蔵
『訳官使面会対州御用日記』（上総国山辺郡清名幸谷村飯高家文書） 国文学研究資料館所蔵
『魯西亜人取扱手留』 東京大学史料編纂所所蔵
『魯人再掠蝦夷一件』一・二 東京大学史料編纂所所蔵

二 刊行史料

『一話一言』六（『日本随筆大成』別巻） 大田南畝著 吉川弘文館 一九七九年
「蝦夷地御用金元払仕訳書」（『日本財政経済史料』一〇） 財政経済学会 一九二六年
『大田南畝全集』第四・八・一七・一八・一九巻 岩波書店 一九八七〜八九年
『御船唄留』（『近世文藝叢書』第一一） 国書刊行会 一九一二年
『御触書天保集成』下 高柳真三・石井良助編 岩波書店 一九五八年
『御触書天明集成』 高柳真三・石井良助編 岩波書店 一九五八年
『海防彙議』（『日本海防史料叢書』四） 海防史料刊行会 一九三二年
『甲子夜話続篇』二（東洋文庫三六四） 松浦静山著 平凡社 一九七九年

『旧事諮問録』上（岩波文庫）　旧事諮問会編・進士慶幹校注　岩波書店　一九八六年
『休明光記』（『続々群書類従』第四　史伝部三）　続群書類従完成会　一九八五年
『熊本藩年表稿』　細川藩政史研究会編　細川藩政史研究会　一九七四年
『御府内沿革図書』第一～三篇　東京市　一九四〇～四三年
『自家年譜　森山孝盛日記』中（『内閣文庫影印叢刊』）　国立公文書館　一九九五年
『事実文編』第三　国書刊行会　一九一一年
『昌平学科名録』（『江戸』第二巻　幕政編二）　大久保利謙編輯　立体社　一九八〇年
『新訂寛政重修諸家譜』　続群書類従完成会　一九六四～六七年
『新編武蔵風土記稿』一　歴史図書社　一九六九年
『続徳川実紀』第一・二篇（『新訂増補国史大系』四八・四九）　吉川弘文館　一九六六年
『大日本近世史料　近藤重蔵蝦夷地関係史料』一～三　東京大学出版会　一九八四～九九年
『大日本近世史料　柳営補任』　東京大学出版会　一九九七年
『通航一覧』第一・二・六巻　国書刊行会　一九一二・一三年
『東遊雑記』（東洋文庫二七）　古川古松軒著　平凡社　一九六四年
『遠山金四郎家日記』　岡崎寛徳編　岩田書院　二〇〇七年
『遠山村垣西蝦夷日記』（『犀川會資料　全』）　高倉新一郎編　北海道出版企画センター　一九八二年
「獨寐寤言」（栗本鋤雲『匏庵十種』所収、初版版元は岡田屋嘉七、一八六九年）

『長崎オランダ商館日記』五・六　日蘭学会編　雄松堂出版　一九九四・九五年
『長崎奉行遠山景晋日記』荒木裕行・戸森麻衣子・藤田覚編著　清文堂出版　二〇〇五年
『和蘭風説書集成』下　日蘭学会・法政蘭学研究会編　吉川弘文館　一九七九年
『日本滞在日記』（岩波文庫）　レザーノフ著・大島幹雄訳　岩波書店　二〇〇〇年
『服忌令詳解　監察省秘録』（林由紀子編『問答集』一〇）　創文社　二〇一五年
『奉使日本紀行』（『海事史料叢書』第一三巻）　巌松堂書店　一九三五年
『未曽有記』『続未曽有記』（板坂耀子編『近世紀行集成』叢書江戸文庫一七）　国書刊行会　一九九一年
『未曽有後記』（板坂耀子編『近世紀行文集成』第一巻・蝦夷篇）　葦書房　二〇〇二年
「俚謡」（『近世文藝叢書』第一一）　国書刊行会　一九一二年
『魯西亜渡来録』（諫早郷土史料叢書三）　諫早郷土資料刊行会　一九九四年

三　書籍・論文

青　野　　誠　「熊阪台州の思想形成と地域社会」（『歴史』第一三六輯）　二〇二一年
荒　木　裕　行　「目付の職掌について」（同『近世中後期の藩と幕府』）　東京大学出版会　二〇一七年
李　　元　植　『朝鮮通信使の研究』　思文閣出版　一九九七年

李　薫「一八一一年の対馬易地聘礼と積弊の改善」（『対馬宗家文書』第一期・朝鮮通信使記録別冊下）ゆまに書房　二〇〇〇年
岩﨑奈緒子『近世後期の世界認識と鎖国』吉川弘文館　二〇二一年
岩淵令治「近世後期における雅楽の伝播と楽器師」（『国立歴史民俗博物館研究報告』第一九三集）二〇一五年
上原　久『高橋景保の研究』講談社　一九七七年
大橋幸泰『近世潜伏宗教論』校倉書房　二〇一七年
岡崎寛徳『遠山金四郎』（講談社現代新書一九七四）講談社　二〇〇八年
落合　功「国益思想の形成と池上幸豊」（『日本歴史』第六四一号）二〇〇一年
川田貞夫『川路聖謨』（人物叢書）吉川弘文館　一九九七年
菊池勇夫『義経伝説の近世的展開』サッポロ堂書店　二〇一六年
木村直樹『長崎奉行の歴史』（角川選書五七四）KADOKAWA　二〇一六年
酒井雅代「朝鮮信使易地聘礼交渉の頓挫と再開」（『日韓相互認識』第八号）二〇一八年
島谷良吉『最上徳内』（人物叢書）吉川弘文館　一九七七年
新長崎市史編さん委員会編『新長崎市史』第二巻・近世編　長崎市　二〇一二年
鈴木潤三『巷説遠山金四郎』遠山金四郎史蹟保存会　一九六四年
鈴木康子「一八世紀後期―一九世紀初期の長崎と勘定所」（長崎市長崎学研究所紀要『長崎学』

第三号）
瀧本壽史・名須川溢男編『三陸海岸と浜街道』（『街道の日本史』五） 吉川弘文館 二〇一九年
田保橋潔『近代日鮮関係の研究』下（原本は一九四〇年刊） 原書房 一九七三年
中村質『近世長崎貿易史の研究』 吉川弘文館 一九八八年
浪川健治編『下北・渡島と津軽海峡』（『街道の日本史』四） 吉川弘文館 二〇〇一年
橋本昭彦『江戸幕府試験制度史の研究』 風間書房 一九九三年
針谷武志「文政期の海防報告書と一揆鎮圧法」（瀧澤武雄編『論集 中近世の史料と方法』） 東京堂出版 一九九一年
深瀬公一郎「一九世紀における東アジア海域と唐人騒動」（『長崎歴史文化博物館研究紀要』第三号） 二〇〇八年
深瀬公一郎「フェートン号事件後の長崎海防と身分秩序」（『長崎歴史文化博物館研究紀要』第一五号） 二〇二〇年
藤田覚『近世後期政治史と対外関係』 東京大学出版会 二〇〇五年
藤田覚『遠山景元』（日本史リブレット人〇五三） 山川出版社 二〇〇九年
藤田覚『幕末から維新へ』（『シリーズ日本近世史』五 岩波新書） 岩波書店 二〇一五年
藤田覚『遠山金四郎の時代』（講談社学術文庫二三一七） 講談社 二〇一五年

本間修平「寛政八年派遣松前見分御用」（大竹秀男・服藤弘司編『幕藩国家の法と支配』）有斐閣 一九八四年
松方冬子『オランダ風説書と近世日本』東京大学出版会 二〇〇七年
松原孝俊・岸田文隆編著『朝鮮通信使易地聘礼交渉の舞台裏』九州大学出版会 二〇一八年
熟美保子「近世後期における境界領域の特徴」（『大阪経済大学経済史研究』第二一号） 二〇〇八年
三宅英利「文化朝鮮信使考」（『北九州大学文学部紀要（B系列）』第一一巻） 一九七八年
三宅英利『近世日朝関係史の研究』文献出版 一九八六年
山田淳平「近世武家雅楽の普及と展開」（『日本史研究』第六六六号） 二〇一八年
横山伊徳『開国前夜の世界』（『日本近世の歴史』五）吉川弘文館 二〇一三年

著者略歴

一九四六年　長野県生まれ
一九七四年　東北大学大学院文学研究科博士課程単位取得退学
現在　東京大学名誉教授、文学博士

主要著書
『近世後期政治史と対外関係』（東京大学出版会、二〇〇五年）
『日本近世の歴史4　田沼時代』（吉川弘文館、二〇一二年）
『泰平のしくみ』（岩波書店、二〇一二年）
『光格天皇』（ミネルヴァ書房、二〇一八年）
『日本の開国と多摩』（吉川弘文館、二〇二〇年）

人物叢書　新装版

遠山景晋

二〇二二年（令和四）七月十日　第一版第一刷発行

著　者　藤《ふじ》田《た》　覚《さとる》
編集者　日本歴史学会
代表者　藤田　覚
発行者　吉川道郎

発行所　株式会社 吉川弘文館
東京都文京区本郷七丁目二番八号
郵便番号一一三―〇〇三三
電話〇三―三八一三―九一五一〈代表〉
振替口座〇〇一〇〇―五―二四四
http://www.yoshikawa-k.co.jp/
印刷＝株式会社 平文社
製本＝ナショナル製本協同組合

ISBN978-4-642-05306-8

『人物叢書』（新装版）刊行のことば

人物叢書は、個人が埋没された歴史書が盛行した時代に、「歴史を動かすものは人間である。個人の伝記が明らかにされないで、歴史の叙述は完全であり得ない」という信念のもとに、専門学者に執筆を依頼し、日本歴史学会が編集し、吉川弘文館が刊行した一大伝記集である。

幸いに読書界の支持を得て、百冊刊行の折には菊池寛賞を授けられる栄誉に浴した。

しかし発行以来すでに四半世紀を経過し、長期品切れ本が増加し、読書界の要望にそい得ない状態にもなったので、この際既刊本の体裁を一新して再編成し、定期的に配本できるような方策をとることにした。既刊本は一八四冊であるが、まだ未刊である重要人物の伝記について も鋭意刊行を進める方針であり、その体裁も新形式をとることとした。

こうして刊行当初の精神に思いを致し、人物叢書を蘇らせようとするのが、今回の企図である。大方のご支援を得ることができれば幸せである。

昭和六十年五月

日本歴史学会

代表者 坂本太郎

日本歴史学会編集

人物叢書〈新装版〉

▽没年順に配列　▽一、四〇〇円～三、五〇〇円（税別）
▽品切書目の一部について、オンデマンド版の販売を開始しました。
詳しくは出版図書目録、または小社ホームページをご覧ください。

日本武尊　上田正昭著
継体天皇　篠川　賢著
聖徳太子　坂本太郎著
秦　河勝　井上満郎著
蘇我蝦夷・入鹿　門脇禎二著
天智天皇　森　公章著
額田王　直木孝次郎著
持統天皇　直木孝次郎著
柿本人麻呂　多田一臣著
藤原不比等　高島正人著
長屋王　寺崎保広著
大伴旅人　鉄野昌弘著
県犬養橘三千代　義江明子著
山上憶良　稲岡耕二著
道慈　曾根正人著
行基　井上　薫著
橘諸兄　中村順昭著
光明皇后　林　陸朗著
鑑真　安藤更生著
藤原仲麻呂　岸　俊男著
阿倍仲麻呂　森　公章著
道鏡　横田健一著
吉備真備　宮田俊彦著
早良親王　西本昌弘著

佐伯今毛人　角田文衛著
和気清麻呂　平野邦雄著
桓武天皇　村尾次郎著
坂上田村麻呂　高橋　崇著
最澄　田村晃祐著
平城天皇　春名宏昭著
藤原冬嗣　虎尾達哉著
円仁　佐伯有清著
伴善男　佐伯有清著
清和天皇　神谷正昌著
円珍　佐伯有清著
菅原道真　坂本太郎著
聖宝　佐伯有清著
三善清行　所　功著
藤原純友　松原弘宣著
紀貫之　目崎徳衛著
小野道風　山本信吉著
良源　平林盛得著
藤原佐理　春名好重著
紫式部　今井源衛著
慶滋保胤　小原　仁著
一条天皇　倉本一宏著
大江匡衡　後藤昭雄著
源信　速水　侑著

源頼光　朧谷　寿著
藤原道長　山中　裕著
藤原行成　黒板伸夫著
藤原彰子　服藤早苗著
源頼義　元木泰雄著
清少納言　岸上慎二著
和泉式部　山中　裕著
源義家　安田元久著
大江匡房　川口久雄著
奥州藤原氏四代　高橋富雄著
藤原頼長　橋本義彦著
藤原忠実　元木泰雄著
源頼政　多賀宗隼著
平清盛　五味文彦著
源義経　渡辺　保著
西行　目崎徳衛著
後白河上皇　安田元久著
千葉常胤　福田豊彦著
源通親　橋本義彦著
文覚　山田昭全著
畠山重忠　貫　達人著
法然　田村圓澄著
栄西　多賀宗隼著
北条義時　安田元久著

大江広元　上杉和彦著
北条政子　渡辺　保著
慈円　多賀宗隼著
明恵　田中久夫著
藤原定家　村山修一著
北条泰時　上横手雅敬著
道元　竹内道雄著
北条重時　森　幸夫著
親鸞　赤松俊秀著
北条時頼　高橋慎一朗著
日蓮　大野達之助著
阿仏尼　田渕句美子著
北条時宗　川添昭二著
一遍　大橋俊雄著
叡尊・忍性　和島芳男著
京極為兼　井上宗雄著
金沢貞顕　永井　晋著
菊池氏三代　杉本尚雄著
新田義貞　峰岸純夫著
花園天皇　岩橋小弥太著
赤松円心・満祐　高坂　好著
卜部兼好　冨倉徳次郎著
覚如　重松明久著
足利直冬　瀬野精一郎著
佐々木導誉　森　茂暁著
二条良基　小川剛生著

細川頼之　小川　信著
足利義満　臼井信義著
今川了俊　川添昭二著
足利義持　伊藤喜良著
世阿弥　今泉淑夫著
上杉憲実　田辺久子著
山名宗全　川岡　勉著
経覚　酒井紀美著
一条兼良　永島福太郎著
亀泉集証　今泉淑夫著
蓮如　笠原一男著
宗祇　奥田　勲著
尋尊　安田次郎著
万里集九　中川徳之助著
三条西実隆　芳賀幸四郎著
大内義隆　福尾猛市郎著
ザヴィエル　吉田小五郎著
三好長慶　長江正一著
今川義元　有光友學著
武田信玄　奥野高広著
朝倉義景　水藤　真著
浅井氏三代　宮島敬一著
上杉謙信　山田邦明著
織田信長　池上裕子著
明智光秀　高柳光寿著
大友宗麟　外山幹夫著

千利休　芳賀幸四郎著
松井友閑　竹本千鶴著
豊臣秀次　藤田恒春著
ルイス・フロイス　五野井隆史著
前田利家　岩沢愿彦著
足利義昭　奥野高広著
長宗我部元親　山本　大著
安国寺恵瓊　河合正治著
石田三成　今井林太郎著
真田昌幸　柴辻俊六著
最上義光　伊藤清郎著
前田利長　見瀬和雄著
高山右近　海老沢有道著
島井宗室　田中健夫著
淀君　桑田忠親著
片桐且元　曽根勇二著
徳川家康　藤井譲治著
藤原惺窩　太田青丘著
支倉常長　五野井隆史著
徳川秀忠　山本博文著
伊達政宗　小林清治著
天草時貞　岡田章雄著
立花宗茂　中野　等著
宮本武蔵　大倉隆二著
小堀遠州　森　蘊著
徳川家光　藤井譲治著

由比正雪　進士慶幹著
佐倉惣五郎　児玉幸多著
林羅山　堀勇雄著
松平信綱　大野瑞男著
国姓爺　石原道博著
野中兼山　横川末吉著
保科正之　小池進著
隠元　平久保章著
徳川和子　久保貴子著
酒井忠清　福田千鶴著
朱舜水　石原道博著
池田光政　谷口澄夫著
山鹿素行　堀勇雄著
井原西鶴　森銑三著
松尾芭蕉　阿部喜三男著
三井高利　中田易直著
河村瑞賢　古田良一著
徳川光圀　鈴木暎一著
契沖　久松潜一著
市川団十郎　西山松之助著
伊藤仁斎　石田一良著
徳川綱吉　塚本学著
貝原益軒　井上忠著
前田綱紀　若林喜三郎著
近松門左衛門　河竹繁俊著
新井白石　宮崎道生著
鴻池善右衛門　宮本又次著
石田梅岩　柴田実著
太宰春台　武部善人著
徳川吉宗　辻達也著
大岡忠相　大石学著
賀茂真淵　三枝康高著
平賀源内　城福勇著
与謝蕪村　田中善信著
三浦梅園　田口正治著
毛利重就　小川國治著
本居宣長　城福勇著
山村才助　鮎沢信太郎著
木内石亭　斎藤忠著
小石元俊　山本四郎著
山東京伝　小池藤五郎著
杉田玄白　片桐一男著
塙保己一　太田善麿著
上杉鷹山　横山昭男著
大田南畝　浜田義一郎著
只野真葛　関民子著
小林一茶　小林計一郎著
大黒屋光太夫　亀井高孝著
松平定信　高澤憲治著
菅江真澄　菊池勇夫著
鶴屋南北　古井戸秀夫著
島津重豪　芳即正著
狩谷棭斎　梅谷文夫著
最上徳内　島谷良吉著
遠山景晋　藤田覚著
渡辺崋山　佐藤昌介著
柳亭種彦　伊狩章著
香川景樹　兼清正徳著
平田篤胤　田原嗣郎著
間宮林蔵　洞富雄著
滝沢馬琴　麻生磯次著
調所広郷　芳即正著
橘守部　鈴木暎一著
黒住宗忠　原敬吾著
水野忠邦　北島正元著
帆足万里　帆足図南次著
江川坦庵　仲田正之著
藤田東湖　鈴木暎一著
二宮尊徳　大藤修著
広瀬淡窓　井上義巳著
大原幽学　中井信彦著
島津斉彬　芳即正著
月照　友松圓諦著
橋本左内　山口宗之著
井伊直弼　吉田常吉著
吉田東洋　平尾道雄著
緒方洪庵　梅溪昇著
佐久間象山　大平喜間多著

真木和泉　山口宗之著
高島秋帆　有馬成甫著
シーボルト　板沢武雄著
高杉晋作　梅渓昇著
川路聖謨　川田貞夫著
横井小楠　圭室諦成著
小松帯刀　高村直助著
山内容堂　平尾道雄著
江藤新平　杉谷昭著
和宮　武部敏夫著
西郷隆盛　田中惣五郎著
ハリス　坂田精一著
森有礼　犬塚孝明著
松平春嶽　川端太平著
中村敬宇　高橋昌郎著
河竹黙阿弥　河竹繁俊著
寺島宗則　犬塚孝明著
樋口一葉　塩田良平著
ジョセフ＝ヒコ　近盛晴嘉著
勝海舟　石井孝著
臥雲辰致　村瀬正章著
黒田清隆　井黒弥太郎著
伊藤圭介　杉本勲著
福沢諭吉　会田倉吉著
星亨　中村菊男著
中江兆民　飛鳥井雅道著
西村茂樹　高橋昌郎著
正岡子規　久保田正文著
清沢満之　吉田久一著
滝廉太郎　小長久子著
副島種臣　安岡昭男著
田口卯吉　田口親著
福地桜痴　柳田泉著
陸羯南　有山輝雄著
児島惟謙　田畑忍著
荒井郁之助　原田朗著
幸徳秋水　西尾陽太郎著
ヘボン　高谷道男著
石川啄木　岩城之徳著
乃木希典　松下芳男著
岡倉天心　斎藤隆三著
桂太郎　宇野俊一著
徳川慶喜　家近良樹著
加藤弘之　田畑忍著
山路愛山　坂本多加雄著
伊沢修二　上沼八郎著
秋山真之　田中宏巳著
前島密　山口修著
成瀬仁蔵　中嶌邦著
前田正名　祖田修著
大隈重信　中村尚美著
山県有朋　藤村道生著
大井憲太郎　平野義太郎著
河野広中　長井純市著
富岡鉄斎　小高根太郎著
大正天皇　古川隆久著
津田梅子　山崎孝子著
豊田佐吉　楫西光速著
渋沢栄一　土屋喬雄著
有馬四郎助　三吉明著
武藤山治　入交好脩著
坪内逍遙　大村弘毅著
山室軍平　三吉明著
阪谷芳郎　西尾林太郎著
南方熊楠　笠井清著
山本五十六　田中宏巳著
中野正剛　猪俣敬太郎著
三宅雪嶺　中野目徹著
近衛文麿　古川隆久著
河上肇　住谷悦治著
牧野伸顕　茶谷誠一著
幣原喜重郎　種稲秀司著
御木本幸吉　大林日出雄著
尾崎行雄　伊佐秀雄著
緒方竹虎　栗田直樹著
石橋湛山　姜克實著
八木秀次　沢井実著
森戸辰男　小池聖一著

▽以下続刊